工资收入分配热点问题丛书
丛书主编：刘学民 茹英杰

国外国有企业高管薪酬

Study on Foreign State-Owned Enterprise Executives' Income

肖婷婷 著

社会科学文献出版社
SOCIAL SCIENCES ACADEMIC PRESS (CHINA)

"工资收入分配热点问题丛书"
编委会

编委会主任 聂生奎

编委会副主任 刘学民　茹英杰　杨黎明

编　　　委 李　俊　马小丽　王学力　王　霞　刘军胜
　　　　　　　狄　煌　马　静　王　婧　刘秉泉　常风林
　　　　　　　胡宗万　杨飞刚　孙玉梅　王　宏　吕井海
　　　　　　　肖婷婷　贾东岚　钱　诚　王中文　梁小勇
　　　　　　　杨艳玲

执 行 主 编 刘学民　茹英杰

执行副主编 李　俊　王学力

前　言

收入分配关系人民群众切身利益，体现社会公平正义，影响经济健康持续发展。党中央、国务院高度重视收入分配改革，采取一系列政策措施，不断调整收入分配格局，加大收入分配调节力度，加快推进收入分配改革，在增加城乡居民收入、改善人民生活和促进社会和谐等方面取得显著成效。但是，由于收入分配改革的艰巨性和复杂性，收入分配领域仍存在一些亟待解决的突出问题，如城乡区域发展差距和居民收入分配差距依然较大，收入分配秩序不规范，宏观调控体系不健全等。解决收入分配问题，仍是摆在党和政府面前一项重大而又紧迫的任务。

当前，我国正处于加快经济发展方式转变、全面深化各项改革的关键时期。适应未来经济社会发展的需要，党的十八大报告提出了城乡居民收入翻番的宏伟目标；十八届三中全会《关于全面深化改革若干重大问题的决定》提出了形成合理有序的收入分配格局的目标。国务院批转（国家）发展改革委、财政部、人力资源社会保障部《关于深化收入分配制度改革的若干意见》，进一步明确了改革的具体任务。这是党和政府从改善民生和全面建成小康社会的高度出发，对收入分配改革提出的新的更高的要求。实现这些目标，既需要国家层面的顶层设计，又需要社会各界的共同努力。

近年来，适应收入分配制度改革的需要，劳动工资研究所紧紧围绕工资收入分配领域的重点、难点和热点问题，进行了较为系统深入的研究，形成了一批质量较高的研究成果。为了与社会各界人士分享这些研究成果，我们编辑了"工资收入分配问题热点丛书",分期分批结集出版。一方面,可以更好地发挥科研成果在深化收入分配改革中的指导作用,另一方面,通过对科研成果的总结,有利于更好地加强学术交流,扩大成果宣传,促进科研水平不断提高。

本丛书基本上涵盖了工资收入分配领域的主要内容。概括起来有以下几个特点。**一是聚焦热点,内容广泛**。丛书围绕十八大精神和十八届三中全会提出的"形成合理有序的收入分配格局"这一主线,从宏观和微观、理论和实践、国际和国内等层面,选择工资收入分配领域的热点问题进行研究。内容涉及工资支付保障立法、最低工资政策评估、提高劳动报酬占比、人工成本宏观监测、国企高管薪酬管理等。这些都是各方特别关注的收入分配领域的热点问题,急需深入研究,尽快破题。**二是结构统一,布局合理**。丛书力求全面反映我国工资收入分配状况,特别是在经济发展方式转变过程中,工资收入分配改革取得的进展以及深化改革的难点。因此,每个专题在结构和布局编排上,既有对现状的详细介绍,也有对存在问题的深入剖析,更有对解决这些问题的相关政策建议。**三是开阔思路,力求创新**。长期以来,国内对于如何深化收入分配改革众说纷纭,尚未形成统一认识。丛书力求展现国内外专家学者对深化收入分配改革的不同观点,以引发读者更加广泛而深入的思考。同时,在综合各方观点的基础上,作者提出了自己的研究思路和见解,力争在工资收入分配改革研究方面有所突破和创新。**四是重视调查,实证性强**。丛书每个专题均通过多种研究方法和调查手段开展实证研究,用事实论证,用数据分析。除了使用官方统计部门发布的权威数据外,还通过广泛调查,获取了大量的第一手资料,对我国工资收入分配改革状况,以及与工资收入分配改革相关的重点问题进行研究分析,数据丰富、内容翔实,提高了研究成果的权威性和针对性。

当前,我国收入分配改革正处于攻坚克难阶段。我们希望丛书的出版能够起到抛砖引玉的作用,更好地推动社会有关方面进一步研究收入分配问题并不断形成共识。我们更希望丛书的出版能够为制定收入分配政策提供决策支持,为深化收入分配制度改革提供参考借鉴,为从事收入分配的实际工作者提供指导帮助。

本丛书是在人力资源和社会保障部邱小平副部长的直接指导下,由部劳动关系司和劳动工资研究所共同组织编撰的,作者均为劳动工资研究所的研究人员，中国劳动保障科学研究院对出版给予资助。由于时间和能力所限，丛书中的研究结论、研究观点和研究方法还有诸多不尽如人意之处，真诚希望社会各界同人和广大读者批评指正。

"工资收入分配问题热点丛书"编委会

2014年3月

序 他山之石可攻玉

肖婷婷同志撰写的《国外国有企业高管薪酬》一书的正式出版，适应了我国目前正在进行的国有企业负责人薪酬制度改革进程的需要，有利于在这一领域的改革中更好地借鉴国外的先进经验和做法，同时在国内也较好地填补了这项专题研究的空白。

近年来，受世界经济低迷不振的影响，很多国家的收入不平等程度均在加剧。为此各国都在积极探索收入分配制度改革的路径，并提出了很多好的政策措施，尤其是在国有企业高管薪酬制度、工资集体谈判制度、最低工资制度以及社会保障制度等方面，先后采取了改善贫富差距悬殊及调整收入分配关系、理顺收入分配结构的做法。特别是在金融危机之后，金融机构高管层出现的问题使高管薪酬问题再次引起各方的高度关注，美国等国家先后采取了一系列管控以及限制的措施，都收到了积极的效果。世界许多国家的经验表明，在一个国家发展的关键阶段只有解决好收入分配问题，才能真正为社会经济稳定持续发展创造条件。而规范国企高管薪酬制度又是解决贫富差距悬殊、维护社会稳定的重点，也是关键性问题。在这方面一些国家采取了积极的薪酬管控措施，积累了丰富的经验，其做法我们应该合理地学习和借鉴。

我国国企负责人的薪酬制度改革始于改革开放初期，随着企业改革的不断深化，从现阶段国情特点出发，按照建立健全社会主义市场经济的要求，紧密结合国有企业改革实际，推动建立规范的现代企业制度，对国有企业负责人薪酬分配制度进行改革。20世纪80年代后期，我国开始对国营企业厂长（经理）工资收入分配问题进行探索。90年代初期，对承包经营企业、租赁经营企业及其他经营形式企业的经营者在实绩考核的基础上确定经营者年收入，并在部分国营企业试行经营者年薪制。进入21世纪，特别是国有资产管理机构成立后，在总结中央企业和部分地方国有企业多年实践的基础上，提出了社会主义市场经济下规范中央企业负责人薪酬分配的基本原则，明确了负责人薪酬分配的结构和水平，确定了相关部门的监管职责，企业负责人薪酬管理工作取得积极成效。但由于市场经济条件下体制机制的不健全、不完善，在实际工作中仍存在着一些需要研究解决的问题，主要是部分国企负责人薪酬偏高过高和不合理的问题引起了社会的强烈反响。为此，进一步对国有企业负责人薪酬制度进行改革迫在眉睫。2013年劳动工资研究所承担了人力资源和社会保障部下达的科研任务，对国企负责人的薪酬问题立项进行系统研究。据此，我们在课题总体设计时，将"国外国有企业高管薪酬"作为子课题。肖婷婷同志承担了这项研究任务，在研究中对十多个不同类型的国家，既有发达国家也有发展中国家的国企高管薪酬管控模式以及薪酬制度、薪酬结构、薪酬水平和相关情况，进行了全面梳理、系统归纳、综合分析和对比研究，形成专题报告，为国有企业负责人薪酬制度改革提供了重要参考和借鉴。本书就是在研究报告的基础上形成的。

首先是国外国有企业高管薪酬得到政府的高度重视。研究国外国有企业建立的历史，发现国有企业在市场经济国家普遍存在，其建立初衷都是为了国家集中力量发展经济、支撑税收、完成网络化的社会服务或提供协同性的创新活动。在国家发展、社会进步、技术创新过程中，这些集资源、智力、财力之大成的国有企业的重要地位和作用是不可替代的。同时，这些国有企业的负责人作为国家委派到国有企业进行管理的公职人员，其薪酬待遇等受政府的统筹管控和社会的监督就在情理之中。因此，在一个国家中，国有企业高管的薪酬往往不仅是一个经济问题，而且是一个社会问题、政治问题，受到各国政府的高度重视，并被摆在重要位置进行统一管控。

其次是国外国有企业高管薪酬实行差异化管理。欧美国家（或地区）对于国有企业普遍按照所有权、功能定位和垄断地位等不同，实行差异化的薪酬管理模式。对于公用事业单位，如水利、电力、铁路、邮政、港口等，较多采取国家全资经营，对于涉及国家战略、亏损或经营不善的国有企业，不宜或不易出售出去，仍由国家所有，其工资水平按照或参照公务员工资水平，或高于公务员工资水平的一定倍数；对于竞争性质的国有企业，或者赢利能力较好的国有企业，其高管薪酬水平往往参照市场化水平确定。总之，国外对不同类型的国有企业高管人员采取了不同的薪酬模式，较好地保持了合理的薪酬结构和水平。

再次是国外国有企业高管薪酬的监管严格透明。发达国家奉行"把公职人员的权力关进制度的笼子里"。由于打上了"国有"的烙印，因此，国外对于这些高管的管理非常严格和透明。很多国家如美国、德国、法国等，可以很轻易地从其公司年报或者政府网站中查到高管的详细薪酬情况。日本和韩国干脆将国有企业高管纳入公务员管理的范畴。即使非本国公民，都可以通过邮件或者电话的形式，联系到主管部门，了解国有企业高管的薪酬状况。不仅是基本年薪、绩效年薪和股票期权激励，而且包括各种福利；大到退休津贴、公司提供的带薪休假，小到公车私用的油费、停车费用等都有严格和透明的规定。

最后是国外对国有企业高管谨慎使用股票期权激励。近年来，要求在国有企业实行股票期权制度的呼声不绝于耳。诚然，股票期权相对于传统的长期激励薪酬而言具有一定的优势。但根据对美、英、法、日等国有企业的研究发现，在这些国家，国家全资的国有企业，实行股票期权制度的并不多见。这可能与国有企业高管薪酬与绩效的相关度远远不及私营企业。即使是在私营企业，欧洲国家实行股票期权的历史和覆盖面也远远不及美国，在国有企业中实行股票期权则更加慎重。英国曾在国有企业私有化后，尝试实行股票期权制度，但因受到社会公众的强烈谴责而不得不终止。

当然，对于国外的做法我们是需要认真研究和借鉴的。但抛开国外做法存在的局限和缺陷不谈，即使是成功的经验，我们也必须结合我国的实际情况，而不能削足适履、照抄照搬。只有把国外市场经济的一般规律与我国具体实际结合起来，才能找到切实可行的发展之路，从而更好地理解和把握我国国有企业高管薪酬制度改革的实质和内在逻辑。也只有立足于我国国情和实践，并从中总结经验、提炼精髓、探索路径、创新理论，我们才能取得无愧于时代的理论成就，为社会发展做出积极的贡献。

应当说，目前国内就国外国企高管薪酬方面的内容进行专题研究分析的并不多。肖婷婷同志在研究过程中克服了资料收集、翻译等方面存在的困难，她使用的国外国有企业高管薪酬数据资料均来自相关国政府网站、政府文件、公司年报、财报、新闻报道和较少的学者研究资料，尽量避免带有主观特点的推断和判断，仅在对国外材料进行归类和对比的基础上，提出对策建议，不回避敏感问题，不进行过多的技术处理；同时努力做到材料的系统性、鲜活性。因而，本书集中反映了国外国有企业薪酬制度的最新进展和研究的最新成果，具有较强的参考价值和现实借鉴意义。

肖婷婷同志从事工资收入分配理论和政策研究近10年，其间承担了不少课题研究任务和企业人力资源管理项目的开发工作，工作认真负责、勤奋好学、刻苦努力，积累了不少实际工作的经验，同时也掌握和了解了政策理论方面的需求，这些都为本研究成果的形成奠定了良好的基础。毫无疑问，本书在研究过程中克服了最新资料少、翻译任务重、综合难度大等多种困难，花费了作者的大量时间和心血。尽管如此，肯定还有许多不足之处，但其较好地适应了实际工作之急需、相关领导之关切，就此而言应当给予充分肯定。希望肖婷婷同志以此为新的起点，在工资收入分配领域向更深层次问题和关键性环节迈进，提出更加符合我国实际工作需要的理论研究成果。

最后，我还想说的是做课题研究是一件非常艰辛又十分快乐的事情。对于科研人员来说，我们要想在浩瀚的知识海洋里汲取精华，要想在前人认识的基础上有所前进、有所创新，要想在纷繁复杂的形势中做出正确判断，要想在日新月异的新情况、新问题中提炼新观点和新见解，要想为实际工作提供理论支撑和决策支持，要想在科学研究中达到"光辉的顶点"，如果没有宁静的心态和淡薄名利的精神以及自身"咬定青山不放松"的意志，肯定是不可能的。实践证明，科研中的新认识、新发现、新创新常常是在长时间的专心学习、深入调研和认真思考的基础上取得的。我们的研究者既然选择了研究领域，就要找准自己的位置，发挥自身的特长，一旦有了目标就要为之孜孜以求，坚持不懈，那么就会觉得整个奋斗的过程风光无限。当然，这里的关键还是要有持之以恒的精神，就是始终坚持自己的学术追求，不论社会怎样变革、环境怎样变化，自己的学术信念总是不变，总能按照自身选定的领域稳步前进。持之以恒体现的是学者的学术定力，即不为功名利禄所驱使、不为时风世风所动摇。持之以恒是个"慢活"，也是个"力气活"，要求我们坐得住"冷板凳"，不屈服于外部环境的诱惑和压力，以学术为生命、为事业，真正做到平淡为学、力行恒久。当今社会，发展节奏日益加快，这难免会对研究者的心态带来一定的影响，但持之以恒应成为研究者治学不变的信条。决策研究总是在持之以恒、言之有物中不断累积直至有所作为的。总而言之，任何成功、任何成就、任何成绩都是学习的积累,都是耐心的考验,都是意志的磨砺。因而,在科研的道路上,一定要有不屈的韧劲、坚持的毅力和开阔的胸怀。让我们抓紧一切时间,沉下心来,踏踏实实向着既定目标,去拼搏去奋斗,相信终会取得更大的成就。

在本书付梓前,应作者之约写了以上这些。

是为序。

刘学民

人力资源和社会保障部

劳动工资研究所所长、研究员

2015年1月

目 录

引 言 / 1

第一章　国外国有企业高管薪酬总体情况 / 9
　　第一节　国外国有企业分类 / 9
　　第二节　国外国有企业高管薪酬水平及其影响因素 / 17
　　第三节　国外国有企业高管薪酬监管 / 27
　　第四节　国外国有企业高管薪酬特点 / 32
　　第五节　借鉴和启示 / 39

第二章　美国国有企业高管薪酬 / 45
　　第一节　美国国有企业 / 45
　　第二节　美国国有企业高管薪酬监管 / 49
　　第三节　美国国有企业高管薪酬结构和水平 / 49

第三章　法国国有企业高管薪酬 / 85
　　第一节　法国国有企业 / 85
　　第二节　法国国有企业高管薪酬监管 / 87
　　第三节　法国国有企业高管薪酬水平 / 88

第四章　英国国有企业高管薪酬 / 98

第一节　英国国有企业 / 98

第二节　英国国有企业高管薪酬监管 / 99

第三节　英国国有企业高管薪酬水平 / 99

第五章　加拿大国有企业高管薪酬 / 121

第一节　加拿大国有企业 / 121

第二节　加拿大国有企业高管薪酬监管 / 124

第三节　加拿大国有企业高管薪酬结构和水平 / 125

第六章　澳大利亚国有企业高管薪酬 / 126

第一节　澳大利亚国有企业 / 126

第二节　澳大利亚国有企业高管薪酬监管 / 126

第三节　澳大利亚国有企业高管薪酬结构和水平 / 127

第七章　德国国有企业高管薪酬 / 148

第一节　德国国有企业 / 148

第二节　德国国有企业高管薪酬监管 / 153

第三节　德国国有企业高管薪酬水平 / 153

第八章　韩国国有企业高管薪酬 / 170

第一节　韩国国有企业 / 170

第二节　韩国国有企业高管薪酬监管 / 176

第三节　韩国国有企业高管薪酬结构和水平 / 178

附件　韩国公共机关高管薪酬方针 / 183

第九章　日本国有企业高管薪酬 / 187

第一节　日本国有企业 / 187

第二节　日本国有企业高管薪酬监管 / 188

第三节　日本国有企业高管薪酬结构和水平 / 188
附件 1　2013 年度经营者薪酬指南（第三版）/ 196
附件 2　干部报酬规程——日本机械工业联合会 / 210
附件 3　干部报酬规程——建筑环境与节能机构 / 211
附件 4　干部报酬规程——日本缆车运输协会 / 213

第十章　俄罗斯国有企业高管薪酬 / 214

第一节　俄罗斯国有企业 / 214

第二节　俄罗斯国有企业高管薪酬监管 / 215

第三节　俄罗斯国有企业高管薪酬水平 / 216

附件 1 / 222

附件 2 / 224

第十一章　印度国有企业高管薪酬 / 227

第一节　印度国有企业 / 227

第二节　印度国有企业高管薪酬监管 / 228

第三节　印度国有企业高管薪酬结构和水平 / 233

附表 / 236

第十二章　美国企业高管薪酬总体情况 / 257

第一节　美国企业高管薪酬结构和水平 / 257

第二节　信息披露制度 / 261

第三节　财务和税收制度 / 266

第四节　股票期权制度 / 272

第五节　黄金降落伞制度 / 276

第六节　金融危机后针对金融企业高管薪酬的管控 / 277

第十三章　欧洲企业高管薪酬总体情况 / 281

第一节　欧洲企业高管薪酬结构和水平 / 281

第二节　信息披露制度 / 284

第三节　财务及税收制度 / 285

第四节　股票期权制度 / 286

第五节　金融危机后对于企业高管薪酬的管控 / 295

参考文献 / 303

后　记 / 307

引　言

一　背景和意义

国有企业是我国国民经济的重要支柱，国有企业高层管理人员（以下简称高管）薪酬备受社会关注。改革开放以来，通过不断探索实践，我国在对高管薪酬的管控方面取得了显著成绩，新一届领导集体对这一问题更是高度重视。2014年2月，国务院批转发展改革委三部门《关于深化收入分配制度改革的若干意见》明确提出，要加强国有企业高管薪酬管理。党的十八届三中全会在《关于全面深化改革若干重大问题的决定》中指出，要"合理确定并严格规范国有企业管理人员薪酬水平、职务待遇、职务消费、业务消费"，2015年1月1日《中央管理企业负责人薪酬制度改革意见》正式实施。至此，我国对于国有企业高管薪酬的管控开始了一个新的阶段，对于这一问题的研究探讨翻开了新的篇章。

放眼全球，对于国有企业高管薪酬的管控，也经历了长期探索和不断完善的过程。国企高管薪酬问题绝不仅仅是一个经济问题，同时也是一个政治问题。市场经济国家，从经济规律出发，经过长期的摸索实践，已建立了一套较为完善的对于国有企业高管薪酬管控的机制，顺应了国有企业发展的一般规律；新兴市场经济国家和我国有相似的国情且处于相似的发展阶段，因此，对于国有企业高管薪酬的管控，也进行着相似的探索。研究这些国家的国有企业高管薪酬管控政策，以及出台这些政策的历史背景和现实状况，对于规范我国国有企业高管薪酬具有良好的比较借鉴意义。

二 国内外研究现状

规范国有企业高管薪酬是一项复杂的系统工程，各国学者从不同角度对此问题进行了研究，梳理学者们对国有企业高管薪酬管控模式的研究成果，对于了解研究现状、选择研究方法和形成研究思路具有借鉴意义。

(一) 该选题的国内外研究现状

1. 关于国有企业高管薪酬管控的研究

20世纪后期，从英、美两国开始的公司治理运动，在经济合作与发展组织（OECD）和世界银行的推动下，在各国实践中取得了积极的进展。OECD相继出版了《OECD公司治理原则》《公司治理：对OECD各国的调查》《OECD国有企业公司治理指引》等重要文献，对OECD成员国和非成员国开展的公司治理改革、建立的本国公司治理规范、新制定的立法和采取的监管举措进行了较为系统的介绍，包括OECD成员国的国有企业规模和范围、国有企业与其股东之间的关系和利益相关者在公司治理中的作用等，其中也包括董事会的薪酬的介绍，对于我国从国有企业公司治理的角度研究和借鉴高管薪酬管理具有重要意义。

同时，对于国有企业高管薪酬管控的研究也是我国相关政策制定者最关注的问题之一，我国学者研究较多。叶青林、冷崇总（2009）认为，当前我国国有企业高管薪酬失控，主要表现为水平过高，甚至超过了民营企业，其超高的薪酬拉大了社会收入分配差距。失控的原因从体制安排上看，主要是自定薪酬、缺乏科学评价机制、薪酬信息不透明以及监管缺失等。亟须找到一个既能满足国企高管的合理要求，又与他们的实际贡献相匹配的薪酬管理办法。他们给出的建议是深化国企的市场化改革、完善国企法人治理结构、建立薪酬激励约束机制和高管薪酬披露机制。总之，市场经济虽不反对高薪，但高薪要合乎法理和公平原则。

丁敏（2012）结合我国垄断性国有企业高管薪酬决定的现状与特点，分析了垄断行业国有企业高管薪酬的决定性影响因素，说明我国国有企业正逐步建立起符合现代企业制度，以及与市场机制全面接轨的高管人员薪酬制度，但在垄断性国有企业的高管薪酬决定中仍然存在各种问题。要从垄断性国有企业高管薪酬决定的内容、薪酬的调控以及充分发挥高管人员各种非货币性动机的隐性激励作用三个方面进行高管人员薪酬设计，以较好地解决我国垄断性国有企业高管薪酬决定中存在的问题。

石恒贵（2012）就投资者对薪酬政策的反应做了全样本和分组样本的相关性实证检验，结果发现政府出台国企高管激励型薪酬政策，投资者一般对其持认同态度，但当投资者认为高管薪酬偏高，实施激励带来的价值提升不能弥补高额代理成本时，就会对政策持抵制态度。政府出台国企高管薪酬管制型政策，投资者一般对其持抵制态度，但当投资者认为高管薪酬偏高，代理成本大于实施管制导致的企业价值降低时，则对政策持认同态度。

2. 关于股权结构同国有企业高管薪酬关系的研究

国外学者多从国有企业的股权结构同国有企业高管薪酬之间的关系进行研究，比较著名的是委托－代理理论。从股东与经营管理层角度分析，该理论认为公司的一个主要功能就是，在商业中允许股东把决策权力授权给专业的领导层，让其代表股东，这种授权可让运营公司的最佳人员有权进行决策。但是，一些学者认为这种授权会导致代理成本，因为管理人员并不总会追求股东利益的最大化。代理成本便是因管理人员追求其自身利益以及股东对其行为进行监督而发生的费用。如果公司管理人员的股权集中度下降，代理成本便会增加，因为此时股东和高层管理人员的利益会越来越不一致。但是，与绩效挂钩的薪酬合同可以保证管理人员的利益与股东们的利益一致。

管理人员的薪酬也是导致代理成本的一个原因，因为随着股权集中度下降，管理人员对决定他们自己的薪酬便有更大的话语权（Bebchuk and Fried, 2004）。控股股东可以比较轻松地控制管理层的薪酬，但如果公司无有关的主要股东和管理人员，控制管理层的薪酬就会变得更加困难，此时高层管理人员就能自己决定自己的薪酬。

分散的股东并无太多心思去监督管理人员的薪酬，因为他们错误地认为这是一种集体行为。监督管理人员的薪酬带来的利益将由全体股东分享，但为此付出的成本只能由进行监督的那些股东来承担。此外，由此带来的利益是不确定的，并且，单独的股东在权益资本中的份额较小，不足以在股东大会上做出相关决策，使得此类监督的成功概率很小，带来的利益的预期价值也非常低。集体行为这一观念如此深入人心，股东们甚至都不愿出席股东大会。通常，由于缺席的股东过多，管理人员会通过公共的代理征求的方式，在股东大会确定最终的决策结果，其结果涉及他们的薪酬以及董事会成员的选举（Olson, 1971）。

一些国际性的研究尝试从经验的角度去分析股权集中度与管理人员薪酬之间的关系，此类研究得出的结论是，公司的股权集中度越低，该公司向其高层管理人员支付的薪酬则越高。Santerre 和 Neun（1986）对 68 家前 500 强美国公司进行了分析，得出结论：这些公司股权集中度的赫芬达尔指数与公司首席执行官（CEO）的薪酬呈反比。他们认为，较低的股权集中度可令 CEO 的薪酬增加高达 25%。Cyert, Kang and Kumar（2002）使用 1992~1993 年的固定样本数据，将 4865 家美国公司作为样本进行分析。他们也同样发现，最大股东的所有权和公司 CEO 的薪酬负相关。他们认为，在其他常量不变的情况下，如果将最大股东的股权百分比翻番，则可以将高管人员的薪酬降低 14%。

巴西的学者们也研究了公司股权集中度与主要高管薪酬的关系，主要的调查结果表明，公司的股权集中度越低，其向高管人员和董事支付的薪酬则越多。在这类公司中，其 CEO 的薪酬比其他公司的 CEO 高两倍多。

一些有关于股权集中度较高的国家以及董事会权力较小的国家的研究也证实了美国的这些研究结果。Barontini 和 Bozzi（2011）表示，他们对 1995~2002 年间的 215 家企业进行调查得出，在股东们所持权益资本占比不到 20% 的意大利公司中，董事会成员和 CEO 的薪酬更高。由此可见，最大股东的股权集中度和董事会成员及 CEO 的薪酬负相关。

Haid 和 Yurtoglu（2006）得出了相似的结论，表示如果最大股东股权占比从 34% 增长到 78%，管理层薪酬将下降 18%。该结论来源于对 1987~2003 年间的 400 家德国公司样本进行的分析。

3. 关于国有企业高管薪酬影响因素的研究

研究国外国有企业高管薪酬的影响因素，不难发现，尽管很多学者的研究都表明，国有企业高管薪酬与绩效的关系没有私营企业那么敏感，但在高管内部，其薪酬的差异往往来自职业经历、任职时间、市场的稀缺性以及为公司创造的价值等个体差异。

Milgrom 和 Roberts（1992）研究发现，在国企和私有企业中，所有者会设计薪酬合同，他们知道自己的利益与他们的管理人员是不完全一致的，并且所有者拥有关于管理层水平和所做努力的内部信息。为了让管理层更有效地付出努力并参与进来，所有者会调整绩效工资的水平，从而反映管理层、公司和市场的特征；而考虑到管理层的机会成本以及与最佳绩效工资相关的风险，设定固定的工资水平可以保证管理层的参与。在该框架中与激励相关的薪酬的最佳水平由一些基本因素决定：管理人员的附加收入，管理人员承担风险的意愿，用于评估的管理活动的精度，管理人员对激励的响应性。激励性薪酬越高表示管理人员的风险越高。而且一个有效的薪酬制度同时还需更高的基本工资，同样的，绩效工资低与基本工资低是有关的。

Rose and Shepherd（1994）给出了实证证据，证明多样性与薪酬高度相关，这表明多样性和管理生产力之间可能有关系。此外，可能这些管理人员还有管理一家国企所需的其他能力，如技术知识和在政治官僚制度中游刃有余的能力。

Yarrow（1986）、Sappington 和 Stiglitz（1987）曾强调，国企的所有者认为很难对管理工作进行衡量，因为他们几乎没有可与其进行对比的企业。股市不可被用于衡量管理工作，这使得衡量问题日益加重。人们对管理业绩的衡量各持己见，所有者被迫支付较少的绩效工资。这些问题表明国企所需的激励相关的薪酬较低，管理人员需承受的工作和风险也较低，因此该理论也预测了国企所有者支付的基本工资较低。

Spengler Fox（2012）对俄罗斯部分企业高管薪酬研究发现，73.5%的高管的年薪酬在 10 万美元至 30 万美元之间。0.9%的高管年薪酬超过 100 万美元，这 0.9%的高管是俄罗斯人。在按国籍对住房补贴进行分析时发现，占比 25%的位于高层管理岗位的俄罗斯人享有住房补贴。在位于高层管理岗位的外籍人中，70%每年享有住房补贴。

法国对于国有企业高管的"限薪令"也仅限于本土企业，而驻外分支机构则不在限薪令范围之内。

国有企业高管薪酬还与公司规模有关。汉密尔顿大学 Derek Jones 使用俄罗斯主要高管薪酬数据进行研究，发现 1993～1997 年俄罗斯高管薪酬增长了大概 640%。为了检验这些 CEO 薪酬水平的决定因素，建立了弹性模型，发现 CEO 的薪酬：①与公司规模正相关（不论是以总资产、雇佣人数或销售收入）；②常常与绩效相关，以资产回报或生产力作为测量工具，而不是以利润率；③与公司的所有权弱相关，国有企业的 CEO 往往不能得到比私营企业更多的薪酬，但是，有 25%的私营企业 CEO 薪酬低于国有企业平均水平。

不仅在俄罗斯，而且在保加利亚也有同样的结论。

同时，Derek Jones 研究还发现，在公司"精兵简政"期间，CEO 的薪酬与裁员同时与公司的商业业绩密切相关。

(二) 该选题的研究趋势

不论是国有企业高管薪酬与产权的关系，还是规模、绩效、管理难度等影响因素，对于这些问题研究的出发点，无非是想要找到国有企业高管薪酬与其贡献之间、与公众的接受能力之间最有力的契合点。迫于近年来国际经济形势的不乐观以及公众的压力，加强对国有企业高管薪酬的监督管制是国外主要发达经济体的整体趋势，各国对于国有企业高管薪酬的研究较多，监管也呈现进一步强化和趋同的趋势，其核心思想都是避免高管高风险的短期性行为。很多学者认为，国有企业高管薪酬的监管，不仅仅是一个政治问题，同时也是一个政治问题，例如，英国学者乔思科（Joskow）、罗斯（Rose）和谢泼德（Shepherd）在1993年的研究中提到，将所有制和薪酬联系起来的因素，在所有者提供的与最佳契约无关的合同形式或所有制代表的利益之外，还有政治因素。因此，尽管学界对于这些措施的出台是否真正有效防范了高管的高风险行为仍存在争议，但都认为其在一定程度上缓解了由高管同普通职工工资差距过大造成的社会矛盾。

(三) 目前研究中存在的问题

综上分析，国内外研究学者从不同角度，运用不同的研究方法，对国有企业高管薪酬的管控进行了大量的研究，为我国完善国有企业高管薪酬管控政策提供了宝贵的资料。但是，目前的研究对于在政策方面比较借鉴国外国有企业高管薪酬的管控办法还存在一些不足之处，主要表现在以下几个方面。

一是针对国外国有企业高管薪酬管控的研究不够系统和具体。国外学者对于这一选题的研究主要侧重于运用大量的数据，进行国有企业、私营企业与上市公司高管薪酬的比较，以及国有企业高管薪酬的影响因素等，目前我国学者对于国有企业高管薪酬的研究主要侧重于理论探讨的层面，虽然也有个别学者在谈到公司管控问题时顺带谈到了国企高管的薪酬问题，但是不够系统和深入，政策制定者在借鉴国外的有益经验时，不够直观和全面。

二是针对国外国有企业高管薪酬管控的机制研究不够。作为政策性研究，政策制定部门希望了解国外国有企业高管薪酬制定的机制，如高管薪酬定价的依据、主管部门的角色和职责、被监管企业的分类管理、如何对国有企业高管实行中长期激励等，但是目前针对这方面的专门论述较少，研究比较分散，不利于政策制定者全面清晰地了解相关情况。

（四）本研究要解决的问题

针对目前研究存在的问题，作为目的性很强的政策性研究，本选题计划紧扣政策需要，采用解剖麻雀的方法，具体系统地研究选定国家国有企业高管薪酬的管控机制、结构和水平。重点解决以下问题：一是分析提炼我国国有企业差异化分类管理的思路和依据，例如，哪些行业属于政府必须绝对控制的企业，哪些行业可以引入多方资本，混合经营；二是在分类的基础上确定我国国有企业高管薪酬和普通职工工资的管控机制，政府应该采取哪些手段进行管控，管到何种程度；三是分析探索国外国有企业高管薪酬的中长期激励手段和适合我国的方式方法。

为此，本书拟从国内外网站、国内外大学图书馆中关于国内外国企高管薪酬管控的研究文章、研究报告、书籍等方面入手，搜集翻译包括国际组织、英国、德国、新加坡等出台的有关政策规定，阅研各类统计资料、网络信息、企业年报、财报等，搜索有关国家主管部门门户网站，摸清选定国家高管薪酬调控政策、机制、水平等，进行对比分析，对我国国有企业高管薪酬管控提出政策建议。

三　概念辨析及研究范围

国有企业，按照国际惯例，一般指一个国家的中央政府或联邦政府投资或参与控制的企业，主要包括：政府所有企业（Government – owned Corporation）、国家所有企业（State – owned Company/ Entity）、国家企业（State Enterprise）、公有企业（Publicly Owned Corporation）、政府企业（Government Business Enterprise）、政府商业机构（Commercial Government Agency）、公共或半公共部门或事业单位（Public Sector Undertaking or Parastatal），等等。但各个国家在具体的概念界定上不尽相同。

例如，加拿大的国有企业，可以翻译为不同的版本，包括皇冠公司（Crown Corporations）、国有企业（State – owned Enterprises）、政府所有公司（Government – owned Corporation）、国有公司（State – owned Company）、国有实体（State – owned Entity）、国营企业（State Enterprise）、公有公司（Publicly Owned Corporation）、政府商业企业（Government Business Enterprise）等。[①]

[①] Daria Crisan and Kenneth J. McKenzie, *Government – Owned Enterprises in Canada*, February 2013. ww. Policyschool. ca.

韩国的国有企业习惯上被称为"公企业"或"国营企业",分为政府部门性质的国有企业、有限公司性质的国有企业、公社性质的国有企业。其中有限公司性质的国有企业与公社性质的国有企业的正式名称或法定名称为"政府投资机关"。

澳大利亚国有企业比较通用和权威的表述为"政府企业"（Government Business Enterprise, GBE）。20世纪80年代至今,澳大利亚联邦及州政府对国有企业进行了大规模的私有化,目前,这项改革仍在进行着。

本书中国有企业指一个国家的各级政府,包括中央政府、联邦政府和地方政府等投资或参与控制的企业,主要研究对象为中央政府、联邦政府全部或部分投资的企业。国有企业高管主要指国有企业的总经理、副总经理、总会计师及其他企业负责人,董事会中的董事长、副董事长、董事,以及监事会中的监事会主席和监事等。

本书从国外国有企业基本情况入手,对典型国家国有企业按照所有权、行业和经营特点等进行分类梳理;在分类分析各国国有企业概况的基础上,研究典型国家国有企业高管薪酬的结构和水平以及各国在管理不同类型国有企业高管薪酬方面的政策措施。在综合分析国外国有企业高管薪酬水平和监管政策的基础上,归纳总结出国外在国有企业高管薪酬监管方面的八个特点,并由此提出改进完善我国国有企业高管薪酬的政策建议。

四 研究方法

本书研究主要采用文献研究法、实证研究法和对比研究法。文献研究方面,从国内外网站、国内外大学图书馆中搜集了国内外关于国企高管薪酬管控的研究文章、研究报告、书籍等,了解目前我国国企高管薪酬管控的主要措施、手段、问题、建议等,了解既有研究基础和主要观点;实证研究方面,搜集翻译了包括欧盟、OECD、美国、英国、新加坡、加拿大、法国、澳大利亚、意大利、荷兰、比利时等自2000年以来出台的有关政策规定,搜集汇编了我国人社部、中组部、中纪委、财政部、国资委等部门对国有企业高管薪酬管理的有关政策文件,阅研各类统计资料、网络信息、企业年报、财报等,对各国高管薪酬调控政策、机制、水平等相关资料进行分析整理,对现有国内高管薪酬管控政策予以汇总归纳。

第一章

国外国有企业高管薪酬总体情况

第一节 国外国有企业分类

尽管资本主义国家以私有经济为主体，但仍然拥有一定数量的国有企业，特别是"二战"以后，为了加强政府对经济的控制、对自然资源的占有和促进特殊工业的发展，各国政府纷纷加强了对国有企业的管理。一份OECD的近期研究——"OECD国家的国有企业规模与构成"，记载了34个OECD国家中27个国家国有企业的规模、企业雇佣和经济价值，还有主要部门和公司类型。该研究指出即使在私有化数十年后，在大多数国家，国有企业仍有重要意义并起到很强的行业凝聚作用，最大的国有企业位于"网络"部门（通常指运输、电力生产和其他能源）。一些大型的公司，虽然在20世纪八九十年代转为私有，但其创立之时却是国有企业。

一 不同类型市场经济国家国有企业的分布情况

各国市场化程度不同，其所拥有的国有经济数量和比重也不尽相同。以美国、英国为代表的自由市场经济国家，私有经济占据绝对地位，拥有的国有企业数量较少，这样的国家还有加拿大和澳大利亚等；以法国、德国为代表的社会市场经济国家，混合经济体制特征明显，国有经济相对比重较大，这样的国家还有意大利等；以日本、韩国为代表的行政导向型市场经济国家，在强调自由竞争的同时，政府在经济发展中也很强势，这样的国家还有韩国和新加坡等。另外，在印度等新兴市场经济国家，国有经济同样不可小觑，占有很重要的地位，发挥着重要作用。

从总体上来说，尽管同为资本主义国家，不同的市场经济模式下，其国有企业的比重和政府干预程度不尽相同（见表1-1）。

表1-1　不同市场经济模式下国有企业情况

经济模式	市场作用	政府干预程度	国有企业比重	国有企业数量
美国、英国等自由市场经济国家	最大	最低	最低	最少
法国、德国等社会市场经济国家	较小	较小	较低	较少
日本、韩国等行政导向型市场经济国家	很小	很高	较高	较多
印度等新兴市场经济国家	最小	最高	最高	最多

英国是现代资本主义经济和现代国有企业的发源地，从1657年英国政府创办了世界上第一个国家邮政局开始，英国政府对于国有企业这种组织形式本身和对于完善国有企业管理的探索就未曾间断过。早在19世纪后半期，英国政府就通过对电信、石油、电力等公司的国有化，实现了国有经济大规模的扩张，但也遇到诸如效率低下、负担过重、行业"夕阳化"等问题，撒切尔夫人上台后，对国有企业进行了大刀阔斧的改革，到目前，仅剩英格兰银行、英国皇家邮政和英国国家航空交通服务有限公司等为数不多的国有企业。

加拿大建立国有企业的初衷，主要是弥补私营企业在战略层面、国家利益层面的需求，因此，加拿大国有企业的建立的政治意义大于经济意义。根据加拿大统计局（Statistics Canada）对国有企业的定义，其判断标准有以下几点。

- 该实体是否为制度上的独立的法人单位？
- 该实体是否由政府控制？
- 该实体是非市场的还是市场的商品和服务生产者？

2013年，加拿大议会年度报告列出了48家皇冠公司的情况概览，见表1-2。

到2013年，澳大利亚典型的国有企业仅包括澳大利亚广播公司、澳大利亚铁路轨道公司、清洁能源金融公司等，而之前的大型国有企业如澳大利亚电讯公司、澳大利亚航空服务公司和澳大利亚邮政公司都已经或正在进行私有化改造。

表1-2　2013年加拿大48家皇冠公司情况概览

项　目	公共资金 (百万美元)	个人 所得税 (百万美元)	税后 净收入 (百万美元)	雇佣 (人)	红利 (百万美元)	GDP贡献 (百万美元)	GDP贡 献率 (%)	每人资产 (美元)
合计*	7062.4	778.0	4568.0	89810.0	126.9	11751	0.7	11316
合计**	7062.4	778.0	29215.4	90376.0	126.9	36804	2.3	18649

＊不包含加拿大银行（BC），加拿大退休金计划投资委员会（CPPIB）和退休金投资委员会（PSPIB）。

＊＊包含加拿大银行（BC），加拿大退休金计划投资委员会（CPPIB）和退休金投资委员会（PSPIB）。

资料来源：Daria Crisan and Kenneth J. McKenzie,"Government-Ownedenterprises in Canada", the school of public policy SPP research papers, 2013, p.11。

对于使用哪种模式对国有企业实施管控，没有一定之规，在资本主义发展初期和"二战"刚刚结束时，为了迅速壮大或恢复国家经济实力，各国建立国有企业的领域主要是私人没有能力投资经营的企业、需要大规模生产或运营的企业和网络化的企业，如铁路、邮政、公路等。在私有化不断推进的过程中，国家保留对企业的控股权的出发点是企业的盈利状况，那些盈利能力强的企业易于出售，那些亏损、赢利能力弱的企业，由于私人不愿意购买，则只能由政府经营。在现阶段，各国保留国有企业的理由除上以外，还往往包括国家利益需要或者有利于科技进步、产业升级等。例如，德国在判断联邦政府是否需要参股企业的时候，主要的出发点是要将国家利益和企业的经营进行匹配，只有匹配度较高的企业，国家才会参股。而国家利益在不同时期有不同的目标和要求，因此，甄选参股企业的尺度也非常灵活。旧的理由可以废弃，新的理由可以加入。如果私人能够同样好地完成任务，那么联邦政府就要退出。而只有在联邦利益需要时，联邦政府才有理由进行新的参股。

二　按照所有权划分的国外国有企业

同中国的国有企业一样，国外管理国有企业的基础之一也是企业的产权性质。几乎所有国家的国有企业都可以划分为国有全资公司和国家部分所有的公司。除此之外，不同的国家还有一些特殊类型的企业，如国有民营企业、政府资助企业等。

根据美国国家公共管理研究院（National Academy of Public Administration,

NAPA）对国有企业的定义，国有企业大体可分为四类。第一类是完全政府所有企业（Wholly-owned Government Corporation），即为实施授权法令中政府所安排的任务而成立的、由政府拨款提供经费、资产归政府所有并由总统或部长所任命的董事会或行政官来管理的公司。它们是联邦政府完全控制的企业，如全美铁路公司（AMTRAK）、联邦邮政（USPS）、商品信贷公司、国家和社区服务公司、公共广播公司、美国进出口银行等。第二类是政府部分所有企业（Partly-owned Government Corporation），即一种兼有公司产权、资产归总统和私人股东所选择的董事会拥有和支配并通常倾向私人部门转化的企业。例如，2009年，通用汽车深陷经营困境后提出破产保护，美国财政部向通用汽车提供了近500亿美元的救助资金，从而实现了对通用汽车60.8%的持股，按中国的标准这可被视为国有控股下的民营模式，而后财政部股份降至33%，成为私有企业的投资人，一般这类型的企业也是由私人经营，其高管薪酬与私有企业无异。第三类是政府赞助企业（Government-sponsored Enterprises，GSEs），约占美国国有企业的1/5，这类企业虽由私人拥有、私人投资，但企业的设立须由政府特许，并服从于联邦的监督和管理。比较典型的是一些美国国会资助创建的金融服务公司。第四类是联邦政府收购的企业，这些公司是政府没收债务人资产而暂时拥有的企业，大部分都是不值得注意的小公司。其中，前三类企业是美国国有企业的主体，与我国国有企业类似，是我国重点研究的部门，按照以上划分标准，美国前三类企业大概有40家。

　　法国原有的国有企业众多，经过两次大规模的私有化运动后，国有企业数量也大幅度下降。法国对国有企业进行私有化改造的原则是，国有企业将从竞争性领域退出，涉及国家战略利益的行业和公用事业将继续由国家控制。法国国家统计及经济研究所（INSEE）网上公布的统计数据显示，目前，国有企业的总数为1143家，其中绝大多数是参股企业，国有独资或控股企业极少。国家控股管理局（APE）是法国专门成立的一个负责管理政府在企业中的股份的管理机构。2012年10月，此机构主要管理的企业包括17家控股100%的企业，14家控股50%以上的企业和13家控股50%以下的企业。

　　日本是一个以私营企业为主体的现代化市场经济国家，国有企业的数量较少，在整个国民经济中所占的比重不大。一般将国有企业称为"公企业"或"公营企业"。日本国民经济核算体系关于"公营企业"的定义是"为公共所有或支配，依据公司法及其他公法、特别立法、行政规定等拥有法人资格的公共性法人企业"。

从所有权和经营权角度划分，日本企业可分为政府企业（Departmental Undertaking）和特殊法人企业。其中政府企业又分为中央政府企业和地方政府企业，由官厅首长（大臣）或地方首长（知事、市长等）负经营管理责任、从事经营业务，又称"现业"，主要包括大藏省（财务省）的造币局、印刷局（只限于印刷银行券、纸币、邮票等）以及农林水产省负责的国有林事业，即所谓的"三现业"。原本"五现业"中的酒类已民营化，邮政省负责的邮政事业从2003年4月1日起，由日本邮政公社所代替，成为一个自负盈亏的国有公共公司，但职员仍维持国家公务员身份，实行独立核算制。特殊法人企业又分为公共法人企业（Public Corporation）和股份公司（Joint Stock Company）。公共法人企业根据特别法设立，由政府或地方公共团体出资，具有法人资格。其经营管理委托给私人。股份公司一般为政府和地方公共团体部分出资的混合企业，如日本电信电话股份公司、电源开发股份公司等。

在俄罗斯及某些其他原苏联国家，单一制国有企业（俄罗斯语：унитарное предприятие）是一个商业组织，该组织对其经营中所使用的资产没有所有权，分别经营国有或者市政拥有的资产，单一制国有企业资产的所有者对其经营不负责任。单一制国有企业的资产属于联邦政府，如俄罗斯的某个地区或者某个市。单一制国有企业根据经济管理（对于国有及市政拥有的国有企业）或者操作管理（只是对于国家所有的国有企业）的权利拥有其资产，这类资产不可以在参与者之间进行分配，也不可以进行分割。单一制国有企业在经济事务中是独立的，有义务将其利润上交给国家。单一制国有企业没有权利建立子公司，在所有人同意的情况下，可以开立分支机构或者代表办公室。俄罗斯单一制国有企业包括俄罗斯铁路股份公司（ojsc Russian Railways，国家全资拥有）、俄罗斯国际航空公司（ojsc Aeroflot - Russian Airlines，国家控股51%）、俄罗斯水电公司（ojsc RusHydro，国家控股65%）、Sberbank银行（国家控股51%）、俄罗斯石油公司（ojsc Rosneft，国家控股75%）、俄罗斯天然气工业股份公司（ojsc Gazprom，国家控股51%）等。相比之下，国家公司（俄罗斯语：государственная корпорация）是一个非营利组织，该组织是按照其公司章程中所描述的方式来管理其资产的。国家公司没有义务向公共机构提交其活动的有关文件（除了很多向俄罗斯政府提交的文件之外），通常也不从属于政府，而从属于俄罗斯总统，是用来完成某些重要的目标的。政府的控制也是在一定的基础之上实施的，如年度的公司会议、对账目及财务报告（会计）审核观点的年度报告、审核委员会对财务（会计）报告查证结果的结论及其他的公司文件等。任何其他的联邦政府部门、俄罗斯联邦的国家权力机构以及当地的政府都没有权力干涉国家公司的活动。2007年组建的国家公司包括外经银行、俄罗斯纳米公司、住房公用事业改革促进基金会、奥林匹克建设公司、俄罗斯技术公司和俄罗斯原子能公司等。国家公司的建立和发展，为俄罗斯的经济发展提供了机会和支撑。

三　按照行业划分的国外国有企业

根据对31个国家国有企业按照行业划分的统计结果（见表1-3），国有企业广泛分布于各国的邮政、铁路、药剂业、赌博、酒精、保健、大学、电话、广播、石油和天然气、能源、水、机场、路政等行业，特别是邮政、铁路等行业，大多数国家实行垄断经营。赌博、保健、大学、广播、石油和天然气、能源、水等行业，各国一般实行国企与私企平等竞争的方式；而对于酒精、药剂等行业，则一般放手给私人经营。

美国的国有企业涉及领域主要包括邮政、公共交通、自来水、污水处理及环保博物馆、公园森林、航空管制、部分跨州电力水利、公路、铁路、部分港口、部分军事工业、航天、老人穷人及退伍军人养老和医疗保险等。其中，除邮政、公路全部属国有外，国有企业在其他领域仅占部分或很小比重。国有企业生产总值占GDP的5%左右，就业人数占全国企业总就业人数的1%左右。在一些高新技术领域的新型部门中，由于投资大、周期长、风险大、见效慢，在个人资本能力不足和政府不愿承担全部风险的情况下，混合企业正在成为今后发展的一种形式。

俄罗斯科学院世界经济和国际关系研究所前所长西莫尼亚院士说，叶利钦时代，俄罗斯的国体差点被自由经济模式搞垮，普京在上台后的最初几年把全部精力都放在了重新整合经济方面。普京很清楚，现在必须恢复大型国企并使其现代化，特别是对那些具有战略意义的行业。普京在总统第二任期内强化了大型国有企业联合，特别是加强了国家对战略性行业的控制，并同时确定涉及国防、石油、天然气、运输、电力、外贸、银行、渔业、钢铁制造业等领域的1063家大中型企业为国有战略企业，规定政府无权对这些战略企业实行私有化。2004~2007年，国有股在俄罗斯资本市场中的比例从24%升至40%，2009年达到50%。1997~2009年，国有经济比重从30%升至67%。

表 1-3 按照行业划分的各国国有企业分布情况

行业国别	邮政	铁路	药剂业	赌博	酒精	保健	大学	电话	广播	石油和天然气	能源	水	机场	路政
美国	全部	混合	没有	混合	各州不同	混合	混合	没有	混合	没有	混合	混合	混合	混合
英国	混合	混合	没有	混合	没有	混合	混合	没有	混合	没有	没有	混合	混合	—
法国	全部	全部	没有	全部	没有	混合	混合	混合	混合	没有	混合	全部	—	—
日本	混合	混合	没有	混合	没有	混合	混合	没有	混合	没有	没有	混合	混合	—
澳大利亚	全部	全部	混合	混合	没有	混合	混合	混合	混合	没有	全部	混合	全部	全部
德国	全部	全部	没有	没有	没有	全部	混合	混合	混合	混合	全部	混合	混合	—
印度	全部	全部	全部	没有	没有	全部	混合	混合	混合	混合	全部	混合	混合	—
印度尼西亚	全部	全部	没有	没有	没有	全部	混合	混合	混合	没有	混合	没有	混合	全部
巴西	全部	全部	没有	混合	混合	混合	全部	混合	混合	混合	混合	混合	混合	没有
比利时	全部	混合	没有	全部	没有	全部	全部	各省不同	全部	混合	各省不同	各省不同	当地政府所有	95%被省级政府所有
加拿大	全部	全部	没有	全部	没有	全部	全部	没有	全部	全部	没有	没有	混合	混合
智利	全部	实际上是	没有	全部	没有	混合	全部	—	混合	没有	全部	全部	全部	—
捷克共和国	实际上是	实际上是	没有	混合	全部	混合	全部	混合	混合	实际上是	混合	混合	全部	混合
芬兰	实际上是	实际上是	没有	没有	全部	混合	全部	没有	混合	混合	混合	混合	—	—
希腊	全部	没有	没有	没有	没有	混合	混合	混合	混合	没有	混合	—	—	—
冰岛	全部	全部	没有	混合	没有	混合	混合	没有	混合	没有	混合	混合	—	—
爱尔兰	全部	全部	没有	全部	没有	混合	混合	没有	混合	—	混合	混合	—	—

续表

行业国别	邮政	铁路	药剂业	赌博	酒精	保健	大学	电话	广播	石油和天然气	能源	水	机场	路政
意 大 利	实际上是	混合	没有	全部	没有	混合	混合	没有	混合	混合	混合	—	—	—
韩 国	实际上是	实际上是	没有	全部	没有	实际上是	混合	实际上是	混合	实际上是	实际上是	实际上是	—	混合
墨 西 哥	混合	混合	混合	没有	没有	混合	混合	没有	混合	全部	全部	混合	全部	混合
荷 兰	没有	混合	没有	没有	没有	混合	全部	没有	混合	没有	没有	全部	混合	—
新 西 兰	全部	全部	没有	没有	全部	混合	全部	没有	混合	没有	混合	全部	—	—
挪 威	全部	全部	没有	没有	没有	全部	全部	混合	全部	全部	全部	混合	—	—
秘 鲁	全部	没有	没有	没有	没有	混合	混合	没有	混合	混合	混合	混合	—	—
菲 律 宾	全部	全部	混合	混合	没有	混合	混合	没有	混合	没有	混合	混合	混合	混合
西 班 牙	全部	混合	没有	全部	全部*	混合	混合	混合	混合	混合	混合	混合	—	—
瑞 典	实际上是	实际上是	没有	全部	没有	混合	混合	没有	混合	没有	混合	—	全部	—
泰 国	全部	全部	没有	全部	没有	混合	混合	没有	混合	混合	混合	混合	全部	—
土 耳 其	全部	全部	没有	全部	没有	混合	混合	没有	混合	混合	混合	全部	混合	—
哥伦比亚	全部	没有	没有	混合	各地不同	混合	混合	混合	混合	混合	混合	混合	—	—
乌 拉 圭	全部	全部	没有	全部	混合	混合	混合	混合	混合	混合	全部	全部	—	—

注：1. "全部"表示合法垄断，不允许竞争。
2. "实际上是"表示法律上允许竞争，但实际上没有一个私营公司可与之产生实质上的竞争。
3. "混合"表示有私人竞争者。
4. "没有"表示自由竞争的市场。
5. *需要有许可证。

资料来源：维基百科。

四 按其他标准划分的国外国有企业

国外在对国有企业管控中，还按照功能定位将其划分为战略发展性质、公用事业性质以及营利性质的国有企业，例如，战略发展性质的国有企业包括军工、铁路等，公用事业性质的国有企业包括水、电的供应业和邮政等；按照市场化程度划分为市场型国有企业和准市场型国有企业等。例如，韩国对于国有企业的划分依据就是企业的市场化程度（见表1-4）。

表1-4 韩国国有企业机构数

区分	合计	国有企业		准政府机构		其他
		市场型	准市场型	委托执行型	基金管理型	公共机构
机构数（个）	299	6	18	64	13	197
预算（韩元）	271.7	53.5	65.3	35.9	43.3	73.7
资产（韩元）	626.9	91.2	149.5	50.3	28.0	308.0
人员（人）	242352	26.033	57454	47289	15156	96420

资料来源：韩国行政自治部官网。此表与第八章引用的企划财政部报道资料中关于国有机关的划分略有出入。

除此之外，几乎每一个国家在前述国企类型的划分基础上，都按照管理层级进一步划分为中央（或国家、联邦）所属的国有企业以及地方（省、州等）所属的国有企业等，这里不再赘述。

第二节 国外国有企业高管薪酬水平及其影响因素

发达国家对国有企业高管薪酬的管控实行分类管理。对于涉及国计民生的公用设施企业，一般实行完全的国有化，对其高管薪酬的管控也最严格，如供水、电力、铁路、邮政等，其工资水平一般都不太高，有很多还实行公务员工资；对于国有控股公司，管理则相对宽松，其薪酬水平适当参照国内大公司，介于私营大公司和公务员之间；对于国有民营企业，或国家特许经营企业，管理则更宽松，一般以合同或黄金股的形式，其薪酬水平主要取决于其为国家提供产品的效果和能力。

国外国有企业高管水平是高还是低，不能一概而论，从总体上来说，国有企业高管的薪酬水平是对其进行管控结果的反映，往往与企业本身的功能定位、国家对企业的控制程度以及企业家本身的人力资本本身有密切的关系。从总体上来说，主要分为三种类型，一是执行公务员工资水平；二是参照公务员工资，比公务员工资水平高1~2倍；三是参照市场化工资水平。

探求国外国有企业高管薪酬水平的影响因素，有利于明确调控我国国企高管薪酬时需要考虑的因素，有利于合理确定国际竞争背景下我国国企高管的薪酬水平。

一 所有制类型对国有企业高管薪酬的影响

企业所有制结构的不同往往与企业设立目标不同紧密相关，多数市场经济国家经历过大规模的私有化浪潮，国有经济在国民经济中所占的比重往往较低，一般主要涉及领域包括科技、教育、国防、交通、邮政、基础设施、公用设施等不宜或不易由私人进行投资设立的部门。在这些行业中，有些是由国家完全垄断经营或提供公共事业服务的，这些企业往往由国家全资所有；也有一些仍然保留了市场竞争的性质，国家以控股或参股的形式参与经营，对于这两类企业高管薪酬的管控模式也不完全相同。

从总体上来说，在一个国家内，国有企业高管薪酬远低于私营企业高管，政府全资所有的国有企业高管薪酬低于部分所有的国有企业高管。

根据德国知名人力资源咨询公司基恩鲍姆公布的一份调查报告显示[①]，德国国企高管收入远低于私有企业高管。这份报告对1055家德国国企的2266位高管进行了调查，其中21%的高管年薪低于10万欧元，62%介于10万至30万欧元之间，17%在30万欧元以上。而私有企业高管的平均收入是国企高管的两倍。

在美国政府全资公司中，除了田纳西流域管理局、维尔京群岛的公司和原子能委员会高管不执行联邦公务员工资外，按照《美国法典》，国家所有的公司需要实行公务员工资标准。例如，全国房主基金会和全国铁路客运公司的高管薪酬执行联邦高级公务员基本工资水平的Ⅰ级水平，执行同级别工资的政府官员包括国务卿、财政部部长、国防部部长等；公共广播公司、联邦住宅贷款银行和千年挑战公司高管执行Ⅱ级，执行这一级别工资的政府官员除了执行一级工资政府官员的副职，还包括国家反恐中心主任、国家反扩散中心主任等（见表1-5）。

---

① 《国外为国企高管定薪酬：用透明和限高平息争议》，《环球时报》2014年9月1日。

表1-5　联邦高级公务员基本工资（2012年1月起生效）水平（高级公务员系列）*

单位：美元/年

工资水平	工资额度	工资水平	工资额度
Ⅰ	199700	Ⅳ	155500
Ⅱ	179700	Ⅴ	145700
Ⅲ	165300		

* 工资水平冻结在2010年。

资料来源：根据美国劳工部网站和美国众议院网站相关数据整理。

美国政府赞助企业，比较典型的是一些美国国会资助创建的金融服务公司，其高管薪酬的确定有极大的自主权。参照市场确定水平较高。以联邦住宅贷款银行为例，它由借款人共同所有，政府提供信贷保证和必要的津贴。2012年，其在全国12个分支机构主要高管薪酬最高为辛辛那提分部的安德鲁斯豪威尔获得金额为4062496美元，最低为西雅图新任总裁迈克尔·威尔逊，获得金额为1050616美元。

政府所有但私人经营的公司，如波音飞机公司、洛克希德公司和北美航空公司，虽然由政府出资，但经营权归私人所有，政府与公司签订租赁承包合同。这些公司通常与政府拥有长期合作关系，企业按照商业化运作模式进行运营，政府通过监督控制保证政府目标的实现。企业对于高管薪酬的确定具有高度自主权，例如，波音公司成立了薪酬委员会，其宗旨之一就是为员工提供具有竞争力和领先的薪酬计划。2012年首席执行官詹姆斯·麦克纳尼的薪酬总计达2100万美元，同比上涨16%，其中，基本工资仍保持190万美元不变，股票和期权奖励比2011年上升了10%，现金红利上升了24%。尽管2012年波音787飞机出现了一些问题，利润同比下降了3%，但其营业收入增长了19%，达到817亿美元。因此，董事会为麦克纳尼加薪的理由是"有效领导和成功实施波音公司的业务策略"，包括完成更多的订单和波音737和777的交付，以及对波音公司的国防业务削减成本的努力。[①]

法国的国有企业高管薪酬实行分类管理。一类是竞争性国企，薪酬水平原则上参照私营企业，但实际上往往低于私企。另一类是垄断性国企，其高管薪

---

① www.online.wsj.com，2013年3月15日。

酬参照公务员进行管理，①且派驻到不同行业、不同地区的高管，薪酬基本相同，即使增加了按照业绩实行的奖励薪酬，其薪酬也不过是公务员工资的2~3倍。

法国电力公司为国家控股公司，②在2004年成为股份有限公司后，沉浸于全球竞争的"大水池"中，采纳了私企关于业绩奖金、员工股票激励的有关做法，而无视了自身公立公益机构的性质。根据法国电力公司网站公布的薪酬结构，除了13个月的固定工资，还包括与个人业绩、集体业绩相关的灵活部分，与职位相关的额外补助、退休储蓄金、社会保障以及一些特殊优惠政策（社会、家庭等方面）。2011年，财务主管托马斯·桑顿个人收入高达130万欧元。同样也是投资银行家出身，法国电力公司能源公司的前执行长，大卫·科尔夏，2010年的薪酬高达110万欧元。亨利普罗戈里奥在2009年11月出任法国电力公司总经理后，他的固定薪酬已从2004年的46万欧元增加到2012年的100万欧元，浮动薪酬从2005年的53667欧元增加到2012年的588000欧元。根据法国2012年新修订的有关法律，国有企业高管薪酬被限制在45万欧元。显然，法国电力公司高管薪酬是在限薪范围之内的。除此之外，还有阿海珐集团的吕克·乌塞尔（70万欧元年薪）、法国邮政的让-保罗·贝利（61万欧元年薪）和法国巴黎机场的CEO彼得·格拉夫（73.6万欧元年薪），但也有很多国企高管的工资未受影响，因为他们的年薪本就低于45万欧元。50家国企的70名高管，约有20位的工资高于45万欧元③。

二 企业经营状况对国有企业高管薪酬的影响

不同经营状态下的国有企业高管薪酬结构和水平也不尽相同。从总体上来说，主要分为两种类型，一种是盈利不佳或亏损性质的国有企业，执行或参照执行公务员工资水平的高管薪酬，薪酬结构为基本工资加上少量的绩效工资或企业分红；另一种是效益较好的国有企业，参照执行市场化工资水平的高管薪酬，结构一般为基本工资、年度绩效、长期激励薪酬加上延期支付

---

① 卫祥云：《国企改革新思路》，电子工业出版社，2012。
② 2012年法国国家控股84.4%。
③ http://lexpansion.lexpress.fr/economie/salaire-des-patrons-a-quoi-correspond-le-plafond-de-450-000-euros_302607.html。

薪酬等。

例如，美国邮政公司原来是美国邮政局，1971年才由政府机构改为政府公司，该公司高管2012年薪酬见表1-6。全美铁路公司成立于1971年，20世纪70年代随着美国州际高速公路网的建立，铁路客运也同时逐渐衰退。许多铁路公司因不堪客运亏损而请求关闭大部分的客运线，但当时的尼克松总统和国会议员不愿见到铁路客运在他们任期内消失，于是创立了全美铁路公司，因此，该公司从一开始就不断亏损，并接受政府拨款，该公司主要高管2012年薪酬见表1-7。美国邮政公司和全美铁路公司董事会的9位成员全部由总统提名，其董事会成员中，也有相当一部分人来自政府机构，其中一名至两名成员来自上级主管部门，如美国邮政署[①]或交通运输部[②]。

表1-6 美国邮政公司高管2012年薪酬

单位：美元

姓名	职务	金额
Drew T. Aliperto	首席执行官	276672
Megan J. Brennan	副总裁,区域经理	200000
Ellis A. Burgoyne	副总裁兼首席运营官	258615
Joseph Corbett	副总裁兼首席信息官	253692
Patrick R. Donahoe	副总裁兼首席财务官	239000
David C. Fields	副总裁,区域经理	219046
Mary A. Gibbons	副总裁	230000
Timothy C. Haney	副总裁	206000
William C. Rucker III	副总裁	211221
Karen E. Schenck	副总裁	205391
Jordan M. Small	副总裁	204000
Anthony J. Vegliante	副总裁	240000
Linda Welch	副总裁	209538
其余26位高管		199700*

* 是当年对应级别公务员工资。
资料来源：根据美国邮政公司2012年年报整理。

[①] 美国邮政公司2012年年报。
[②] 全美铁路公司官网。

表 1-7　全美铁路公司主要高管 2012 年薪酬

单位：美元

职务	年薪	职务	年薪
政府事务副总裁	258594.00	总监	264686.95
首席市场及销售官	225000.00	首席公司事务联络官	194750.00
副总法律顾问	283411.00	首席人力资本官	256250.00
总裁兼 CEO	350000.00	首席信息官	271625.00
运营副总裁	301888.00	首席监督官	200000.00
NEC IID 业务副总裁	230292.00		

资料来源：由美国信息自由法案办公室通过联系全美铁路公司人力资本部（AMTRAK Human Capital Department）后函告。

加拿大国企 CEO 的平均年薪大约有 30 万加元，与雇员报酬水平相差 4～6 倍。但由于加拿大广播公司常年亏损，成为亏损额最高的国有企业，因此其 CEO 年薪酬平均只有 10 万加元，由于公司完全是国有资产，所以没有各种股票类收入。加拿大私企的 CEO 或总裁一般都有股票类收入，很多上市公司的高层经理可以得到期权。这就使 CEO 的整体报酬与私企相比有非常大的差距。

三　企业的功能定位对国有企业高管薪酬的影响

英国国有企业高管薪酬远低于其他企业，其中，由于水务和电力行业被定义为公用事业企业（Utilities Sectors），因此，其高管薪酬甚至低于其他国有企业。1990 年国有水务和电力高管的平均实际薪酬为 45148 英镑，而在其他国有企业中，高管的平均实际薪酬为 75919 英镑，同期上市公司高管薪酬为 140187 英镑。[①] 有文件资料证明，在国有企业私有化之前，国企高管的薪酬仅为上市企业高层薪酬的一半，并且决定其薪酬水平的因素显得更官僚主义：无绩效工资，高管之间及公司上下的薪酬差距较小，仅有系统性的增龄加薪。

2013 年，英国部分国有企业高管薪酬水平见表 1-8。

[①] Michael I. Cragg, Executive Pay and UK Privatization: The Demise of "One Country, Two Systems", Harvard Business School, 2000.

表 1-8 2013 年英国部分国有企业高管薪酬水平

单位：万英镑，倍

国有企业高管平均薪酬水平		本企业职工平均工资	社平工资	部级或副部级公务员平均工资	相当于本企业职工平均工资倍数	相当于社会平均工资倍数	相当于部级或副部级公务员平均工资倍数
英国邮政董事会执行董事	133.0	4.0	2.7	15.0	33.3	49.3	8.9
英格兰银行高管	38.0	—			—	14.1	2.5

资料来源：作者根据 2014 年英国邮政公司和英格兰银行年报及相关网站数据整理。

由玛格丽特·撒切尔（Margaret Thatcher）在 1979 年发起的两次私有化运动给许多英国的大企业带来了翻天覆地的变化。特别是企业高管薪酬的大幅度提高引起了公众的不满。《金融时报》在许多文章中记录了这些争议。罗伯特·科尔津（Robert Corzine）和威廉·卢（William Lewis）的《英国天然气公司做足准备应对高层薪酬引起的股东不安》刊于《金融时报》1995 年 4 月 8 日；威廉·路易斯（William Lewis）的《英国电力公司调查》刊于《金融时报》1995 年 11 月 14 日；《通用电气——财大气粗》刊于《金融时报》1996 年 8 月 30 日第 13 页；等等。在国家所有制的条件下，经理层来自一个特殊的劳务市场。而私有化之后，之前的国有企业可以自由地进入与上市企业一样的劳务市场和资本市场。正如在所有的竞争市场中一样，这些国有企业迅速被迫向投资者们提供具有竞争力的薪酬和收益。1990 年英国水务、天然气和电力公共事业私有化，其管理人员开始申报期权收益，人们对于这些期权计划的不满引致格林伯瑞委员会（Greenbury，1995）发布了一份具有影响力的报告，该报告提倡对当前私有企业中的所有期权计划进行一次全面审查（可能会有一些追溯性变化），并建议暂停新兴的私有公共事业的授予期权行为，要求在其股份公开交易后 6 个月才能进行期权授予。这一报告最终导致了这些公用事业期权计划的破产。

四 人力资本状况对国有企业高管薪酬的影响

虽然国内外众多研究表明，国有企业高管薪酬对公司业绩的敏感程度远远低于私营企业，但大多数国有企业仍引进了绩效薪酬体系，只是所占比重不尽相同。在实行了中长期激励的国有企业中，如果高管由于个人原因实现了工资增长，多会在公司年报中详细披露对高管加薪的理由。

例如，美国田纳西流域管理局高管薪酬分为基本年薪、年度激励（绩效）薪酬、长期激励薪酬、延期支付薪酬和养老金计划等。其中基本年薪、年度激励（绩效）薪酬和长期激励薪酬都与高管的个人能力、市场稀缺程度和业绩表现紧密挂钩。

根据《田纳西流域管理局法案》，田纳西流域管理公司高管薪酬水平的制定基于一个广泛的相关行业的薪酬调查，这个调查对象包括私人工程、电力设施公司、公共电力设施公司，以及联邦、州和当地政府机构。在制定薪酬政策时，要考虑的因素包括教育、职业经历、职责、地理位置，以及招募和保留这类人才所需要的成本等。按照这个计划，高管薪酬水平要与市场进行对接。对于大多数高管来说，他们的全部直接薪酬相当于市场的50分位水平，对于稀缺或对于公司至关重要的人才，他们的薪酬水平大约为市场的50~75分位水平，而对于竞争压力不大或招募相对容易的人才，他们的薪酬水平大约为市场的25~50分位水平。在过去几年里，田纳西流域管理局董事会一般每年都会委托第三方独立机构评估同行业其他企业的基准薪酬，以及本企业高管的个人表现，确定本企业高管人员的总薪酬水平。2010~2012年田纳西流域管理局高管薪酬见表1-9。

表1-9　2010~2012年田纳西流域管理局高管薪酬

单位：美元

主要职务	年份	年薪	非股权激励薪酬	延期支付薪酬	其他薪酬	合计
首席执行官（CEO）	2012	850000	1706455	1162082	311025	4029562
	2011	853269	1855010	931256	311025	3950560
	2010	853269	1838142	595643	311025	3598079
首席财务官（CFO）	2012	520000	997277	493749	203349	2214375
	2011	522000	707481	303019	145394	1677894
	2010	410000	859376	177260	91381	1538017
首席生产官（CGO）	2012	650000	1231971	1416144	272725	3570840
	2011	652500	831324	619721	272770	2376315
	2010	603942	1014088	536376	172770	2327176
首席能源官（CNO）	2012	545000	808300	653320	278349	2284969
	2011	547865	677070	530467	195394	1950796
	2010	527019	833840	325208	167711	1853778
总顾问（GC）	2012	400001	677136	1334835	145375	2557347

注：各部分薪酬计算具体过程详见本书第二章有关案例。

高管的从业经历影响高管薪酬水平。例如，田纳西流域管理局和全美铁路公司（AMTRAK）虽然同属于美国政府的国有企业，但是，由于其高管的从业背景不尽相同，各自的薪酬决定机制也完全不同，田纳西流域管理局高管薪酬参照同行业企业市场水平，而全美铁路公司高管薪酬则参照公务员工资水平。田纳西流域管理局9位董事会成员中有4位是由奥巴马政府直接指派的，其余均来自商业公司。董事会主席桑瑟姆诺克斯维尔（Sansom Knoxville）在加盟田纳西流域管理局之前的1996~2005年，曾担任哈克尼公司（H. T. Hackney Co.）董事会主席及行政总裁。哈克尼有限公司是一家参与批发杂货和家具制造的多元化企业。田纳西流域管理局的执行高管层也多是职业经理人，例如，首席执行官基尔戈先生，加盟该企业之前，自1998年8月至2000年，曾是卡罗莱纳州电力和照明公司（后来成为Progress Energy公司）发电业务的高级副总裁。1991~1998年，基尔戈先生曾担任奥格尔索普电力公司（Oglethorpe Power Corporation）的行政总裁。[①]

而全美铁路公司董事会9位成员全部由总统提名，其中，董事会主席安东尼（Anthony Coscia）曾任职于纽约和新泽西州港务局，自1992年2月至2003年3月，担任新泽西州经济发展局主席。作为主席，他对该机构的多样化的运输业务和67亿美元年度预算具有广泛的监督责任。总裁兼首席执行官约瑟夫·博德曼（Joseph H. Boardman）在任职之前，曾担任美国运输部下属美国联邦铁路（FRA）的管理人员，其董事会成员中，也有一部分人来自政府机构，其中1名成员来自美国交通运输部。[②]

除此之外，高管薪酬还与其任职年限有关。例如，田纳西流域管理局年报中披露，2008年，田纳西流域管理局与Greene女士（公司执行副总裁兼生产运营官）签订了延期支付协议。根据该协议，Greene女士于2008年12月1日、2009年10月1日分别收到5万美元的递延报酬，于2010年10月1日及2011年10月1日分别收到了15万美元的递延报酬。这些报酬将于2012年9月30日该协议到期时，一次性地支付给她。在2011年12月，田纳西流域管理局与Greene女士签订了第二份递延报酬协议，根据该协议，Greene女士于2012年1月1日收到了10万美元的递延报酬。如果她在2012年12月31日协

---

① 来自田纳西流域管理局年报。
② 来自全美铁路公司官网。

议到期之前一直受雇于田纳西流域管理局,那么该款项将归 Greene 女士所有。在该协议到期之后,该报酬及其收益会一次性地支付给她。假如在递延报酬协议生效期间不是因为 Greene 女士的不良行为,田纳西流域管理局与 Greene 女士终止了聘用关系,那么在协议终止时,Greene 女士将收到其所有计划报酬及其收益。假如 Greene 女士自愿终止其聘用,或者田纳西流域管理局在相关协议到期之前,出于某些原因终止了与 Greene 女士之间的聘用关系,那么 Greene 女士所有递延薪酬及其收益都将会被没收。

五 战略定位对国有企业高管薪酬的影响

有些时候,政府会从战略需要出发,对个别行业高管实行高薪,以吸引行业精英加盟到国有企业中。

2012 年底,福布斯的俄罗斯最高薪 CEO 排名(见表 1-10)中前五名均为国有企业高管。位居榜首的是安德烈·科斯京(Andrey Kostin,国有银行 VTB 的最高长官),年薪近 3000 万美元——接近摩根大通首席执行官杰米·戴蒙(Jamie Dimon)的 4200 万美元年薪。但值得注意的是,摩根大通规模为科斯京所在银行的 10 倍。据悉,俄罗斯之所以为这些高管提供如此有竞争力的薪酬,主要是希望从私营企业吸引精英人才加入国企。[①]

表 1-10 2012 年俄罗斯最高薪 CEO 排名

单位:百万卢布

序号	CEO	企业	董事会成员平均月薪
1	格里夫	俄罗斯联邦储蓄银行	11.7
2	安德烈·科斯京	俄罗斯外贸银行	10.0
3	弗拉基米尔·雅库宁	俄罗斯铁路公司	6.1
4	安德烈·阿肯姆	俄气银行	6.1
5	叶夫根尼·多德	俄罗斯水力发电公司	5.9
6	亚历山大·德育空	西伯利亚石油公司	5.5
7	阿列克谢·米勒	俄罗斯天然气工业股份公司	5.2
8	鲍里斯·科瓦楚克	俄罗斯同一电力团体	5.1
9	米哈伊尔·扎德诺夫	俄罗斯外贸银行	3.8
10	费奥尔多·安德列耶夫	阿尔罗萨公司	3.5

注:同一时期,俄罗斯总统普京年收入为 579 万卢布,总理梅德韦杰夫年收入为 581 万卢布。
资料来源:俄罗斯 CEO 杂志,2013 年 9 月(62)。

---

① http://www.Kommersant.com.

与此呼应的是俄罗斯的媒体行业，Russia Today（俄罗斯今日频道）作为国有电视频道成立于 2005 年，专门帮助建立俄罗斯在海外的正面形象。政府一直给这类媒体公司巨额补贴，允许它们给予来自知名私营媒体公司的新闻工作者更多薪酬和稳定性，反过来这些人让 Russia Today 及其他国有媒体更加信誉卓著。

尽管国有媒体公司代表否认曾以任何形式从私营市场高薪挖走新闻工作者，但关于新闻工作者去国有媒体公司上班的公告仍频繁可见。

第三节　国外国有企业高管薪酬监管

政府对于国有企业的监管不管是在资本主义社会，还是在社会主义社会，都是普遍存在的，并且即使是在资本主义社会，其对于国有企业的监管也毫不放松，只是越是市场自由化程度高的社会形态里，其对于国有企业高管薪酬的管控越依靠市场，政府越多地侧重于信息服务和监管少数国计民生的企业；而市场自由化程度相对较低，或经济尚处于发展中的国家，其对于国有企业高管薪酬的管控则主要依赖行政手段。

另外，也要看到，不论是哪种类型的社会形态，关于国有企业高管薪酬的争论都不绝于耳，各国政府对国有企业的改革依据不仅是一个经济问题，而且是政治问题。例如，在英国，撒切尔夫人上台后，进行了强势的国有企业私有化改造，国有企业高管薪酬也随之市场化；而加拿大政府也对是否加强国有企业私有化问题做过社会调查，结果大部分加拿大人支持皇冠公司继续由政府拥有，不希望其私有化。具体数据是不希望私有化加拿大航空运输安检局和原子能公司的占 83%，不希望私有化加拿大商业发展银行的占 78%，不希望私有化加拿大农场信用公司的占 75%，不希望私有化加拿大出口发展公司的占 73%，不希望私有化加拿大邮政的占 69%，不希望私有化加拿大广播公司的占 67%，不希望私有化 VIA 铁路的占 60%。

国外政府对于国有企业高管薪酬的监管手段主要包括：成立专门机构、制定相关法律法规、完善公司治理结构、推行信息公开制度和直接规定企业高管薪酬数额等。这些监管手段在不同类型市场经济国家，都被普遍使用，只是各自侧重略有不同。

一 以美国、英国为代表的市场经济国家主要监管手段

(一) 制定必要的法律规制

发达国家经过较长时间的发展,一般法律体系较为健全,国有企业作为政府拥有的一种企业形式,首先要遵守普通商业企业都遵守的一般法律,其次还受到特别法的限制。

例如,《OECD 国有企业公司治理指引》① 中第一章就提出,要确保对国有企业有效的法律和监管框架,第二章中提出,"确保国有企业董事会成员的薪酬计划有助于公司的长期利益,并能吸引和激励合格的专业人才"。

在美国,国有企业高管人员除了要遵守《美国法典》《政府企业控制法案》《信息自由法》《政务公开法案》《联邦经理金融一体化法案》《首席金融官法》《总检察长法案》《政府道德法》等,每一个国有企业都对应一部法律,例如,田纳西流域管理局的《田纳西流域管理局法案》,全美铁路公司、联邦住宅贷款银行等都有针对本公司的法律,对公司高管的任命、任期、薪酬等都有原则性的规定。

(二) 成立专门的管理机构

澳大利亚国有企业高管薪酬的主管部门是独立薪酬裁审庭(Remuneration Tribunal),独立薪酬裁审庭制定了一系列指导方针,其中在裁定高管薪酬时,会考虑一系列的信息,诸如在企业中的角色、承担的责任、工作量和工作价值等。同时,还会利用工资指数和其他经济指数(如通货膨胀率等)等,比较私企同样职位的人员的收入。当然,还会考虑工作单位提供给高管的非现金福利和社会公共利益以及个人地位等因素。

(三) 完善的信息披露制度

国外发达国家普遍对国有企业高管薪酬信息披露有严格的限制,有的要求参照上市公司企业信息披露措施,有的是要求通过公司年报,有的甚至要求在公司网站中披露。

《OECD 国有企业公司治理指引》中关于国有企业高管薪酬的披露也有严格详细的规定:"国有企业应按照《OECD 公司治理原则》中要求的所有事务披露

---

① 经济合作与发展组织:*OECD GUIDELINES ON THE CORPORATE GOVERNANCE OF STATE - OWNED ENTERPRISES*,国务院发展研究中心企业研究所李兆熙译,2005 年 6 月。

重要信息,并且重点是明显关系到作为所有者的国家和普遍公众的领域。国有企业至少应该遵守这些要求,包括财务和经营成果、薪酬政策、关联交易、治理结构和治理政策。国有企业应该披露他们是否遵从公司治理的任何准则,如果遵从的话,指出是哪一个。关于董事会成员和主要执行人员的薪酬,看来以基于个人的情况进行披露被视为良好的做法。信息应该包括对责任终止和退休的规定,以及任何特殊的便利或给董事会成员提供的实物报酬。""根据首席执行官的职责评定和经营业绩,国有企业董事会应该还要对首席执行官的薪酬具有决定性的影响。他们应该确保首席执行官的报酬与业绩挂钩并且按时披露。"

根据对美国 33 家国有企业年报的资料分析,大多数国有企业会在企业年报、财报中披露国有企业高管薪酬的政策、依据、水平和基于高管个人信息的薪酬考虑,某些未披露高管薪酬的企业,根据《信息自由法案》,可以通过直接向公司询问的方式获得高管薪酬的有关信息。

欧洲最早推行高管层信息披露的是英国,此后是爱尔兰,2003 年 5 月,欧盟(EU)才正式要求欧盟报告中的所有企业公布个人薪酬的详细信息,直到 2005 年或 2006 年,大多数的欧盟国家和企业才遵照该要求执行。到 2014 年为止,许多企业已经习惯了这一理念——股东和公众有"权利"知道其 CEO 和其他高层的收入,并且公布得越多越好。

根据瑞典 2009 年新修订的规定,国有企业高管薪酬需按照上市公司的规则向社会报告,报告的内容包括固定工资、福利和遣散费。

在意大利,由于政府干预,国有企业也将对其董事长和首席执行官薪酬加以更加严格的管制。

(四) 完善企业治理结构

美国、英国等国家普遍建立了完善的董事会领导下的总经理(或 CEO)负责制的现代经营管理制度。美国的国有企业在管理模式上普遍采用一般商业公司的管理形式,董事会是公司的最高决策机构,CEO 是公司经营管理层的主要负责人。通常,在政府完全所有的国有企业中,政府会单独组建董事会,一般 60% 以上的董事会成员由总统任命,其余按照法定,由联邦有关代表组成。对混合所有国有企业,通过联合组成的董事会间接实现管理。总统和主管部长只任命部分董事,其余董事均通过股东选取产生。对于政府资助国有企业,由总统任命的董事一般不超过 25%。在这些企业里,公司的经营者有较大的经营自主权。

二 以法国、德国为代表的市场经济国家主要监管手段

(一) 信息相对透明

在法国，为了规范薪酬，多项法案已经相继出台。商业公司内部管理改革中的内部管理道德准则也明确提及了薪酬制度。为了明确规范企业高层的薪酬，在2001~2007年间，议会至少通过了5项法案。几项特别具有价值的法令都要求建立薪酬透明制度。2001年5月15日通过的第420号法令，即新经济规制法（NRE）。它是高管薪酬透明制度的基础，让股东更了解高管薪酬。同时这项法令也延伸了此前为避免利益纠纷而出台的协议适用范围。2005年7月26日出台的842号法令有利于经济现代化和经济信任制，完善了之前协约中提到的高层向股东公开薪酬的范围，包括实物福利和递延补偿。在2007年8月21日出台年度1223号法令后，高层们向董事会公开了自己的薪酬，这对促进就业工作和提高购买力大有益处。

德国联邦在2009年颁布了《企业及参股管理原则》，要求对企业的管理及监督要更透明更合理，联邦作为持股人的角色也更加明晰。《企业及参股管理原则》包括3个部分：《公共企业治理典例》、《良好参股管理指示》和《聘任方针》。其中，在《公共企业治理典例》中包含"薪酬透明"的要求。指出联邦参股企业治理报告必须按要求，有名有姓地具体到每个个人地说明领导层所有成员的总薪酬，所有的具有多个成员的经营领导机构的总薪酬都要全面公示。

(二) 派驻专业人员，充实监事会职能

德国国有企业高管分为董事会层、监事会层和经理层。不同于美国的是，董事会的权力相对较大，不仅拥有企业法人的权力，也参与一部分公司的经营管理。其薪酬水平较高，但大多数国有企业不设董事会，而是以由政府派驻官员组成的监事会监督公司的日常运转，监事会成员的薪酬较低。

(三) 直接规定国有企业高管薪酬数额

对于金融危机后在国家救助计划下接受资本注入或出售问题资产的银行，德国内阁对其高管推行年薪50万欧元的限制。

法国政府2012年6月13日正式公布"薪酬框架管理"政策的具体细节，即自7月开始，对52家法国国企高管实施工资封顶，相当于最低工资标准的26.7倍。① 这个计划主要针对以国家为主要股东的企业，包括法国电力、阿海珐、法国邮政

---

① 当年的全国最低工资标准为1400欧元/月。

和法国国营铁路公司等,国有企业高管的报酬将由各公司内部管理机构讨论决定,因公司而异,从2012年或2013起逐步封顶。7月26日,《国家限制国有企业高管薪酬》法令中规定,国有企业和某些经济性、社会性目的机构高管年薪总额不得超过45万欧元。这一数额可以通过简单法令进行修订,并受到法院的严格审查。[①]

三 以日本、韩国为代表的市场经济国家主要监管手段

(一)严格的政府规制

在行政导向型市场经济国家中,政府的职能相对强势,因此,对于国有企业高管薪酬的管控也最为严格。例如,日本政府企业工作人员属于公务员,其薪酬按照《国家公务员法》有关条款及其他规则执行。

在韩国,对于国有企业的管理参照公务员,由企划财政部负责管理,颁布了《公共机关运营法》和《公共机关高管薪酬方针》(2013年12月11日修订),对韩国的公务员、国有企业人员薪酬等进行规制,并且企划财政部每年要对公共机关的财政收支做出统一预算,对于高管薪酬的单元、结构、比例等有具体详细的规定,企业的自主权非常小。

(二)政府强势的绩效管理

不同于自由市场经济国家完善的公司治理结构下企业高度自治的绩效管理制度,韩国的政府对国有企业进行管控的显著特点是直接制定国有企业的绩效管理制度,并严格实施。韩国政府对国有企业的监管框架见图1-1。

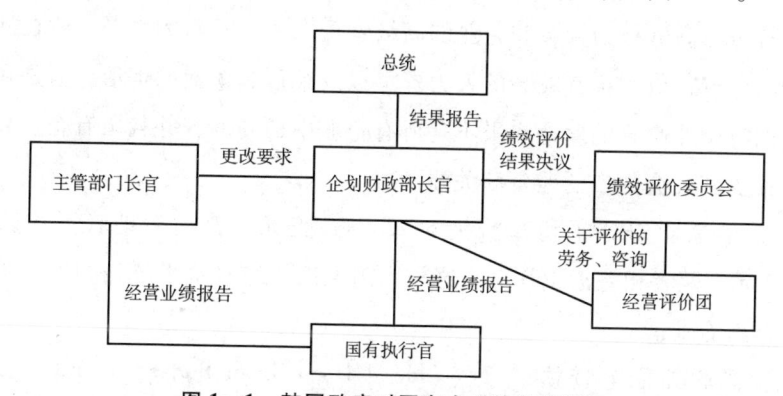

图1-1 韩国政府对国有企业的监管框架

资料来源:国有企业学会,2003:39。

[①] 网易财经评论,2012年10月22日。

第四节 国外国有企业高管薪酬特点

一 国外对国有企业高管薪酬实行分类的差异化管理

欧美国家普遍对于国有企业按照所有权、功能定位和垄断地位等不同,实行差异化的薪酬管理模式。

对于公用事业单位,如水利、电力、铁路、邮政、港口等,较多采取国家全资经营;对于亏损或经营不善的国有企业,往往在私有化过程中,不宜或不易出售出去,仍由国家所有,其工资水平按照或参照公务员工资水平,或高于公务员工资水平1~2倍;对于竞争性质的国有企业或者赢利能力较好的国有企业,其高管薪酬水平往往参照市场化水平确定。

在与市场接轨的过程中,美国的做法是,邀请第三方机构对国内同行业、相似规模的私营企业进行薪酬调查,对于企业急需或市场稀缺人才,采取高于市场价位的薪酬水平;对于竞争力一般或可替代性的高管,薪酬采取市场中位数或较低的水平。

二 发达国家国有企业高管薪酬水平较高,但往往低于私营大企业

国有企业高管作为社会和企业的高级管理人才,其薪酬水平一般在社会中处于较高位置,以回报其较高的人力资本以及维持其体面的生活。但是在欧美国家,国有企业高管的薪酬水平不是所有企业中最高的,并且国有企业高管的薪酬水平受到社会的广泛监督和关注。

2012年美国CEO平均薪酬为5222474[①]美元,普通劳动者平均薪酬为34645美元,两者相差近150倍,这一比例无论从绝对水平还是相差倍数都远远高于国有企业。

以美国联邦住宅贷款银行(Federal Home Loan Banks,FHLB)和农业信贷银行(Farm Credit Bank of texas,FCBT)为例,其2012年高管薪酬为1901299.8美元和2200940美元,而同期商业银行CEO薪酬平均为

---

① 美国劳联—产联网站。

2618291 美元，保险代理、经济和服务公司为 5488386 美元，这两家国企薪酬略低于市场价位。

2011 年和 2012 年，田纳西流域管理局 CEO 年薪分别为 3950560 美元和 4029562 美元，而同期电力、燃气和卫生服务业 CEO 年薪分别为 5021214 美元和 5818710 美元。

根据法国国家统计与经济研究所公布的 2013 年版《工作与工资》的研究数据，2010 年，私有企业全职工人的平均工资提高到了 25020 欧元，国家公务员的工资为 29100 欧元，在职工人年平均工资为 20720 欧元。工人实际工资为 18080 欧元，干部为 47550 欧元。2011 年，按私营企业领薪职工人数计算的平均工资（SMPT）增长了 0.4%，而公共领域人均收入却下降了 0.3%。

45 万欧元将是固定工资和可变工资总额的上限。年薪超过了上限 45 万欧元的高层管理人员不足 20 位。在巴黎证券上市的法国公司高管平均年薪总额在 2010 年已经增长到了 411 万欧元，而在 2009 年才 300 万欧元。2006 年，这些高管的工资冲顶至 570 万欧元。2010 年，巴黎证券交易所前 40 大上市公司（CAC-40）的执行官平均工资为 208 万欧元，相比 2009 年，增长了 31%。相比 2009 年，CAC-40 企业执行官的年终额外红利增长了 34%，平均水平是固定工资的 138%。

小型企业和大型企业的工资差距为 9430 欧元。2010 年，超小型企业年净工资为 20190 欧元，中小型企业为 24130 欧元，中等企业为 27080 欧元，大型企业为 29620 欧元。这一严重差距就说明了职业结构问题：大公司聘请更多的高管。同时，工资会随着企业规模扩大而增长。比如，大公司的干部年平均收入为 50000 欧元，而超小型企业的干部年平均收入为 37300 欧元。

三 国外国有企业高管薪酬同本单位员工平均工资差距不大

根据美国、加拿大、英国、法国、日本、韩国、俄罗斯等国家国有企业高管薪酬同本企业员工薪酬差距对比发现，在政府全资国有企业中，除了个别按照市场化薪酬水平付薪的企业外，大多数国有企业高管薪酬同本企业员工薪酬差距不超过 10 倍（见表 1-11）。

表1-11 国有企业高管薪酬同本企业员工薪酬差距

序号	国别	单位	高管薪酬	员工薪酬统计口径	员工薪酬	高管年薪约是员工工资倍数	年份
1	美国[①]	田纳西流域管理局首席执行官	403万美元	员工平均薪酬	约65000美元	62倍	2012
2		美国邮政公司（USPS）	约20万美元	员工平均薪酬	约40800美元	4.9倍	2012
3		全美铁路公司（AMTRAK）	约257863美元	员工平均薪酬	约96596美元	2.7倍	2012
4		美国千年挑战公司（MCC）	17.87万美元	员工平均薪酬	88000美元	2.0倍	2012
5		农业信贷银行（Farm Credit Bank of Texas, FCBT）	2200940美元	员工平均薪酬	153660美元	14.3倍	2012
6		联邦住宅贷款银行（Federal Home Loan Banks, FHLB）	1901299.8美元	员工平均薪酬	244230.8美元	7.8倍	2012
7	加拿大	加拿大广播公司（国有企业）董事会主席、总裁兼CEO[②]	30万美元左右	加拿大广播公司雇员平均薪酬	3万美元左右	10倍	2007
8	英国[②]	英国邮政董事会执行董事兼CEO	99.9万英镑左右	英国邮政雇员人均年薪酬	3.6万英镑左右	28倍	2004
9		英国邮政董事会执行董事平均薪酬	56万英镑	英国邮政雇员人均年薪酬	3.6万英镑左右	16倍	2004
10		法国航空公司市场选聘高管（国有企业）	100万法郎	一般员工中位值（不含管理技术人员）	13.7040万法郎	7.3倍	2001
11	法国[③]	法国电信（国有企业）董事高管	88万欧元左右	法国电信其他职工平均年度报酬	5.02万欧元	17倍	2003
12		法国电力公司（EDF）	1560528欧元	年平均工资	40822欧元	38.2倍	2011
13		法国邮政La Poste	621472欧元	年平均工资	31959.6欧元	19.4倍	2012
14		法国国家铁路公司（SNCF）	352941.2欧元	年平均工资	52036欧元	6.8倍	2012
15		巴黎大众运输公司（Régie autonome des transports parisiens, RATP）	237300欧元	年平均工资	44597.9欧元	5.3倍	2012
16		法国铁路网（Réseau ferré de France）	205205.9欧元	年平均工资	53954.2欧元	3.8倍	2012

续表

序号	国别	单位	高管薪酬	员工薪酬统计口径	员工薪酬	高管年薪约是员工工资倍数	年份
17	法国[3]	国家编辑部的主编[4]	约127788欧元	专业记者	71112欧元	1.8倍	2012（按照12个月计算）
18		日本邮政董事会成员[5]	1500万日元（约100万元人民币）左右	日本邮政雇员的平均年度报酬	620万日元（约42万元人民币）	2.5倍	2006～2007
19	日本[6]	北海道铁路公司高管	4062万日元	平均工资	400万日元	10.2倍	2012
20		日本烟草公司高管	4930万日元	30岁薪酬	584万日元	8.4倍	2012
21		日本电报电话公司高管	4310万日元	30岁薪酬	550万日元	7.8倍	2012
22		三井住友信托控股公司高管	1433万日元	30岁薪酬	522万日元	2.7倍	2012
23	韩国[7]	韩国产业银行、韩国投资公司、住宅金融公司等15家大型国有企业的董事长（总经理）的平均薪酬	4.45亿韩元（约为40万美元）	15家企业员工年均工资	7475.6万韩元	5.95倍	2006
24	俄罗斯	俄罗斯航空[8]	约18669222.24卢布	职工平均工资	1156800卢布	约16.1倍	2012
25		俄罗斯水力发电公司	5900万卢布	职工平均工资	1023072卢布	5.8倍	2012

资料来源：①根据公司年报整理。
②国资委：《英法国有企业、公众公司经营者薪酬制度考察报告》，2008年4月8日。
③除"法国航空公司市场选聘高管（国有企业）"来自工资所"法国企业薪酬制度和基础管理制度"考察报告外，其余均根据公司年报整理。
④根据法国薪酬管理网站 http：//www. Salairemoyen. Com/和 http：//paiecheck. Com/2012/08/29/salaires - des - personnels - de - france - television/整理。
⑤根据日本相关薪酬网站 http：//rank. In. Coocan. Jp/salary/yakuin. Html，http：//heikinnenshu. Jp/kininaru/jrhokkaido. Html，http：//detail. Chiebukuro. Yahoo. Co. Jp/qa/question_ detail/q1161555641，http：//yoikaisha. Com/contents/company/2914. Html等整理。
⑥根据公司年报整理。
⑦国研所课题"国外企业高管薪酬问题研究"2009年。
⑧根据公司年报整理。
⑨这些智商人的价值是多少？进入CEO杂志高薪排行榜的有30余家国企高管，http：//e. Ceo. Ru/article. Aspx？aid＝322370。
⑩根据公司年报推算。

俄罗斯规定国有企业高管岗位工资同企业中主要职工工资倍数关系如表1-12。

表1-12 俄罗斯国企高管岗位工资与职工工资倍数关系

单位：人，倍

在册人数	企业工资率的倍数 （企业主要职业中员工工资倍数）	在册人数	企业工资率的倍数 （企业主要职业中员工工资倍数）
小于200	小于10	1500~10000	小于14
200~1500	小于12	高于10000	小于16

四 国有企业高管薪酬决定机制与其身份密切相关

在以美国为代表的自由市场经济国家，对于由政府提名和委派的官员，往往执行公务员薪酬，对于职业经理人性质的执行管理层则往往签订契约，实行市场化的薪酬。契约的内容会在公司年报中进行详细披露，包括高管个人的年龄、职业经历、任职年限和绩效目标等。高薪往往对应着明确的绩效目标，包括长期目标、短期目标、经济效益目标和社会效益目标等。国外往往把对于国有企业高管的高薪与公司对高管高能力的期望结合在一起，也是公司对高管优良绩效的回报，业绩型薪酬契约将促使经理在追求个人报酬最大化的同时实现公司业绩、实现效益和股东财富的最大化。

而在日本、韩国等国家，国有企业高管被纳入政府公务员序列或者参照公务员进行管理，国有企业职工的薪酬由国家主管部门统一制定标准。

五 国外国有企业高管慎重使用股票期权制度

近年来，要求在国有企业实行股票期权制度的情绪持续高涨，从国外国有企业高管薪酬结构来看，在高管长期激励方面，普遍实行额外的补充养老保险，而只有在实行市场化薪酬的国有企业中高管才实行中长期激励。中长期激励的形式包括长期绩效薪酬（奖金）、企业分红、递延薪酬和非股票期权激励制度等。

诚然，股票期权相对于传统的长期激励薪酬而言存在优势，但在垄断性、亏损性、公益性国有企业实行股票期权制度并不多见，即使是在竞争领域的国有企业，实行股票期权的范围也仅限于具有职业经理人经历的高管，而政府任命的官员则实行公务员工资。这可能与国有企业高管薪酬与绩效的相关度远远不及私营企业有关。[①] 即使是在私营企业，欧洲国家实行股票期权的历史和覆盖面也远远不及美国，在国有企业中实行股票期权则更加慎重。英国曾在国有企业私有化后，尝试实行股票期权制度，但因受到社会公众的强烈谴责而不得不终止。1984~2003年欧美部分国家股票薪酬占总薪酬百分比见表1-13和图1-2。2003~2008年欧美部分国家股票薪酬占总薪酬百分比见表1-14和图1-3。

表1-13 1984~2003年欧美部分国家股票薪酬占总薪酬百分比

单位：%

年份	1984	1988	1992	1996	1999	2001	2003
比利时	0.0	0.0	0.0	0.0	3.2	11.6	11.2
法国	12.3	13.3	15.6	14.6	14.3	15.1	16.0
德国	0.0	0.0	0.0	0.0	9.7	13.5	18.0
意大利	0.0	0.0	0.5	4.0	9.1	17.2	15.1
荷兰	0.0	0.0	0.0	0.0	14.6	16.7	15.8
西班牙	0.0	0.0	0.0	0.0	16.0	17.9	19.2
瑞典	0.0	0.0	0.0	0.0	6.8	11.0	10.7
瑞士	1.9	1.9	3.4	3.6	1.8	0.0	19.2
英国	14.5	14.6	15.7	15.0	16.6	19.1	20.8
美国	16.9	28.3	32.3	28.7	25.5	44.8	48.3

资料来源：韬睿咨询公司全球总薪酬报告（多期）。数据反映了该公司对年收入约3亿美元的工业企业竞争性CEO薪酬的预估。

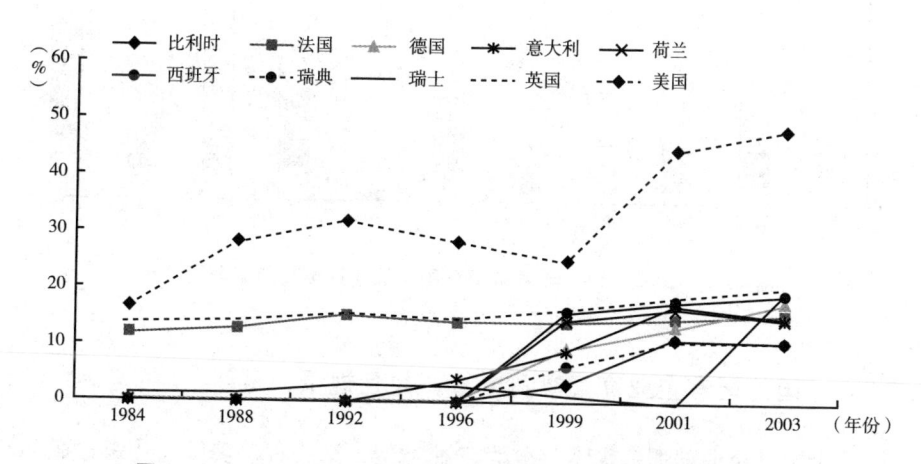

图1-2 1984~2003年欧美部分国家股票薪酬占总薪酬百分比

[①] 很多学者研究表明，国有企业高管薪酬更多受到国家政策、社会舆论等影响。

表1-14 2003~2008年欧美部分国家股票薪酬占总薪酬百分比

单位：%

年份	2003	2004	2005	2006	2007	2008
比利时	—	20.0	5.9	10.1	6.7	6.2
法国	18.5	17.1	14.2	15.3	15.7	14.6
德国	12.7	8.5	10.6	10.1	8.3	8.9
爱尔兰	10.5	10.2	11.4	22.3	26.7	22.8
意大利	9.3	11.3	15.5	11.5	4.9	13.2
荷兰	19.6	15.7	20.3	22.1	18.4	16.6
瑞典	3.0	1.2	1.5	2.1	1.9	1.1
瑞士	31.9	24.1	20.0	24.8	16.5	11.9
英国	26.5	26.2	28.4	30.1	31.9	27.6
全欧洲	21.3	20.0	20.7	21.5	21.1	19.3
美国	39.6	40.7	40.4	39.1	41.9	45.9

资料来源：The Executive Compensation Controversy, Martin J. Conyon, Nuno Fernandes, Miguel A. Ferreira, Pedro Matos, Kevin J. Murphy, 2011。

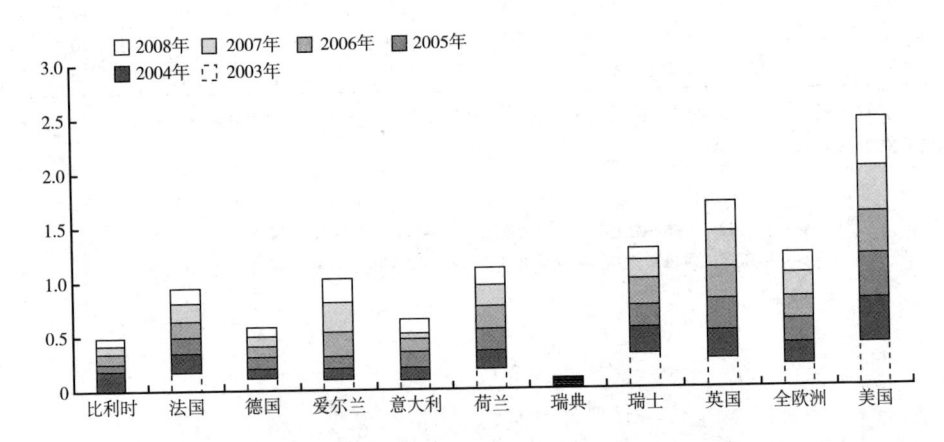

图1-3 2003~2008年欧美部分国家股票薪酬占总薪酬百分比

六 国外国有企业高管福利丰富，并且规范、透明

关于国有企业的职务消费，分为三种类型，第一种以美国为代表，职务消费较为优厚，包括使用公司的飞机、带薪年休假、海外旅行和车马费用等，但将所有职务消费均折算成货币的形式；第二种以俄罗斯为代表，职务消费也非常优厚，包括住房或住房津贴、子女教育费用和为家属安排工作等，基本上是

以实物性质；第三种以法国为代表，职务消费相对较少。但无论职务消费的实际数额多少，以何种手段支付，其共同的特点是全部以制度的形式固定下来，折算到高管总薪酬中，公开透明。

例如，澳大利亚规定，若国有企业首席执行官将公有车辆或租赁车辆用作私人用途，其产生的停车费和附加福利税收在内的车辆的实际总消费，将包含在首席执行官的总薪酬中。

七　国外国有企业普遍实行广泛的高管薪酬披露制度

对国有企业高管薪酬政策和水平进行翔实、有序的披露，是国际惯例，也是市场经济国家大多数国有企业的通行做法。信息披露的内容包括付薪理念和依据、薪酬战略、薪酬政策、薪酬结构和薪酬水平等，甚至是关于个人情况的信息披露。公众可以很轻松地查到有关国有企业高管薪酬的水平。

对于国有部门实行透明化、规范化的管理，是几乎每一个国家遵循的原则，"把权力关进制度的笼子里"，接受纳税人甚至是全体公众的监督。

八　国外普遍实行"内外有别"的高管薪酬政策

在各国的国有企业中，不乏实力雄厚的跨国公司，但政府对于高管的薪酬往往"内外有别"。例如，法国实行的45万欧元"限薪令"，就仅针对国有企业中的国内部分，国外的分支机构不在限薪令范围之内。日本的企业工资差距不大，较高的往往就是国外公司的高管。俄罗斯一项针对企业高管薪酬的调查表明[1]：在被调查的高管中，大多数在2011年调整了薪酬，也有18%的管理人员的绩效和薪酬超过一年没有调整，其中13%是俄罗斯人，仅有25%的俄罗斯高管享受住房补贴，而其外籍高管中则有70%享有。

第五节　借鉴和启示

综上所述，从结果来看，国有企业高管薪酬差异化与国家政治经济背景、企业的战略地位、所有权结构，以及高管个人的国籍、经历、能力、市场的稀

---

[1] Spengler Fox, "Executive Compensation Survey 2012: Russia", A Spengler Fox Insight Report, 2012.

缺性等有关。同时，也要看到，造成这些差异化的原因不是孤立存在的，差异化是多个因素综合作用的结果。例如，所有权结构与国有企业的监管和效率，以及与企业的功能作用密切相关。从监管的角度来看，认识到这些差异，是合理地安排国有企业高管的薪酬的基础条件之一。

进一步看，我国的国企同国外的国企有很大差异，例如，我国国企的队伍更加庞大，涵盖的行业门类更多，其功能作用更加多元化，经营模式也更加多样。因此，有必要对我国国企以及国企高管进行更加细致的研究和划分，实行差异化的研究，可以从以下几个方面着手。

一　继续深化我国国有企业改革

（一）合理确定我国国有企业管控模式

我国的国企同国外的国企有很大差异，例如，我国国企的队伍更加庞大，涵盖的行业门类更多，其功能作用更加多元化，经营模式也更加多样化。

根据以上研究，首先需要合理界定我国国有企业的管控模式，哪些是政府要做的，哪些是企业要做的，需要划分清楚。经过以上分析，建议我国可参考新加坡、德国等企业的管理模式，加强对高科技产业、公用事业单位的管理，对竞争性领域中适合由私人投资经营的企业，可以实行混合所有制，或者国家适当退出。

（二）合理推行国有企业分类管理

国外对于国有企业高管薪酬的管控，普遍实行分类管理。目前我国划分国有企业管控模式主要是按照行业，划分为竞争类（或一般的商业类）、特殊功能类（特殊商业类、自然垄断类）和公共服务类（公益性）。这一划分方法有其局限性。

从加拿大对于国有企业的划分依据上得到启发，从而提出我国国有企业分类的依据：一是该企业财务和运行以及开展业务情况；二是该企业是部分还是全部在市场领域中处于竞争，多头竞争还是寡头竞争；三是公众是否可以自由选择获得还是拒绝该商品或服务，该实体费用价格对客户是否有重大经济意义；四是该企业主要收入是否来自市场活动；五是该企业是否具有和使用自治权；六是该企业上缴利润和（或）股息给政府的比例；七是该实体的员工薪酬是否主要通过与政府集体谈判确定。

（三）细化企业管理政策，区分业务收入来源

我国的国有企业规模庞大、业务多元，对于其业绩的好坏不能一概而论。如果企业是为了完成"政治任务"，承担了政府交办的非市场业务，或者是因国家战略需要等因素形成经营垄断，应与完全竞争的市场行为区分开来，对于前两者可免征营业税，对市场竞争行为进行单独计算征税，以加强国有企业承担社会责任的意愿。

二 合理定位国有企业高管薪酬水平

国外确定国有企业高管薪酬水平考虑的因素主要包括：企业功能定位、国家控股情况、企业业绩情况、高管的身份、高管的国籍、市场供求状况和同行业企业的高管薪酬水平等。据此，我国确定高管薪酬的因素也应该多元化。

（一）总体把握国有企业高管薪酬在社会收入中的水平

国有企业高管薪酬不仅与企业经济效益有关，而且与政治和社会因素密切相关，因此，对高管薪酬水平进行总体把握十分必要。应该看到，一方面，我国经济仍处于发展的阶段，作为发展中国家，我国对于国有企业高管薪酬的政策也在不断摸索中逐步完善；另一方面，我国经济总量排在世界第二位，我国的国有企业更多地参与世界经济的竞争，发达国家对于国有企业定薪的理念也有一定的借鉴意义。作为社会的高级管理人才，国有企业高管在现代企业和社会中起着中流砥柱的重要作用，其薪酬水平也应相应体现其人力资本价值。但国有企业的经营管理与私营企业也有所不同，其国家的政策占有和资源占有较私营企业存在优越性。因此，参照公务员管理的国有企业高管薪酬应以同级别公务员薪酬为下限，而参照市场化水平确定的国有企业高管薪酬则应以同行业、相似规模和劳动生产率的私企平均水平为上限参照物，同时对于稀缺的职位实行市场较高工资，对于一般或可替代性较强的职位实行市场中等或较低工资。

（二）实行对标管理，以企业为单位实行薪酬调查

对于非完全意义上的市场竞争性国有企业，其对市场的反应不如私营企业灵敏，这在众多的国家已有共识。在确定企业高管薪酬时参考私营企业高管薪酬水平也是发达国家的通行做法。但确定高管薪酬需要有依据，完全的市场信息，如企业规模、收入、利润、净资产收利率、研发能力等指标对企业薪酬的确定至关重要。建议以行业协会为责任单位，或委托独立第三方机构，建立行

业薪酬调查制度。国有企业在社会经济中的地位不同，其高管薪酬对标的行业薪酬标准也不应完全相同。

三　完善国有企业高管年薪制结构

（一）合理界定国有企业高管年薪制结构

目前主要市场经济国家国有企业高管薪酬中基本年薪和绩效年薪的比例大致分为三类：绩效年薪高于基本年薪、绩效年薪与基本年薪大致持平和绩效年薪小于基本年薪。

我国目前规定绩效年薪高于基本年薪，一般为基本年薪的2~3倍。这一比例在国际上来看，属于差距较大的比例关系，对于激励我国国有企业高管起到一定积极作用，但研究发现，国外国有企业高管薪酬基本年薪和绩效年薪的比例关系往往是不固定的。

建议我国也可以在国有企业细分的基础上，细化界定国有企业高管基本年薪和绩效年薪的比例关系。对于承担社会公共事业、具有国家垄断性质的国有企业，可以考虑基本年薪所占的比重高一些，绩效年薪比重略低；对于市场竞争的国有企业，可以考虑基本年薪比重低一些，而绩效年薪的比例高一些。

（二）加强绩效管理，合理确定绩效工资及长期激励

国内外多项研究表明，无论从国有企业的设立目的，还是从实际运营中的效率角度出发，国有企业高管的绩效都是一个需要慎重考虑的衡量标准，例如，在信贷企业高管的考核指标中，"贷款的回收率"比"贷款规模"更有意义。另外，在哪些类型的国有企业中实行绩效工资、实行多大比重的绩效工资、按照哪些绩效指标进行考核，都不能搞"一刀切"，需要在企业分类的基础上具体进行分析。例如，公用事业和垄断型国有企业高管的绩效主要依赖国家政策和垄断资源，其薪酬不宜与绩效挂钩密切，而应参照公务员"重保障、轻绩效"的管理模式；而对于基于国家战略和市场竞争的国有企业，绩效导向应加强，以提高企业的运行效率。

（三）完善高管绩效年薪发放

建议实行赏罚对等的薪酬制度。在国外理论界高管薪酬广受诟病的一点是，管理人员因风险而获得奖励，而没有被惩罚，这样造成的后果是，管理人员会倾向选择较大风险的事情。

解决这一问题的方法是，当高管人员达到了既定绩效目标，应对高管人员

实行奖励；而当高管人员因决策错位，为企业带来损失，则应相应扣减其绩效奖金。股票期权中虽然隐性地显示了薪酬—绩效关系，但仍然未使高管薪酬获得实际意义上的损失。拥有价外期权的管理人员拿股东的资金冒险的动力会更强，拥有价内期权的管理人员在这方面的动力则较少，因此，高管人员还是会倾向冒险的决策。

四　完善相关配套政策

（一）完善职业经理人制度

借鉴新加坡等国家的有益经验，完善职业经理人制度对国企的发展非常重要，这主要体现在企业高管是一家企业的灵魂和领导者，其在企业创造财富和促进增长方面所起的作用是不可替代的。国有企业发展到今天，为了适应市场竞争，迫切需要建立职业经理人制度，更好地发挥企业家作用。

但目前我国建立职业经理人制度仍然面临一些困难，主要表现在：一是如何定义和定位国有企业中的职业经理人，在哪些行业、哪些企业中的多大比例范围内实行职业经理人制度；二是符合市场需求的真正意义上的职业经理人非常稀缺；三是我国国有企业法人治理结构仍然不规范，企业股东会、董事会、监事会没有形成实际制衡的管理机制，越位和缺位管理现象大量存在。

为此，一是完善法人治理结构。要按照现代企业制度要求，使股东会、董事会、监事会各自独立、权责分明、相互制衡，政府或政府委托专门的投资公司承担出资人角色，由市场选拔产生的职业经理人专门负责企业的日常管理工作。二是完善职业经理人制度。根据经理人的从业经历，合理界定国有企业职业经理人身份，转变职业经理人领导职务身份为职位聘任身份，本着公开公正的原则，从市场招聘职业经理人，并使其享受市场化待遇。严格考核、权责明确、能上能下。

（二）加强国有企业中有专业背景的管理人员的比重

充实国有企业中有专业背景的管理人才是德国、新加坡等国家的有益经验，是国际趋势。而在韩国，支持总统参加大选的"功臣"往往会被安排到国有企业任高管，这一做法受到了社会广泛诟病。我国目前国有企业高管人员也存在"亦官亦商""政企不分"的问题。建议可以借鉴发达市场经济国家的做法，委派或选拔那些既有专业背景，又有管理才能的人担任企业的高层管理者。

(三) 逐步实施国企高管薪酬信息披露制度

推行国有企业高管薪酬信息披露制度，既是发达国家的通行做法，也是国际组织积极倡导的共同规则。要推动国有企业通过网站、公司年报等手段，定期向社会披露高管薪酬情况，可先试行向社会公开国有企业负责人薪酬分配政策和制度，待条件成熟时，再向社会公开更详细的有关国有企业负责人薪酬水平、补充保险项目及福利等情况。

第二章

美国国有企业高管薪酬

美国是典型的自由市场经济国家,国有经济所占的比重较小,但是在弥补市场失灵、能源开发利用和提供公共服务等方面发挥着重要的作用。

第一节　美国国有企业

由于美国与中国的所有制不同,其国有企业分类与中国亦不完全相同,主要包括政府所有企业(Government-owned Corporation)、国家所有企业(State-owned Company/ Entity)、国家企业(State Enterprise)、公有企业(Publicly Owned Corporation)、政府企业(Government Business Enterprise)、政府商业机构(Commercial Government Agency)、公共或半公共部门或事业单位(Public Sector Undertaking or Parastatal)等。

一　美国国有企业分布

美国的国有资产大体分布在以下几个领域:①包括土地和各种建筑物在内的各类政府不动产;②各级政府投资兴建的交通、桥梁、机场等基础设施;③国有企业资产和混合企业中的国有资产;④国家对科学研究的投资所形成的资产。美国全国土地属联邦政府所有的占30%,属地方政府所有的占10%,矿藏大部分属国家所有。联邦政府拥有的土地、森林、国家公园分别为1.1亿公顷、0.8亿公顷、0.4亿公顷。国有企业资产约占美国全国财富的20％，涉及领域主要包括邮政、公共交通、自来水、污水处理、环保博物馆、公园森林、航空管制、部分跨州电力水利、公路、铁路、部分港口、部分军事工业、航天、老人穷人及退伍军人养老和医疗保险等。其中，除邮政、公路全部为国有外，国企在其他领域仅占部分或很小比重。国有企业生产总值占GDP的5％左右，就业人数占全国企业总就业人数的1％左右。在一些高新技术领域的新型部门中，由于投资大、周期长、风险大、见效慢，在个人资本能力不足和政府不愿承担全部风险的情况下，混合企业正在成为今后发展的一种形式。

二 美国国有企业分类

按照政府对企业的控制权限划分，根据美国国家公共管理研究院（National Academy of Public Administration，NAPA）对国有企业的定义，国有企业大体可分为以下四类。

第一类是完全政府所有企业（Wholly-owned Government Corporation），即为实施授权法令中政府所安排的任务而成立的、由政府拨款提供经费、资产归政府所有并由总统或部长所任命的董事会或行政官来管理的公司。它们是联邦政府完全控制的企业，提供公共服务，拥有独立的法人资格，拥有最高级别的政治独立。它们有时会收到联邦预算拨款，也有一些独立的收入来源。联邦政府对这些公司拥有100％的资产所有权，以及对董事会和其他管理层100％的投票权。美国这样的公司包括田纳西流域管理局（TVA）、全美铁路公司（AMTRAK）、联邦邮政（USPS）、商品信贷公司、国家和社区服务公司、公共广播公司、美国进出口银行、联邦农业抵押贷款公司、农业信贷银行、联邦农作物保险公司、美国联邦存款保险公司、联邦融资银行、联邦住宅贷款银行、联邦监狱工业、融资公司、加劳德特大学、政府国民抵押贷款协会、法律服务公司、国家消费者合作银行、国家鱼类和野生动物基金会、邻里再投资公司、千年挑战公司、华盛顿特区房屋合作（NCHP）总公司、国家信用管理局中央流动资金贷款、国家民主基金会、国家公园基金会、海外私人投资公司、巴拿马运河委员会、宾夕法尼亚州大道发展公司、养老金福利担保公司、圣劳伦斯航道发展公司和证券投资者保护公司等。其中，完全政府所有企业还分为国有国营公司和国有私营公司两种，国有私营就是将国有企业或其设备以租赁的方式转让给私营企业经营使用，如国防部和原子能委员会等军工部门都广泛利用私人承包商来经营政府企业。例如，波音飞机公司、洛克希德公司和北美航空公司等。

第二类是政府部分所有企业（Partly-owned Government Corporation），即一种兼有公司产权、资产归总统和私人股东所选择的董事会拥有和支配并通常倾向私人部门转化的企业。政府在这样的企业里拥有部分资产或不拥有资产，如果政府不拥有股份，则总统任命至少一小部分董事。这类企业大部分采取股份制经营形式，通常，国家拥有大部分股权，而企业日常经营管理大多由私人承担。例如，2009年，通用汽车深陷经营困境后提出破产保护，美国财政部向通用汽车提供了近500亿美元的救助资金，从而实现了对通用汽车60.8%的持股。2010年11月，美国政府在通用汽车IPO时出售通用汽车大部分股份，所持有通用汽车股份的比例从61%降至33%。从美国政府对通用汽车的持股变化来看，持股60.8%时，该企业按中国的标准可视为国有控股下的民营模式，而后股份降至33%，可视为对私有企业的投资，一般这类型的企业也是由私人经营，其高管薪酬与私有企业无异。

第三类是政府赞助企业（Government-sponsored Enterprises，GSEs），这类企业虽由私人拥有、私人投资，但企业的设立须由政府特许，并服从于联邦的监督和管理。比较典型的是一些美国国会资助创建的金融服务公司。它们的主要功能是为他们的股东创造利润，但受美国政府监管，以提高利用率，降低有针对性的借贷部门的信贷成本。美国国会在1916年成立了第一家政府资助企业，创建了农场信贷体系；1932年，创建了联邦住宅贷款银行；美国国会在1972年特许建立了沙利美时，又瞄准了教育部门（尽管国会允许沙利美让渡其政府赞助，通过1995年的立法它成了一个完全私有化的机构）。住宅抵押借款部门到2014年为止是最大的政府资助企业经营的借贷部门。三类抵押金融政府资助企业一起（房利美、房地美及12家联邦住宅贷款银行）有几万亿美元的资产。联邦政府拥有认股权证，如果政府行使认股权证，就可以拥有企业79.9%的股份，联邦政府目前还没有行使这些认股权证。

第四类是联邦政府收购的企业，它们是一组单独的企业，不是由联邦政府特许或者建立的，而是由联邦政府收购之后经营的。这些公司是政府因没收债务人资产而暂时拥有的企业，如拖欠债务的纳税人。这些公司一般来说都是正在等待拍卖的企业，大部分都是不值得注意的小公司。

前三类企业是美国国有企业的主体，与我国国有企业类似，是国家重点监控的部门，也是本书研究的重点。按照以上划分标准，前三类企业大概有40家左右。

按照政府层级划分，除了联邦一级政府外，在美国还存在第二级的主权政府，即美国的各个州政府。州政府是主权实体，就像联邦政府和其他主权一样，它们拥有土地的所有权，行使其4个基本权力——税收、土地征用权、治安权及没收权，同时有其他权力，包括授予特许的权力，授予特许权力中包含特许建立企业的权力，这个权力也确实是他们使用非常广泛的一个权力。美国大部分的非政府企业都是美国各个州特许的，而不是联邦政府特许的，这包括大部分的慈善企业（尽管某些全面著名的慈善企业是由联邦政府特许的，而不是州政府特许的）、非营利企业及以赢利为目的的企业。各个州，作为主权，还有权特许它们拥有、控制或者其负责监管和提供资金的企业。这些企业包括市政公司及州特许和所有的企业。市政企业是指在某个地理区域内，移交地方事务民主控制的公共企业。这些区域一般是指村落、城镇、乡镇、行政区、城市或者县。尽管这些市政企业一般是受州政府监管的，有时候还是由州政府提供资金的，还经常被征税，但是它们是保持距离的、非主权的、被移交的公共实体，假如市政企业破产了，特许它们的州政府并不对其债务负责。州政府所特许与所有的企业非常多，它们提供公共服务。这类企业包括北达科他州电梯厂、南达科他州公共广播公司等。一般来说，州立法所通过的法规会专门成立国有企业，以用公共资金或者公共资产来达到专门的公共目的。美国的彩票业也是由政府企业经营的，如乔治亚州彩票公司及其他很多彩票公司等。

美国也存在第三级的主权政府——美国土著部落政府主权。美国土著部落被理解为是古老主权，是自远古时期以来就由其主权人民所建立的，美国的联邦政府及各个州政府都承认的主权，因此，美国土著（阿拉斯加土著）部落政府拥有其主权内的权力，包括土地所有权，行使其4项权力——征税、土地征用权、治安权及没收权，以及其他的一些权力，如特许企业的权力，从事使其部落公民受益的公共事业等。美国的土著及阿拉斯加土著既是其各个州的公民，也是美国的公民。比如说，部落理事会可以建立公共服务广播公司。

阿拉斯加土著在利用其部落主权成立企业并为其部落公民谋福利方面特别先进，经常通过阿拉斯加土著区公司参与高竞争经济部门的竞争。在美国本土

48个州中的美国土著部落经常利用监管便利、主权及其权力来参与特许竞争。比如说，美国土著部落公司经常在周边几个州内交易高税收商品（如烟草），或者从事一些其周边几个州（出于公共政策的原因）所禁止的活动，如经营赌场或者赌博等。大部分的这些努力对美国土著部落主权及其部落公司来说是非常成功的，为美国土著带来了财富。

第二节　美国国有企业高管薪酬监管

美国的国有企业在公平的市场环境和法律框架内运行，除了需要遵守一般的法律外，一般每家企业都有自己对应的一部法律。高管人员需要遵循的一般法律主要包括《美国法典》《政府企业控制法案》《信息自由法》《政务公开法案》《联邦经理金融一体化法案》《首席金融官法》《总检察长法案》《政府道德法》等；特殊法律如田纳西流域管理局的《田纳西流域管理局法案》（以下简称《TVA法案》）等，对公司高管的任命、任期、薪酬等都有原则性的规定。

美国的国有企业在管理模式上普遍采用一般的商业公司的管理形式，董事会是公司的最高决策机构，CEO是公司经营管理层的主要负责人。通常，在政府完全所有的国有企业中，政府会单独组建董事会，一般60%以上的董事会成员由总统任命，其余按照法定由联邦有关代表组成。对混合所有国有企业，政府通过联合组成的董事会间接实现管理，总统和主管部长只任命部分董事，其余董事均通过股东选举产生。对于政府资助国有企业，由总统任命的董事一般不超过25%。

第三节　美国国有企业高管薪酬结构和水平

美国对国有企业高管薪酬的管控在各种政府公司中情况有很大差别。比如，按照《美国法典》第5部分第51章规定，全国房主基金会和全国铁路客运公司高管的薪酬执行行政官员工资表上的一级水平，2010~2012年标准为199700美元/年，执行同级别工资的政府官员包括国务卿、财政部部长、国防部部长、总检察长、内政部部长、农业局局长、商务部部长、劳动局局长、教育部部长、住房和城市发展局局长等；公共广播公司、联邦住宅贷款银行和千年挑战公司高管执行工资表上的二级，2010~2012年标准为179700美元/年，执行这一级别工资的政府官员除了执行一级工资政府官员的副职，还包括国家反恐中心主任、国家反扩散中心主任等；但田纳西流域管理局、维尔京群岛的公司和原子能委员会高管不执行联邦公务员工资，联邦全国抵押协会甚至被要求根据实际绩效做出工资安排。

美国公共部门分为联邦政府、州政府和当地政府，联邦政府工作人员由中央政府统一管理、统一制定工资制度和工资政策，州政府和当地政府分别由各地方制定工资制度和工资标准。联邦政府工作人员工资在薪酬结构上主要由工资、津贴、奖金、福利以及保险5个部分构成，分为15个等级，每级划分为10个档次，每档相差约为3%，根据年限和工作表现来提升工资档次。

美国联邦雇员现行工资制度的重要法律依据，是1990年11月5日生效的《联邦公务员可比性工资法案》(FEPCA)，以私有企业为参照的美国公务员工资制度就是该法案规定的。《联邦公务员可比性工资法案》中列出了制定公务员工资标准的指导原则。包括在同一地区工资要体现同工同酬，工资等级差别取决于岗位性质和工作表现，联邦政府公务员必须与同一地区私营企业同等工作性质的职工工资标准一致等。

田纳西流域管理局高管薪酬，根据《TVA法案》，田纳西流域管理公司高管薪酬水平的制定基于一个广泛的薪酬调查，这个调查对象包括私人工程和电力设施公司、公共电力设施公司和联邦、州和当地政府机构。在制定薪酬政策时，要考虑的因素包括教育、职业经历、职责、地理位置，以及招募和保留这类人才所需要的成本等。按照这个计划，高管薪酬水平与市场进行对接。对于大多数高管来说，他们的全部直接薪酬相当于市场的50分位水平，对于稀缺或对于公司至关重要的人才，他们的薪酬水平大约为市场的50~75分位水平，而对于竞争压力不大或招募相对容易的人才，他们的薪酬水平大约为市场的25~50分位水平。在过去几年里，田纳西流域管理局董事会一般每年都会委托第三方独立机构评估同行业其他企业的基准薪酬，以及本企业高管的个人的表现，确定本企业高管人员的总薪酬水平。

而政府所有但私人经营的公司，比如波音飞机公司、洛克希德公司和北美航空公司，虽然由政府出资，但经营权归私人所有，政府与公司签订租赁承包合同。这些公司通常与政府拥有长期合作关系，企业按照商业化运作模式进行运营，政府通过监督控制保证政府目标的实现。企业对于高管薪酬的确定具有高度自主权，例如，波音公司成立了薪酬委员会，其宗旨之一就是为员工提供具有竞争力和领先的薪酬计划。2012 年首席执行官詹姆斯·麦克纳尼的薪酬总计达 2100 万美元，同比上涨 16%，其中，基本工资仍保持 190 万美元不变，股票和期权奖励比 2011 年上升了 10%，现金红利上升了 24%。尽管 2012 年波音 787 飞机出现了一些状况，利润同比下降了 3%，但其营业收入增长了 19%，达到 817 亿美元。因此，董事会认为麦克纳尼加薪的理由是"有效的领导和成功实施波音公司的业务策略"，包括更多的订单和波音公司的 737 和 777 的交付，并在波音公司的国防业务削减成本的努力[①]（见表 2-1）。

表 2-1　2012 年波音公司主要高管薪酬

单位：美元

职务	总现金报酬	普通股票和期权奖励	其他	报酬总额
董事长，总裁兼首席执行官	12749580	7526989	840775	21117344
执行副总裁（防务、空间与安全管理）	3504155	6365699	289939	10159793
执行副总裁兼总法律顾问	3502018	4652332	215992	8370342
前执行副总裁，行政副总裁	4249710	2561326	169043	6980079
执行副总裁	1869521	4299773	25113	6194407
前执行副总裁，公司副总裁兼首席财务总监	2121769	2285060	71188	4478017
执行副总裁兼首席财务官	1693730	1218716	86453	2998899

资料来源：波音公司年度股东委托书。

除此之外，还有政府赞助企业（Government-sponsored Enterprises，GSEs），约占美国国有企业的 1/5，这类企业虽由私人拥有，私人投资，但企业的设立须由政府特许，并服从于联邦的监督和管理。比较典型的是一些美国国会资助创建的金融服务公司。其高管薪酬的确定也拥有极大的自主权。以联邦住宅贷款银行为例，它是由借款人共同所有，政府提供信贷保证和必要的津贴。2012 年，其主要高管薪酬如下。

---

① online. Wsj. Com，2013 年 3 月 15 日。

表 2-2 联邦住宅贷款银行的总裁和 CEO 的主要薪酬

单位：美元

联邦住宅贷款银行	总裁/CEO 姓名	年份	薪金	奖金	非股权激励计划薪酬	退休金金额和非限制性延期补偿收入的变化	其他所有薪酬	总额
波士顿	爱德华·耶佩（Edward A. Hjerpe III）	2012	650000	—	359081	270000	68477	1347558
		2011	595000	—	213242	325000	62666	1195908
		2010	562500	55000	107578	145000	85049	955127
纽约	阿尔佛雷德·得力博维（Alfred A. DelliBovi）	2012	763415	—	541013	1149000	124514	2577942
		2011	709263	—	523180	1444000	120417	2796860
		2010	678721	—	526090	1434998	69177	2708986
匹兹堡	温斯洛普·沃森（Winthrop Watson）①	2012	650000	—	510250	128000	44613	1332863
		2011	625000	—	593156	104000	40508	1362664
亚特兰大	韦斯利·麦克马伦（W. Wesley McMullan）②	2012	650000	100	634959	888648	58112	2231819
		2011	650000	148	599362	1089000	58710	2397220
		2010	474492	140	354457	478000	30660	1337749
辛辛那提	安德鲁·斯·豪威尔（Andrew S. Howell）③	2012	491055	—	271561	810000	15000	1587616
	戴维·赫尔曼（David H. Hehman）④	2012	274426	—	274192	3466000	47878	4062496
		2011	621150	—	512671	2217000	25932	3376753
		2010	645506	—	547269	1382000	14700	2589475
印第安纳波利斯	米尔顿·米勒（Milton J. Miller, II）	2012	603513	—	486663	1317000	15105	2422281
		2011	555438	—	504294	2083000	14805	3157537
		2010	534066	—	512278	872000	14914	1933258
芝加哥	马修·费尔德曼（Matthew R. Feldman）	2012	720000	—	708840	496000	15000	1939840
		2011	695000	—	1081420	409000	14700	2200120
		2010	650000	—		248000	14700	912700
得梅因	理查德·斯旺森（Richard S. Swanson）	2012	645833	—	840784	443000	71568	2001185
		2011	620833	—	487835	441000	64351	1614019
		2010	597350	—	460066	308000	55545	1420961
达拉斯	特里·斯密斯（Terry Smith）	2012	767350	—	473001	194000	597683	2032034
		2011	745000	—	334557	278000	600854	1958411
		2010	730000	—	322291	175000	477986	1705277

续表

联邦住宅贷款银行	总裁/CEO姓名	年份	薪金	奖金	非股权激励计划薪酬	退休金金额和非限制性延期补偿收入的变化	其他所有薪酬	总额
托皮卡	安德鲁·杰特（Andrew J. Jetter）	2012	646350	—	604913	813382	55075	2119720
		2011	627500	—	606062	1169289	55792	2458643
		2010	609226	—	416210	791982	49001	1866419
圣弗朗西斯科	迪恩·舒尔兹（Dean Schultz）⑤	2012	795900	—	765400	665480	65082	2291862
		2011	902967	—	869500	732778	63580	2568825
		2010	765000	—	721900	637894	64498	2189292
西雅图	迈克尔·威尔逊（Michael L. Wilson）⑥	2012	526885	—	158144	246000	119587	1050616
财务办公室	约翰·费斯克（John D. Fisk）	2012	607717	—	691135	449000	33709	1781561
		2011	590017	—	584141	499000	32517	1705675
		2010	578448	—	548628	262000	27996	1417072

注：①沃森先生的2012年度非股权激励计划薪酬，正如匹兹堡联邦住宅贷款银行的表10-K所描述的，是激励性的过渡计划。

②麦克马伦先生2010年的总薪酬，反映出从2010年1月1日直至2010年12月15日，他担任财务管理执行副总裁和董事所做出的个人贡献，以及自2010年12月16日起他担任总裁和CEO所做出的贡献。非股权激励计划薪酬的总额包括：截至2012年、2011年和2010年12月31日的财政年度期间，根据亚特兰大联邦住宅贷款银行激励薪酬计划的奖励方案，因所做出的贡献而获得的所有美元收入；以及在之前的财政年度，根据激励薪酬奖励相关的延期激励而获得的所有美元利息收入（2012年度激励薪酬奖励的50%，须强制性延期3年以上方可获得；2010年和2011年度激励薪酬奖励的25%和34%，须强制性延期3年以上方可获得）；同时，也包括在之前的财政年度，根据激励薪酬奖励相关的延期激励而获得的所有美元利息收入。

③安德鲁·斯·豪威尔先生于2012年6月成为辛辛那提联邦住宅贷款银行的总裁和CEO。

④赫尔曼先生2012年的薪酬于2012年6月1日（他的退休日）获得。

⑤舒尔兹先生2011年的薪酬是122667美元，包括对一次休假的应付现金的支付。

⑥迈克尔·威尔逊于2012年1月30日成为西雅图联邦住宅贷款银行的总裁和CEO。

案例1

田纳西流域管理局高管薪酬管控

美国的国有企业分为政府企业（Government-owned Company）和国有民营企业。真正意义上的政府企业所占的比重很小，生产总值占GDP的5%左右，每年吸纳约1%的人就业，其中田纳西流域管理局（Tennessee Valley Authority，TVA）是典型的国家企业之一。田纳西流域管理局成立于1933年，是经济大萧条时期罗斯福总统亲自规划成立负责解决田纳西河流域一切问题的专门机构，主要涉及领域包括电力、环境、粮食生产和交通等。虽然采用企业经营管理体制，但是不以盈利为目的，除经营的电力事业自负盈亏外，其他各项计划主要依靠国会拨款。按照《TVA法案》第2条（a）（1）款规定，管理局董事会由9名成员组成，其中，3名董事由美国总统提名，并须经政府参议院同意。董事会成员9年期错位排列，每3年有1人任职到期。

根据《TVA法案》规定，董事会成员必须具备以下条件：美国公民，具有管理大型企业或非营利性机构、政府或学术单位经验，不能是田纳西流域管理局雇员，向国会充分披露其在能源产业的投资和金融收益，确认支持田纳西流域管理局的使命。CEO由田纳西流域管理局董事会任命，负责管理日常经营活动，并直接向董事会报告。

一、田纳西流域管理局高管薪酬计划

根据《TVA法案》，田纳西流域管理局中的9名董事，都会收到独立的薪酬，这个薪酬参照公务员薪酬，适用《美国法典》中关于美国政府计划内员工支付年薪的规定和调整标准。

每年董事会负责根据《TVA法案》讨论既有利于吸引人才，又有利于保留和激励人才的薪酬计划。

根据《TVA法案》，田纳西流域管理局高管薪酬水平的制定基于一个广泛的薪酬调查，这个调查对象包括私人工程、电力设施公司、公共电力设施公司，以及联邦、州和当地政府机构。在制定薪酬政策时，要考虑的因素包括教育、职业经历、职责、地理位置，以及招募和保留这类人才所需要的成本等。按照这个计划，高管薪酬水平与市场进行对接。对于大多数高管来说，他们的全部直接薪酬相当于市场的50分位水平，稀缺或对于公司至关重要的人才，其薪酬水平大约为市场的50~75分位水平，而对于竞争压力不大或招募相对容易的人才，他们的薪酬水平大约为市场的25~50分位水平。

根据薪酬方案，田纳西流域管理局高管的薪酬由基本年薪、年度激励（绩效）薪酬、长期激励薪酬、延期支付薪酬和养老金计划组成（见表2-3）。

表 2-3 田纳西流域管理局高管薪酬组成

薪酬组成部分	支付形式	主要特点
基本年薪	以固定形式每两周支付给高管	年薪的水平是同行业其他公司中类似职位的中位数(50分位);市场稀缺职位高于中位数(50~75分位);对于没有竞争性压力的职位,低于中位数(25~50分位)。在过去几年里,一般每年都会评估同行业其他企业的基准薪酬,以及个人的表现
年度激励(绩效)薪酬	不固定,会发生变化,是建立在财政年度中预先设定绩效目标的达成程度基础之上的	年度激励(绩效)薪酬的目标会随着高管职务与责任的增加而增加,也建立在同行业其他企业中相似职位薪酬水平基础之上。年度激励(绩效)薪酬的支付依据是每年由田纳西流域管理局董事会所确定的高管绩效目标达成情况,以及每年由 CEO 所确定的各支持田纳西流域管理局特殊业务单元的高管战略业务单位目标完成情况。田纳西流域管理局董事会或 CEO 会在适当的时候,根据该年绩效评估的结果,调整年度激励(绩效)薪酬。每年都会重新评估年度激励(绩效)薪酬,以参照行业标准,确定短期激励水平
长期激励薪酬	没有保证,会发生变化,是建立在绩效周期中预先设定绩效目标的达成程度基础之上的,一般来说是 3 个财政年	长期激励薪酬仅限于关键岗位上的高管,他们所做的决策会在很大程度上影响田纳西流域管理局长期战略目标的开发与实现。长期激励薪酬建立在特定绩效周期中绩效目标达成情况之上,根据该周期中对绩效的评估,田纳西流域管理局董事会会对其进行调整。每年都会重新评估长期激励薪酬,以参照行业标准,确定长期激励水平
延期支付薪酬	是在指定的一段时间后支付的,一般是 3~5 年的时间	长期递延薪酬是保留激励,与上市公司中的限制性股票类似。高管必须在协议时间内留在田纳西流域管理局,才能收到报酬。延期支付薪酬的金额大约为总长期报酬的 20%
总的直接报酬	年薪+年度激励报酬+长期激励报酬+长期延期报酬	总的直接报酬(年薪+年度激励报酬+长期激励报酬+延期支付报酬)的标准,相当于同行业其他企业中相似职位的中位数(50 分位);市场稀缺、招聘和人才保留较困难的职位高于中位数(50~75 分位);没有竞争性压力的职位低于中位数(25~50 分位)
养老金计划	对有资质的人实行补偿性质的支付,在退休之后或者雇佣期满之后会提供报酬(如果达到了保留退休金的要求)	田纳西流域管理局全职雇员都可以拿到广泛的养老金计划,这项计划与同行业其他企业提供的条件计划是类似的。某些关键职位的高管也可以参与无附加条件的养老金计划,为其提供补充性的退休津贴,这些补充性的福利水平与同行业其他企业提供的福利具有可比性

表格来源:2012 年田纳西流域管理局年报。

二、田纳西流域管理局高管薪酬水平及其确定

2012年,田纳西流域管理局的高管包括9名董事会成员,以及10名职业经理人员,其中经理人员包括总裁兼首席执行官(CEO)、执行副总裁兼首席生产官(CGO)、执行副总裁兼首席行政官(CAO)、执行副总裁兼首席能源官(CEDO)、执行副总裁兼首席能源官(CNO)、执行副总裁兼首席财务官(CFO)、执行副总裁兼总顾问(GC)、高级副总裁兼政策监管官(PO)、高级副总裁兼核建设官(NC)和副总裁兼总经济师(PAO)。

2010年12月,国会通过了《联邦薪酬冻结法案》,要求对所有政府资助机构的高管实行为期两年的薪酬冻结。2012年,国会又将这一冻结延长到2013年3月27日。2012年田纳西流域管理局高管薪酬安排如下。

1. 董事会成员薪酬

根据相关法案,董事会成员在2013年薪酬冻结在2012年9月的4.89万美元/年,其中,董事会委员会主席薪酬冻结在5万美元/年,董事会主席薪酬冻结在5.45万美元/年。同时,董事们还可以报销因为参加会议或其他正式的由于业务所发生的出差住宿及相关费用,其报销方式同联邦政府间歇性雇佣人员一样。

截至2012年11月15日,董事及董事会主席年度薪酬见表2-4。

表2-4 田纳西流域管理局董事会薪酬(截至2012年11月15日)

单位:美元

姓名	职务	任职时间	年度计划报酬	实际现金报酬	其他补贴	实际报酬总额
Dennis C. Bottorff	董事	2011.5.18届满	50000	14254	150	14404
Marilyn A. Brown	董事	2010~2012年	50000	49999	2000	51999
Robert M. Duncan	董事	2011.5.18届满	48900	13077	137	13214
Thomas C. Gilliland	董事	2011.5.18届满	48900	13077	137	13214
Bishop William H. Graves	董事	2008~2012年	48900	49175	477	49652
Barbara S. Haskew	董事	2010~2014年	50000	49720	1988	51708
Richard C. Howorth	董事	2011~2015年	50000	49720	2485	52205

续表

姓名	职务	任职时间	年度计划报酬	实际现金报酬	其他补贴	实际报酬总额
Neil G. McBride	董事	2010~2013 年	50000	49720	2485	52205
William B. Sansom	董事会主席	2010~2014 年	54500	53375	2131	55506

资料来源：根据田纳西流域管理局 2012 年年报和《TVA 法案》整理。

董事们没有资格参加任何田纳西流域管理局普通员工所享有的激励计划，并且不可以参加田纳西流域管理局退休计划和递延支付计划。但是作为联邦政府任命的官员，可以参加联邦政府雇员退休计划（FERS），从而获得退休金。联邦政府雇员退休计划是一个分层级的退休计划，包括 3 个组成部分：①社会保障福利；②基础福利；③节省储蓄计划。作为联邦政府退休计划成员，每一位董事都被强制要求将其薪酬的 0.8% 缴纳给 FERS。

FERS 是一个附条件的界定福利计划，根据最终的薪酬公式平均值来提供退休福利，该公式包括年龄、在连续 3 年服务中的最高平均薪酬以及缴纳年限。董事必须至少有 5 年的缴纳年限，才有资格收到退休福利。董事们有资格收到立即支付的、未减少的推行福利的条件为：①他们到了 62 岁，缴纳了 5 年的 FERS；②他们到了 60 岁，缴纳了 20 年的 FERS；③他们达到了最小退休年龄，其累计的缴纳年限达到了 FERS 条例的规定。一般来说，福利计算是这样的：连续 3 年缴纳期间的最高平均薪酬的 1.0% ×缴纳的年限。董事们在 62 岁及以后退休且至少缴纳了 20 年 FERS 的，可以提高其福利待遇（计算因子是 1.1%，而不是 1.0%）。

董事们还可以拿到立即福利，假如他们已经达到了最小的退休年龄，并至少累计缴纳了 10 年的 FERS。对于达到了最小退休年龄，并且至少累计缴纳了 10 年 FERS 的董事们，养老金在 62 岁以前每年会减少 5%。

每一位董事都有资格参加 TSP（Thrift Savings Plan）。TSP 是一个征税延期退休储蓄和投资计划。一旦董事有资格参加，田纳西流域管理局就会为董事缴纳相当于董事薪酬 1% 的金额给 TSP 账户。田纳西流域管理局每两周会自动缴纳其应缴纳的部分。

田纳西流域管理局为大量的员工提供一套健康与其他福利（医疗、牙科、视力、生命、意外死亡与伤残保险，及长期伤残保险）。董事有资格参与田纳西流域管理局的健康福利计划及其他非退休福利计划，与其他田纳西流域管理局员工享受相同的条件和缴费率。

2. 执行层高级管理层薪酬

2012年，田纳西流域管理局委托 Towers Watson 公司对同行业其他企业进行薪酬调查。由于当年田纳西流域管理局营业收入112亿美元，因此，当年高管薪酬的主要参考对象也为能源服务行业年营业收入60亿美元以上的企业。

（1）基本年薪

CEO 的基本年薪酬位于同行业公司 CEO 薪酬25分位以下，CFO 基本年薪酬平位于25~50分位之间，CGO 基本年薪酬平位于75分位以上，GC 基本年薪酬平位于25分位附近。

2012年9月30日，田纳西流域管理局共拥有12762名雇员，其中4673人是营业员和工人，其薪酬水平也参照市场相似职位的薪酬水平确定，据调查，2012年田纳西流域管理局员工平均薪酬为65000美元/年，CEO 的基本年薪相当于员工平均工资的13倍，2011年和2012年，员工工资分别增长了4.43%和4.44%。

（2）年度激励（绩效）薪酬

田纳西流域管理局为所有执行管理层制定了年度激励（绩效）薪酬计划（EAIP）。EAIP 是用于鼓励和奖励那些成功达成年度财务及经营目标的管理者。2012年，EAIP 主要强调的是达成公司层面上的目标。一般来说，对于参与 EAIP 人员的年度激励机会，会随着职位与责任的增加而增加。表2-5描述了 EAIP 相当于高管基本年薪的比例。

表2-5 田纳西流域管理局高管年度激励（绩效）薪酬相当于基本年薪的比例

职位	年度激励（绩效）薪酬相当于基本年薪的比例(%)	职位	年度激励（绩效）薪酬相当于基本年薪的比例(%)
首席执行官(CEO)	100	首席能源官(CNO)	80
首席财务官(CFO)	80	总顾问(GC)	60
首席生产官(CGO)	80		

尽管2012~2013年，田纳西流域管理局实行了高管薪酬冻结计划，但 CEO 仍根据上一年对其他几名高管的考核结果，提高了当年的绩效年薪的比例，比如 CFO 绩效年薪相当于基本年薪的比例从65%提高到80%，CGO 绩效年薪相当于基本年薪的比例从60%提高到80%。

田纳西流域管理局董事会给管理层2012年的绩效考核指标主要包括：
- 净现金流；
- 核等效可用系数；
- 等效强迫停运率等。

在2012年，管理层的年度激励（绩效）薪酬计算公式如下：

年度激励（绩效）薪酬金额＝基本年薪×基本激励（绩效）薪酬相当于基本年薪的比例×所达成的机会百分比（0%～150%）×公司调节（-20%～+20%）×主管个人评价

上述公式中，企业执行管理者（包括CEO、CFO、GC）达成机会百分比为150%，对于CGO和CNO来说，他们的绩效管理使用绩效计分卡，达成机会的百分比是企业目标达成机会百分比与战略业务单元目标达成机会百分比的平均值。例如，CGO的绩效是用发电计分卡的结果进行测量的。这个记分卡绩效措施，以及每一个措施的权重如下：发电总成本（25%），田纳西流域管理局实际净现金流与预算的差异（25%），TVA等效强迫停运率（12.5%），田纳西流域管理局核等效可用系数（12.5%），发电可报告环境事件（15%），发电安全工作场所（10%）。根据这些业务单元绩效措施的结果，CGO的业务单元绩效达成率为142.5%。因此，在上述公式中，CGO的达成机会百分比等于146.25%（企业目标达成率150%与战略业务单元达成率142.5%的平均值）。

田纳西流域管理局管理层2012年的绩效目标值见表2-6。

表2-6 田纳西流域管理局高管绩效目标值

职位	达成机会百分比目标值(%)	职位	达成机会百分比目标值(%)
首席执行官(CEO)	150	首席能源官(CNO)	105.82
首席财务官(CFO)	150	总顾问(GC)	150
首席生产官(CGO)	146.25		

在2012年结束时，受田纳西流域管理局董事会的委托，根据董事会对高管经理层的评价意见，CEO对其他的高管进行了主观评价，他认为需要下调达成机会百分比，原因是：首先，管理层在改善公司组织健康方面缺乏进展；其次，在某些田纳西流域管理局主要的资本项目中有延迟，并且成本超支；最

后，出现监管方面的问题。因此，田纳西流域管理局管理层 2012 年达成机会百分比实际值见表 2-7。

表 2-7 田纳西流域管理局高管绩效实际值

职位	达成机会百分比实际值(%)	职位	达成机会百分比实际值(%)
首席执行官(CEO)	150	首席能源官(CNO)	100
首席财务官(CFO)	120	总顾问(GC)	120
首席生产官(CGO)	120		

(3) 长期激励薪酬

除了年度激励（绩效）薪酬以外，在关键岗位上的某些执行官，即决策会显著影响田纳西流域管理局长期战略目标的开发与执行决策的人员，都参加了长期激励计划（ELTIP）。ELTIP 利用"累积"绩效的方法来衡量高管在 3 年期间所达成的绩效。每一个绩效周期的奖励机会定位在同行业公司的中位数水平上，每一位执行官的长期激励机会的 80% 左右是基于绩效的，20% 左右是基于人才保留与安全的。

长期激励报酬计算如下：

ELTIP 支出 = 基本年薪 × 目标 ELTIP 奖励机会 × 所达成机会的百分比

2012 年 9 月结束的长期激励绩效主要关注的指标包括：

• 零售价格（经销商报告的零售店里收入 + 直接服务电力收入）/（经销商报告的零售量 + 直接服务的电力销售量）；

• 未服务的电力荷载（没有服务的总荷载百分比 × 未服务的分钟数）；

• 组织健康指数（测量并跟踪驱动田纳西流域管理局绩效文化实现的组织要素）；

• 利益相关者调查（在田纳西流域的居民、公共官员、经济开发领导人及社区领导人中进行，测量的是田纳西流域管理局对其战略目标做出响应的外部声誉与看法）。

(4) 延期支付薪酬

延期支付薪酬（LTDCP）是设计用于为高管提供人才保留的奖励，以鼓励他们留在田纳西流域管理局，并与基本年薪、EAIP 及 ELTIP 激励奖励一起，提供一种比较有竞争力的总直接报酬。根据 LTDCP，在特定时期内（一般是 1

年），会在执行者的账户下记入贷项（可能是既得的，或者非既得的）。假如执行者在此时间段结束之前（一般是3~5年）留在田纳西流域管理局，那么执行者就可以既得该账户中的余额，包括在该账户中的投资回报，根据LTDCP协议签署时的递延选择收到分红。该贷项默认的投资回报利率是根据所有可销售的美国国债发行的组合利率进行计算的，投资回报每天会被计入执行者账户中。

此项目一般相当于总长期激励薪酬的20%左右。

田纳西流域管理局与高管人员签订的LTDCP计划，会在公司年报中进行披露。

（5）退休津贴

对于在1996年1月1日之前的计划所覆盖的员工最初福利结构（OBS），其退休金是基于最终的平均薪酬公式。

对于在1996年1月1日及之后第一次被招聘员工的现金余额福利结构（CBBS），其退休金相当于报酬的6%＋利息的薪酬贷项账户。

（6）额外津贴

2012年，田纳西流域管理局为公司主要高管提供了车辆津贴，该津贴两周发放一次，适用于车辆的购买、租赁、使用、保养、修理及保险。根据"业务需求"，只有有限的执行者可以享受车辆津贴。

在2012年第一季度，CEO和CNO参加公司提供的金融咨询服务计划。

田纳西流域管理局在2012年没有为高管提供其他额外津贴。

（7）其他福利

田纳西流域管理局为大多数的员工提供了一套健康福利（医疗、牙科、视力、生命、意外死亡与伤残保险及长期伤残保险）。高管们有资格参与田纳西流域管理局的健康福利计划及其他非退休福利计划，与其他田纳西流域管理局员工享受相同的条件和缴费率。

（根据田纳西流域管理局多期年报整理）

案例2

联邦住宅贷款银行高管薪酬情况
一、联邦住宅贷款银行高管薪酬方案的概况及目标

每一家联邦住宅贷款银行都力图规定总薪酬，提升任务。通常，每家联邦

住宅贷款银行的薪酬方案，都是为了使高管致力于实现他们各自所在的联邦住宅贷款的任务，以及将高管薪酬与联邦住宅贷款银行的公司目标、绩效指标和战略规划联系在一起。每家联邦住宅贷款银行的董事会决定其所在银行的高管的总薪酬——包括基本工资、现金激励薪酬以及其他福利。

财务办公室仅负责其雇员的薪酬政策。财务办公室试图规定一种弹性的、以市场为基础的薪酬形式，吸引、挽留并激励绩效优异、博学的金融服务高管凭借其个人和团队的表现，达成财务办公室的战略性业务计划。方案的目标是成功地完成财务办公室任务，进行绩效考核目标和标准的沟通。

截至 2012 年 12 月 31 日，年报所披露的信息提供了有关联邦住宅贷款银行的薪酬理念和目标的详细细节。

二、联邦住宅贷款银行的总裁雇佣协议

波士顿联邦住宅贷款银行。波士顿联邦住宅贷款银行与耶佩（Hjerpe）先生签订了一份控制权变更协议。波士顿联邦住宅贷款银行的董事会已决定：在适当的情况下，签订控制权变更协议将是一种有效的招募和挽留手段，因为协议对耶佩先生提供一种保护措施，例如，波士顿联邦住宅贷款银行搬迁到 50 里外，或他的雇佣到期，或因并购、合并、重组、出售波士顿联邦住宅贷款银行全部或大量的资产而导致基本薪酬的实质性减少，或清算、解散波士顿住宅贷款银行，他将获得相应支付。

- 耶佩先生因为一个充分的理由（如控制权变更协议中所定义）与波士顿联邦住宅贷款银行终止雇佣关系，在特定的补救期内波士顿联邦住宅贷款银行未对理由进行纠正；
- 波士顿联邦住宅贷款银行（或如果重组发生，波士顿联邦住宅贷款银行的继任者）在无正当理由下与耶佩先生终止雇佣关系。

波士顿联邦住宅贷款银行同意，在此类雇佣关系终止的同时，根据波士顿联邦住宅贷款银行在此期间的固定工资支付期，按照分期付款方式，在随后的 12 个月支付耶佩先生一笔等同于按年计算的基本薪酬总额。尽管有上述规定，波士顿联邦住宅贷款银行支付耶佩先生该总额的义务，将取决于耶佩先生是否履行了波士顿联邦住宅贷款银行的索赔协议的标准版，并遵守适用于波士顿联邦住宅贷款银行的法律法规。根据控制权变更协议，对耶佩先生支付的薪酬代替了任何解雇费，否则将支付其解雇费。

纽约联邦住宅贷款银行。纽约联邦住宅贷款银行是一个"随心所欲的"雇

主，对其任何雇员均不提供书面的雇佣协议。但是，雇员（包括总裁）将收到：

● 现金薪酬（如基本薪酬，以及对免付加班费雇员的"可改变的"或"有风险的"短期性激励薪酬）；

● 退休相关福利（如限制性界定福利计划、限制性界定供款计划、福利均等化计划的非限制性界定福利部分）；

● 卫生和福利计划及其他福利。

所有正式雇员可获得其他福利包括医疗、牙齿、视力保护、人寿、公差意外险、短期/长期伤残险、弹性支出账户、雇员援助计划、教育发展援助、自愿缴纳的人寿险、长期护理保险、健身俱乐部的费用报销和解雇费。此外，还为所有年满40岁或以上、担任副总裁或更高级别的官员提供一种附加福利即每隔18个月进行一次身体检查。

匹兹堡联邦住宅贷款银行。如果匹兹堡联邦住宅贷款银行与另一家联邦住宅贷款银行合并。在这种情况下，若合并的结果终止了对CEO的雇佣（包括根据控制权变更协议所定义的具有充分理由的离职），根据控制权变更协议，CEO将有权获得如下解雇费：

● 2年的基本薪酬；

● 解雇当年内胜任职位的激励薪酬奖金的2倍；

● 匹兹堡联邦住宅贷款银行按照对其现役雇员医疗险的标准，继续缴纳医疗险，为期18个月；

● 高达12个月的个性化的新职介绍。

随着温斯洛普·沃森（Winthrop Watson）于2011年1月1日担任总裁和CEO，匹兹堡联邦住宅贷款银行执行了一份经过修订的重申控制权变更协议，于2011年1月1日生效。相应的，在2012年沃森先生也将有资格获得薪酬支付，①薪酬（如匹兹堡联邦住宅贷款银行的补充储蓄计划中所定义）的12%；②根据限制性和非限制性界定福利计划他应获得的退休金总额，其前提为总裁和CEO的限制性和非限制性退休计划福利自2012年12月31日起已既定。

亚特兰大联邦住宅贷款银行。亚特兰大联邦住宅贷款银行就麦克马伦（McMullan）先生担任总裁和CEO一事，签订了一份雇佣协议，自2010年12月16日起生效。根据协议定义的各方，亚特兰大联邦住宅贷款银行可在任何时候，以任何"原因"终止协议；麦克马伦先生也可在任何时候，以任何"充分的理由"终止协议。如果未被协议中所述的任何一方提前终止，协议将持续3年；如果任何一方未做出不续签选择，协议将自动延长一年。在雇佣期间，如果麦克马伦先生被无"原因"地解雇或因"充分的理由"而辞职，根据协议规定的解雇费，其支付总额等于以下两项的合计：①他任期时的年度基本薪酬，应在 30 天内一次性付清；②根据该年度他的激励薪酬奖励而应付的总额。如果因某种"原因"终止雇佣，如因为死亡或残疾，或无"充分的理由"的辞职而终止雇佣，协议规定不支付任何解雇费。

辛辛那提联邦住宅贷款银行。除了正常的退休金福利和加入辛辛那提联邦住宅贷款银行的退休人员补充福利计划以外，如果出现控制权变更、辞职、退休或雇佣终止，无任何额外补贴或其他特殊福利提供给总裁。

印第安纳波利斯联邦住宅贷款银行。印第安纳波利斯联邦住宅贷款银行与米勒（Miller）先生之间保持一种核心雇员离职协议。如果雇佣终止发生在某种情况下，米勒先生有权获得 2 倍的前 3 个日历年的平均基本薪酬、奖金等其他现金薪酬、薪酬延期支付、雇主对等的限制性和非限制性计划、公司交通工具的使用亏损补偿（若有的话）、持续 36 个月的医疗和牙科保险（取决于米勒先生缴纳该保险项目的雇员部分费用），包括增加的纳税义务的补偿费、补充的管理层退休计划的额外 3 年的服务年龄和年限的信用度，以及其合理的法律、账单、财务顾问和保险精算服务的报销。如果印第安纳波利斯联邦住宅贷款银行未遵从适用的监管资本或杠杆率监管要求，同时根据协议支付日期已到，或者如果付款可能导致印第安纳波利斯联邦住宅贷款银行跌落至适用的监管要求水平之下，那么付款将被推迟到印第安纳波利斯联邦住宅贷款银行可以遵从其监管要求之时。

芝加哥联邦住宅贷款银行。费尔德曼（Feldman）先生与芝加哥联邦住宅贷款银行的雇佣协议规定了一个 4 年的雇佣期，如果协议未被提前终止，将自 2011 年 1 月 1 日起生效，2014 年 12 月 31 日截止。协议将自动延期 1 年，直至董事会或费尔德曼先生给出通知并终止自动延期条款。根据此协议，董事会在考虑了他在 2011 年的表现和业绩，以及 2011 年联邦住宅贷款银行系统的核心职位调查所反馈的整体市场数据后，设定了费尔德曼先生的基本薪酬为 720000 美元。人事和薪酬委员会每年审核费尔德曼先生的绩效，并根据其判断，可能会建议董事会批准增加薪酬。

费尔德曼先生有权参与总裁的激励薪酬计划和核心雇员的长期激励薪酬计划，并且董事会可能会奖励给费尔德曼先生酌情奖金，其酌情奖金与计划中应得的任何激励薪酬是分开的。费尔德曼先生也有权参与芝加哥联邦住宅贷款银行的健康保险、人寿保险、退休金和其他福利计划，这些计划通常都适用于其他高管。根据协议，对于1986年国内税收法规第409A条所规定的纳税责任、罚金和利息，芝加哥联邦住宅贷款银行同意对费尔德曼先生进行补偿。

根据费尔德曼先生的雇佣协议，如果他与芝加哥联邦住宅贷款银行的雇佣关系，被他以充分的理由终止（如协议中所定义）、被芝加哥联邦住宅贷款银行无原因终止（如协议中所定义）、被芝加哥联邦住宅贷款银行不续签协议而终止或因为费尔德曼先生的死亡或残疾而终止，费尔德曼先生有权获得以下款项：

- 截至终止日期，工作的时间所累积的和未付的所有薪酬。
- 截至终止日期，所有累积的但未使用的休假时间；对应的补偿。
- 自终止日期起，持续1年的薪酬（在终止时，资本薪酬仍然生效）。
- 一次性支付给费尔德曼先生有权获得的等于最低限度的总激励薪酬的总额，其前提为该日历年的所有绩效目标已100%地实现。
- 依照现有的离职计划，继续参加芝加哥联邦住宅贷款银行的雇员卫生保健福利计划。根据该计划，如果雇佣关系已被终止，离职计划将实施，前提是芝加哥联邦住宅贷款银行从终止日期起，继续缴纳医疗和（或）牙齿保险费的雇主部分，持续1年。

如果费尔德曼先生与芝加哥联邦住宅贷款银行的雇佣关系被芝加哥联邦住宅贷款银行有理由地终止，或被费尔德曼先生无充分的理由终止，费尔德曼先生将仅有权获得截至终止日期，工作的时间所累积的和未付的所有薪酬，以及截至终止日期，所有累积的但未使用的休假时间对应的补偿。

雇佣协议规定：除了上述所指定的以外，费尔德曼先生将无权从芝加哥联邦住宅贷款银行获得其他任何薪酬、奖金或解雇费及任何退休金、储蓄或其他福利计划（包括离职计划）下他拥有的任何既定权利。获得如上文所述的雇佣终止时的付款的权利是有条件的，除了其他方面，费尔德曼先生须按照芝加哥联邦住宅贷款银行的要求，与芝加哥联邦住宅贷款银行签署一份关于放弃所有权利的声明。

得梅因联邦住宅贷款银行。如果斯旺森（Swanson）先生的雇佣关系被得梅因联邦住宅贷款银行因他的死亡、残疾或退休的原因而终止，或被他无充分的理由而终止，他有权获得截至终止日期时的基本薪酬、任何激励计划所累积但未被支付的奖励的总额、等于他本应在雇佣终止年获得的总额、截至终止日期时所累积和获得的假期，以及根据得梅因联邦住宅贷款银行雇员福利计划条款所规定的其他的既定福利；他也有权获得包括被终止前的工作期间所累积的但未被支付的激励计划奖励以及发生于终止日的日历年内且在被雇佣期内按比例分配到日历年部分的激励计划奖励及其他保险延续权——其权利适用于此类雇员，直至死亡、残疾或退休。

如果得梅因联邦住宅贷款银行无理由地终止斯旺森先生的雇佣关系，或他本人以充分的理由终止，或因合并或控制权变更而终止，他有权获得如下款项：

- 等于他2倍基本薪金的解雇费；
- 雇佣期结束前，已生效的目标年度激励计划的奖励的1倍；
- 雇佣期结束前，在雇佣期内按1整年的月份占比进行分配的激励计划奖励；
- 包括被终止前的工作期间所累积的但未被支付的激励计划奖励及其根据激励计划条款计算所得的激励计划奖励，如同终止归因于死亡、残疾或退休；
- 爱荷华州福利延续，其前提是梅因联邦住宅贷款银行在终止日后的1年内，将继续为他缴纳医疗和（或）牙齿保险费的银行部分的费用。

达拉斯联邦住宅贷款银行。2007年11月20日（生效日），达拉斯联邦住宅贷款银行与斯密斯（Smith）先生签订了一份雇佣协议。雇佣协议规定：斯密斯先生的雇佣关系将自生效日起持续3年，除非因以下原因的任何一种提前终止：①死亡；②残疾；③被达拉斯联邦住宅贷款银行有理由地终止；④被达拉斯联邦住宅贷款银行无理由地终止；⑤被斯密斯先生以充分的理由终止。自生效日的每个周年起，额外的1年将自动增加到雇佣协议的有效期中，除非达拉斯联邦住宅贷款银行或斯密斯先生给出不续签通知。2012年，达拉斯联邦住宅贷款银行或斯密斯先生均未给出不续签通知。因此，额外的1年自动增加到斯密斯先生的雇佣协议的有效期中。

如果斯密斯先生与达拉斯联邦住宅贷款银行的雇佣关系被他以充分的理由终止，或被达拉斯住宅贷款银行无理由地终止，或者如果达拉斯住宅贷款银行或斯密斯先生给出不续签通知且达拉斯住宅贷款银行根据雇佣协议解除他的职责，斯密斯先生有权获得：

- 截至斯密斯先生雇佣终止日所工作的时间累积的且未被支付的基本薪酬；
- 截至终止日所累积但未使用的休假时间；
- 自终止日至雇佣协议中所剩期限的最后1日的基本薪酬的持续发放（在终止时，资本薪酬仍然生效）；
- 截至终止日，继续参加现有的任何一种激励薪酬计划，其前提是满足其他所有资格或绩效目标，如同斯密斯先生继续受聘，直至雇佣关系终止的当年的 12 月 31 日；

● 自终止日起，继续享有提供给斯密斯先生的任何一种可选的医疗保健福利，持续 1 年；

● 1 笔一次性付款，依照斯密斯先生支持的医疗保健福利计划，其等于统一综合预算协调法（COBRA）所规定月份的保险延续费，在其所规定的超过 1 年的月份中，基本薪酬应被支付。

除了上述的总额以外，如果他在触发事件发生时有资格享有此类福利，斯密斯先生有权在他补充的高管退休计划账户中，获取一次性分配的总额。此外，如果触发事件和重大事务（如并购、合并或清算）有关，那么斯密斯先生也有权获得按比例分配的任何长期激励奖励的部分，除非其奖励在重大事务发生时并非既定。

托皮卡联邦住宅贷款银行。托皮卡联邦住宅贷款银行与其总裁未签署单独的雇佣协议。根据托皮卡联邦住宅贷款银行的官员离职政策，托皮卡联邦住宅贷款银行为执行官提供离职福利。政策的主要目的是为官员（包括总裁）提供一层保护，使其在失业期免遭收入损失。根据政策，如果托皮卡联邦住宅贷款银行因某些限制条件，有理由或无理由地终止官员的雇佣关系，托皮卡联邦住宅贷款银行的官员则有权获得解雇费。如果满足政策要求且总裁提供给托皮卡联邦住宅贷款银行一份可实施的权利放弃书，总裁将获得解雇费，其等于总裁最终基本年薪的 52 周的费用。一旦雇佣协议终止或控制权变更，总裁有权获得：

● 解雇费；

● 任何已赚得但未被支付的激励奖励；

● 根据非限制性延期薪酬计划，在死亡、残疾或退休而导致的雇佣关系终止的 90 天内，应付的单独的余额总计；

● 一旦控制权改变，根据福利均等化计划，可能到期的款项。

圣弗朗西斯科联邦住宅贷款银行。圣弗朗西斯科联邦住宅贷款银行总裁的雇佣以随意终止为基础。总裁可在任何时候辞职，并且圣弗朗西斯科联邦住宅贷款银行可在任何时候终止其雇佣，不论是否有原因、是否有理由、是否事先通知。圣弗朗西斯科董事会批准了舒尔兹（Schultz）先生关于控制权变更的协议，协议自 2011 年 6 月 1 日起生效。在导致圣弗朗西斯科联邦住宅贷款银行控制权发生变更（如协议中所定义）的某些情况下，如果舒尔兹先生的雇佣关系终止，协议规定将提供一笔解雇费和持续的福利，尤其是，根据舒尔兹先生的协议，如果他因充分的理由（如协议中所定义）终止他的雇佣关系，他将有权获得以下款项，以代替依据圣弗朗西斯科联邦住宅贷款银行的任何离职方案或计划所规定的舒尔兹先生有权获得的任何离职福利：

• 截至终止日，他完全赚得的但未被支付的基本薪酬［加之根据圣弗朗西斯科联邦住宅贷款银行的任何福利计划或机制（不含圣弗朗西斯科联邦住宅贷款银行的企业高管离职政策）所规定的舒尔兹先生有权获得的其他总额和福利］；

• 解雇费，总额等于舒尔兹先生年度基本薪酬的 2 倍，外加他的年度激励总额（如协议中所定义）；

• 持续的健康和人寿保险（如协议中所定义），自舒尔兹先生的雇佣关系（如果更早的话，他接受雇主雇用的日期将与福利相匹配）终止日的第一个周年起持续 180 天；

• 由圣弗朗西斯科联邦住宅贷款银行承担费用的高管层次的新职介绍服务，不超过 25000 美元。

如果圣弗朗西斯科联邦住宅贷款银行未遵从适用的监管资本要求或杠杆率监管要求，或基于上述解雇费所要求的任何付款，可能导致圣弗朗西斯科联邦住宅贷款银行的信贷水平跌落至适用的监管要求水平之下，那么可以推迟该付款，直至圣弗朗西斯科联邦住宅贷款银行可以遵从监管资本要求。

西雅图联邦住宅贷款银行。2012 年 1 月，西雅图联邦住宅贷款银行与迈克尔·威尔逊（Michael L. Wilson）先生签订了一份雇佣协议，于 2012 年 1 月 30 日生效。雇佣协议的最初期限为 2 年，可自动延长 1 年，除非威尔逊先生或西雅图联邦住宅贷款银行及时地做出不延长通知。威尔逊先生有权报销保险费，最高可达 125000 美元，在威尔逊先生的协议于 2013 年 1 月 30 日前被西雅图联邦住宅贷款银行有理由地终止或威尔逊先生无充分的理由终止雇佣关系时，所有总额必须全数还清。如果此类雇佣终止发生在 2013 年 1 月 30 日后且在 2014 年 1 月 30 日前，总额的一半必须偿还。如果威尔逊先生的协议被西雅图联邦住宅贷款银行有理由地终止或威尔逊先生无充分的理由终止雇佣关系，他有权获得以下累积待付款：

• 截至终止日，他的基本薪酬；

• 依照此类计划条款，按照激励薪酬计划所规定的累积的但未被支付的奖励；

• 累积但未使用的假期；

• 根据西雅图联邦住宅贷款银行雇员鼓励计划所规定的其他既定福利。

如果威尔逊先生的雇佣关系被西雅图联邦住宅贷款银行无理由地终止，或被威尔逊先生以充分的理由终止，他有权获得：

- 累积的待付款；
- 解雇费，等于他现役基本薪酬的1倍；
- 西雅图联邦住宅贷款银行为医疗和牙齿险支付的保费，为时18个月。

在控制权变更后的12个月内，如果威尔逊先生无理由地终止雇佣关系，或威尔逊先生以充分的理由终止雇佣关系，除了为他现役基本薪酬的2倍的解雇费以外，威尔逊先生还有权获得上述福利。上述款项的支付，取决于威尔逊先生是否以西雅图联邦住宅贷款银行可接受的形式，合理地对西雅图联邦住宅贷款银行发布一份关于放弃权利的声明。如果威尔逊先生因残疾而终止雇佣关系，他有权获得累积的待付款，以及西雅图联邦住宅贷款银行为医疗和牙齿险支付的保费，为时18个月，其前提为威尔逊先生发布一份关于放弃权利的声明。

部分联邦住宅贷款银行高管的其他薪酬见表2-8，2012年度按计划的奖励发放情况见表2-9，2012年度退休福利见表2-10，2012年度非限制性延缓薪酬见表2-11。

三、2012年度财务办公室对CEO薪酬的讨论和分析

1. 薪酬理念和目标

人力资源与薪酬委员会（以下简称人力资源委员会）充当联邦住宅贷款银行董事会的薪酬委员会。财务办公室的CEO薪酬方案旨在对薪酬提供一种弹性的、以市场为基础的薪酬形式，吸引、刺激并挽留有技能和专长的高管，使其达成或超越其业务目标。为实现这些目标，财务办公室采用一种薪酬总额方案对CEO发放薪酬，该方案结合了基本薪酬、短/长期可变（以激励为基础）薪酬、退休福利和适度的附加福利。薪酬方案的目标是建立并告知长/短期绩效标准，以顺利地完成财务办公室任务，以及认可、激励并奖励做出相应贡献的CEO。

联邦住宅贷款银行董事会相信其薪酬理念可有效地吸引、挽留并激励高素质人才。董事会每年复核薪酬方案，确保它符合并支持财务办公室的经营战略和目标。联邦住房金融局（FHFA）合理的激励薪酬机制的5个指导原则是发展、实施和审查2012年财务办公室CEO薪酬政策与实践的一部分。

2. 竞争和薪酬的标杆管理

（1）人力资源委员会和董事会办公室在设定高管薪酬中的作用。人力资源委员会和董事会办公室将高管薪酬方案与财务办公室业务目标结合在一起，并集中CEO的努力实现目标。人力资源委员会审核CEO的绩效，研究并向董事会建议CEO的薪酬。适用于每年基本工资奖励调整的加薪百分比由人力资

表 2-8 部分联邦住宅贷款银行高管的其他薪酬

单位：美元

联邦住宅贷款银行[*]	总裁/CEO 姓名	年份	如果触发事件发生，雇佣关系终止或控制权变更	联邦住宅贷款银行对既定或非既定计划所制定的公款或其他拨款	联邦住宅贷款银行为总裁/CEO的福利支付的与人寿险有关的任何保险费	为纳税所做的补偿或其他报销总额	额外津贴和其他个人福利[*]	其他	总额
波士顿	爱德华·耶佩（Edward A. Hjerpe III）[①]	2012	—	52420	—	—	16057	—	68477
		2011	—	42155	—	—	20511	—	62666
		2010	—	33750	—	—	51299	—	85049
纽约	阿尔弗雷德·得力博维（Alfred A. Delli Bovi）[②]	2012	—	15000	12000	—	23889	73625	124514
		2011	—	14700	12000	—	25165	68552	120417
		2010	—	14700	13200	—	36331	4946	69177
匹兹堡	温斯洛普·沃森（Winthrop Watson）	2012	—	44589	—	—	—	24	44613
		2011	—	40484	—	—	—	24	40508
亚特兰大	韦斯利·麦克马伦（W. Wesley McMullan）[③]	2012	—	39000	—	48	19064	—	58112
		2011	—	39510	—	—	19200	—	58710
		2010	—	27960	—	—	2700	—	30660
辛辛那提	安德鲁·斯·豪威尔（Andrew S. Howell）	2012	—	15000	—	—	—	—	15000
	戴维·赫尔曼（David H. Hehman）[④]	2012	—	15000	—	—	32878	—	47878
		2011	—	14700	—	—	11232	—	25932
		2010	—	14700	—	—	—	—	14700
印第安纳波利斯	米尔顿·米勒（Milton J. Miller, II）	2012	—	15000	105	—	—	—	15105
		2011	—	14700	105	—	—	—	14805
		2010	—	14700	214	—	—	—	14914

续表

联邦住宅贷款银行[*]	总裁/CEO 姓名	年份	如果触发事件发生,雇佣关系终止或控制权变更	联邦住宅贷款银行对既定或非既定的公款计划所制定的其他拨款	联邦住宅贷款银行为总裁/CEO的福利支付的与人寿保险有关的任何保险费	为纳税所做的补偿或其他报销总额	额外津贴和其他个人福利[*]	其他	总额
芝加哥	马修·费尔德曼 (Matthew R. Feldman)	2012	—	15000	—	—	—	—	15000
		2011	—	14700	—	—	—	—	14700
		2010	—	14700	—	—	—	—	14700
得梅因	理查德·斯旺森 (Richard S. Swanson)[⑤]	2012	—	55568	—	—	16000	—	71568
		2011	—	51851	—	—	12500	—	64351
		2010	—	43045	—	—	12500	—	55545
达拉斯	特里·斯密斯 (Terry Smith)[⑥]	2012	—	503654	—	13102	24379	56548	597683
		2011	—	492458	—	14736	22081	71579	600854
		2010	—	369289	—	16156	31161	61380	477986
托皮卡	安德鲁·杰特 (Andrew J. Jetter)	2012	—	45880	1443	—	—	7752	55075
		2011	—	47747	1487	—	—	6558	55792
		2010	—	45296	2100	—	—	1605	49001
圣弗朗西斯科	迪恩·舒尔兹 (Dean Schultz)[⑦]	2012	—	47754	2880	—	9376	5072	65082
		2011	—	46818	2880	—	9847	4035	63580
		2010	—	45900	4080	—	13447	1071	64498
西雅图	迈克尔·威尔逊 (Michael L. Wilson)[⑧]	2012	—	18525	—	—	15078	85984	119587

续表

联邦住宅贷款银行* 总裁/CEO 姓名	年份	如果触发事件发生，雇佣关系终止或控制权变更	联邦住宅贷款银行对既定非既定所制定的公款计划所规定的公款或其他拨款	联邦住宅贷款银行为总裁/CEO 的福利为支付的与人寿险有关的任何保险费	为纳税所做的补偿或其他报销总额	额外津贴和其他个人福利*	其他	总额
约翰·费斯克 (John D. Fisk)①	2012	—	15000	—	—	13536	5173	33709
财务办公室	2011	—	14700	—	—	13506	4311	32517
	2010	—	14700	—	—	13296	—	27996

* 仅个人总额大于25000美元才被要求披露在脚注中。

① 耶力佩先生的额外补贴及其他福利总额包括波士顿联邦住宅贷款银行所属交通工具的私用、停车费、公共交通费用报销、度蜜月差旅费和航空公司会员资格。

② 得力博维先生2012年度额外补贴和其他福利总额包括纽约联邦住宅贷款银行提供的交通工具的私用、视力险、与金融机构的界定供款计划相匹配的公款总额，集团定期人寿险和其他的个人定期人寿险包括汽车每月补贴1500美元。额外补贴包括长期援助计划和已终止保险和计划中参与的财务咨询费用报销。

③ 麦克马伦先生的额外补贴包括每月汽车补贴：辛辛那提联邦住宅贷款银行所属交通工具的私用及财务计划。

④ 赫尔曼先生的额外补贴包括得梅因联邦住宅贷款银行所属交通工具的私用和随后退休时的弹性休假。

⑤ 斯旺森先生的额外补贴和其他福利总额包括亚特兰大联邦住宅贷款银行所属交通工具、蜜月旅行和健身俱乐部的一些董事会职能旅行及其航空及其他常客客户的候机室。

⑥ 斯密斯先生的额外补贴和其他福利总额包括达拉斯联邦住宅贷款银行租借所属交通工具提供的交通工具的私用、蜜月旅行和达拉斯联邦住宅贷款银行按照实际支付的总额。

⑦ 舒尔兹先生的额外补贴和其他福利总额包括未使用时的假期未使用补偿。其他也包括圣弗朗西斯科联邦住宅贷款银行提供的交通工具的私用、财务计划、个人所得税的缴纳、蜜月。

⑧ 威尔逊先生（作为他的雇佣条款的一部分）。其他的额外补贴和其他福利总额包括西雅图联邦住宅贷款银行的汽车使用、停车场和健身俱乐部会员资格。其他也包括2012年支付给威尔逊的搬迁费。

⑨ 费斯克先生的额外补贴和其他福利总额包括财务办公室提供的交通工具的私用。

表 2-9　2012 年度部分联邦住宅贷款银行高管按计划的奖励发放

单位：美元

联邦住宅贷款银行	总裁/CEO 姓名	标注序号	发放日（月/日/年）	根据非股权激励计划的奖励 最低值	根据非股权激励计划的奖励 目标值	根据非股权激励计划预估的未来支出 最大值
波士顿	爱德华·耶佩	(1)	—	93600	187200	280800
纽约	阿尔佛雷德·得力博维	(2)	3/22/2012	167951	305366	580196
匹兹堡	温斯洛普·沃森	(3)	—	204100	357500	510250
亚特兰大	韦斯利·麦克马伦		1/26/2012	130000	227500	325000
辛辛那提	安德鲁·斯·豪威尔	(4)	3/15/2012	208000	416000	624000
	戴维·赫尔曼	(5)	3/15/2012	220073	330108	440145
		(4)(6)	3/15/2012	69973	155496	256568
印第安纳波利斯	米尔顿·米勒	(5)(6)	3/15/2012	134824	202235	269647
		(2)	12/1/2011	11996	26658	43986
芝加哥	马修·费尔德曼	(7)	12/1/2011	205779	226317	301757
		(8)	1/23/2012	1509	274372	342965
得梅因	理查德·斯旺森	(9)	1/23/2012	—	216000	360000
		(2)	4/11/2012	—	216000	360000
		(10)	4/11/2012	162500	243750	325000
达拉斯	特里·斯密斯	(11)	4/11/2012	162500	243750	325000
		(2)	—	162500	243750	325000
托皮卡	安德鲁·杰特	(12)	1/1/2012	88284	254377	299267
		(13)	1/1/2012	140885	266117	352214
圣弗朗西斯科	迪恩·舒尔兹	(12)	—	379260	505680	632100
		(2)	1/30/2012	189630	252840	316050
西雅图	迈克尔·威逊	(12)	1/30/2012	159200	318400	398000
		(12)		159200	318400	398000
		(2)		52688	105377	184410
		(12)		114000	228000	342000

续表

总裁/CEO 姓名	标注序号	发放日（月/日/年）	根据非股权激励计划奖励预估的未来支出		
			最低值	目标值	最大值
联邦住宅贷款银行 约翰·费斯克	(14)	2/1/2012	121543	243087	410209
财务办公室	(15)	2/1/2012	121543	243087	410209

(1) 表示根据波士顿邦住宅贷款银行 2012 年度高管薪酬激励计划，对 2012 年 1 月 1 日至 2012 年 12 月 31 日的高管薪酬的评估，是以 2012 年末的短期激励机构成的未预估的结果为基础。长期激励机构成的实际未支出，将在最低值和目标值之间、目标值或超额值之间发生变化，其取决于 2014 年 12 月 31 日所决定的长期激励机构成目标所达到的实际结果。

(2) 表示对从 2012 年 1 月 1 日至 2012 年 12 月 31 日过渡计划下的联邦住宅贷款银行的过渡计划的实施，促进了匹兹堡联邦住宅贷款银行过渡计划的 2012 年度目标。

(3) 匹兹堡联邦住宅贷款银行超当了过渡计划下的 2012 年度目标，弥补了现金奖励标准，并且被强制延期 3 年才支付。根据 3 年激励计划的目标实现程度，延期奖励最终金额可能增加、降低或保持不变。

(4) 表示延期的目标实现程度，延期奖励最终金额可能增加、降低或保持不变。

(5) 表示辛辛那提联邦住宅贷款银行激励计划下的预估支出，仅可于 2012~2014 年。

(6) 表示辛辛那提联邦住宅贷款银行激励计划和过渡计划下辛苏曼先生的未来预估支出，根据他 2012 年 6 月 1 日的退休日而变化。根据他 2013~2015 年被延期支付的预估未来支出部分，他无权享有辛辛那提联邦住宅贷款银行的延期激励计划下的获利能力并在 3 年（2013~2015）的延期期间达到最低值。

(7) 表示印第安纳波利斯联邦住宅贷款银行延期激励计划下的预估支出；支出是基于本年度激励薪酬的预估。

(8) 表示费尔德曼先生的激励计划下的 2012 年 12 月 31 日财务年的潜在支出。

(9) 表示芝加哥联邦住宅贷款银行的核心薪酬长期激励计划，自 2012 年 1 月 1 日至 2014 年 12 月 31 日的 3 年绩效周期结束后进行支付。

(10) 表示对得梅因联邦住宅贷款银行自 2012 年 1 月 1 日至 2015 年 12 月 31 日止的 4 年中延缓支付的激励薪酬的预估。

(11) 表示对得梅因联邦住宅贷款银行自 2012 年 1 月 1 日至 2014 年 12 月 31 日止的 3 年绩效周期中激励薪酬的预估。

(12) 表示 2012 年 1 月 1 日至 2014 年 12 月 31 日止的 3 年绩效周期中长期激励机构未来预估支出的适用范围。根据计划，奖励（若有的话）应在 3 年绩效周期后截至 2012 年 12 月 31 日财务年后进行支付。

(13) 表示采用卡皮托联邦住宅贷款银行 2 次单独的激励支出进行计算。不代表 2012 年核准的激励薪酬的总额。

(14) 表示托皮卡联邦住宅贷款银行的起始日期下，由联邦住宅贷款银行董事会于 2012 年核准的激励薪酬预估的总额。其包含两个部分：50% 的年度支付和 50% 的延缓支付。总额表示延缓支付应于 2013 年支付的年度部分的奖励。

(15) 表示组合的激励奖励下，由联邦住宅贷款银行董事会于 2012 年核准，须经董事会批准。其包含两个部分：50% 的年度支付和 50% 的延缓支付。延缓支付部分应于 2014 年支付的年度部分的奖励；第二部分应于 2015 年支付，须经董事会批准。

表 2-10 2012年度部分联邦住宅贷款银行高管退休福利

单位：美元

联邦住宅贷款银行	总裁/CEO 姓名	计划名称*	信贷服务年限	累积福利的现值	2012年期间得到的付款
波士顿	爱德华·耶佩①	DBP	20.7	941000	—
		BEP	3.5	237000	—
纽约	阿尔佛雷德·得力博维②	DBP	19.8	1834000	—
		BEP	19.8	7072000	—
匹兹堡	温斯洛普·沃森③	SERP	2.6	97000	—
亚特兰大	韦斯利·麦克马伦④	DBP	24.8	190000	—
		BEP	24.8	1196000	—
辛辛那提	安德鲁·斯·豪威尔 戴维·赫尔曼⑤	BEP	22.5	2723000	—
		BEP	22.5	1223000	—
		BEP	34.4	1581000	—
		BEP	34.4	198000	2198000
印第安纳波利斯	米尔顿·米勒⑥	DBP	35	11351000	1580000
		SERP	35	782000	—
芝加哥	马修·费尔德曼⑧	BEP	8.8	6042000	—
		BEP	8.8	552000	—
得梅因	理查德·斯旺森⑨	DBP	5.6	1077000	—
		BEP	5.6	458000	—
达拉斯	特里·斯密斯⑩	DBP	27	1219000	—
托皮卡	安德鲁·杰特⑪	DBP	24.6	2019000	—
		BEP	24.6	1351000	—
				4186000	—

续表

总裁/CEO 姓名	计划名称*	信贷服务的年限	累积福利的现值	2012 年期间的付款
联邦住宅贷款银行				
圣弗朗西斯科 迪恩·舒尔兹⑫	BEP	27.8	3156688	—
	SERP	10	1961618	—
	CBP	27.8	448644	—
	FIRF	11	494359	—
	DCP	27.8	64090	—
西雅图 迈克尔·威尔逊⑬	DBP	18	1027000	—
	BEP	1	75000	—
财务办公室 约翰·费斯克⑭	DBP	8.1	476000	—
	SRP	8.1	1368000	—

注：* 表中高管退休福利计划包括：福利均等化计划（BEP），补充的高管退休计划（SERP），金融机构退休基金（FIRF），现金余额计划（CBP），延续薪酬计划（DCP）。

① 公式：1.5% × 较高的 5 年平均薪酬 × 信贷服务年限，并且不超过较高的 5 年平均薪酬 80% 的最大年抚恤金。薪酬指最高 5 年薪酬（薪酬和激励薪酬）。

② 公式：2.5% × 福利退休计划中的信贷服务年限（不超过 30 年）× 最高连续 3 年的平均收入。耶佩先生在福利退休计划中所包含的信贷服务年限包括：在波士顿联邦住宅贷款银行服务了 13.6 年以及在此以前为参与了相关福利计划的雇主服务了 7.1 年。收入被定义为基本薪酬，外加短期激励薪酬及受国内税法规限制的终身寿险，意味着如果退休人员在获得 12 年的养老金前死亡，退休人员的受益人将一次性获得按 12 年计算的正规的付款方式是具有 12 年担保付款的终身寿险。

③ 公式：1.5% × 福利服务年限 × 较高的 5 年福利服务年度基本薪酬。补充的高管退休计划所包含的薪酬包括年度基本薪酬和年度激励薪酬，不受美国国税局限制。

④ "累积福利的现值" 是每年退休福利的现值，其退休福利自 2012 年 12 月 31 日起可获得，前提条件为达到 65 岁的退休年龄。计划下福利采用 4.05% 的折现率进行计算；4.10% 被用于计算超频计划下的福利。

⑤ 公式：2.5% × 福利服务年限 × 最高 3 年的平均薪酬。剩余的未付款。

续表

⑥薪酬被定义为基本薪酬和年度激励薪酬,并且不包括任何延缓支付的退休抚恤金。规范的退休福利是终身寿险,包括一次性支付的退休抚恤金和从长期激励(LTI)计划获得的奖励。其中,米勒先生的所有50岁或超出50岁的所有雇员,根据早退激励措施条款增加了3年。自2006年12月15日起,早退激励措施人员的退休人员的每年的3%的生活费用调整。

⑦公式: 2.5% × 福利服务年限 × 较高的任何报酬(不包括任何其他薪酬, 奖金及其他一次性付清外的薪酬)加上长期激励计划(不包括在美国国家税务局相关规定的美国国税局限制的费用和每年支付的规范的退休薪酬规定了一笔一次性补充及退休福利规定, 支付补充福利降低了福利规定了20年的分期付款, 或一次性付款和每年支付的组合。在65岁之前开始支付福利降低了福利规定了20年的分期付款, 或一次性付款和每年支付的组合。在65岁之前开始支付福利降低了福利规定了20年的分期付款, 未满65岁退休者每年将降低1.5%。

⑧薪酬是连续5年者退休金每年的最高薪酬或最高连续服务年限 × 最高薪酬的最高养老金或一次性支付的退休抚恤金。规范的退休福利是一笔养老金或一次性支付的退休抚恤金。

⑨公式: 2.25% × 信贷服务年限 × 最高连续3年的平均薪酬。平均薪酬被定义为美国国税局规定的总的应纳薪酬。平均薪酬包括:

⑩公式: (2003年7月1日前的信贷服务年限)×最高3年的平均薪酬(连续年) + [2% × 2003年7月1日或之后的信贷服务年限) × 最高3年的平均薪酬(连续年)]。

养老计划限制了福利服务年限最长为30年。该计划所覆盖的最高的任何税前公式。其在2012年之前均为此覆盖范围。与斯密斯先生相关的应纳薪酬(不包括任何延缓的薪酬), 加之对达拉斯联邦住宅贷款银行计划自选福利计划所包含的薪酬超过了美国国税局的限制, 每年为250000美元。2013年, 美国国税局增加了最高薪酬限制, 斯密斯住宅贷款银行计划订补充未被银行未被减少的退休金。这拉补偿行计划订补充未被银行未被减少的退休金。因此,斯密斯先生有权自60岁起获得未被减少的退休金。这拉斯联邦的标准退休年龄是65岁, 但是斯密斯先生有权自60岁起获得未被减少的退休金。这拉斯规仅基于美国国税局的限制, 未反映其服务自雇佣后1年开始。

⑪公式: 2003年9月开始的退休福利计划2.0% × 福利服务年限(不超过30年) × 较高的3年平均薪酬, 福利服务自雇佣后1年开始。2003年9月之前的金融机构加上基本薪酬和非限制性计划, 用于恢复现金余额在2012年受美国税法下所损失的退休福利, 它受所规范的退休福利计划包括:年度基本薪酬加上激励薪酬, 2012年受美国国内税法规(IRC)下的储蓄计划下所影响的限制性计划, 现金余额计划和储蓄计划和圣弗朗西斯科科朗借鉴计划(一种界定供款计划)下所损失的退休福利, 它受所规范的退休福利计划终身寿险, 一笔一次性支付的费用限制性计划, 用于恢复现金余额计划和福利储蓄计划和储蓄计划下的限制。若没有国内税法收法规化计划下所补下所影响的限制, 并且按照6%的现金余额福利, 并且按照6%的利率补充累积福利, 直至付清。根据所对应的现金余额等化计划

⑫福利将被记入福利计划下所计入人福利计划所计入人福利计划所计入人福利计划所计入人福利等化计划下所计入人或累计计划的总金额是既定的。

续表

补充的高管退休计划是一种未设基金和非限制性福利计划,为圣弗朗西斯科的高管们提供了现金娱乐计划福利以外的现金余额福利。对于该计划,信贷服务年限为自2003年计划启动时的参与年限。补充的高管退休计划补充了一种现金余额计划福利,提供了一种有竞争性的退休后的薪酬措施,被用于帮助圣弗朗西斯科联邦住宅贷款银行吸引和留住核心高管。核心高管对圣弗朗西斯科联邦住宅贷款银行的成就至关重要。圣弗朗西斯科联邦住宅贷款银行于1996年1月1日根据现金余额计划开始提供福利,针对已服务6个月的所有雇员(包括总裁)。每一年,符合条件的雇员获得等于年薪(包括基本薪酬和短期现金激励薪酬)6%的现金余额户余额的利息,被称为现金余额计划的雇员获得的年度福利等于年薪年度福利的总额通常被一次性提供现金余额的年金形式支付。雇员离开圣弗朗西斯科联邦住宅贷款银行时,既得的总额成为完全既得项目。雇员离开圣弗朗西斯科联邦住宅贷款银行在福利结束后成为3年的雇佣期末后成为完全既得项目。

在提供现金余额年金计划下的福利前,圣弗朗西斯科联邦住宅贷款银行是一种多雇主的金融机构退休基金的规定的界定退休福利计划。自1995年12月31日起,圣弗朗西斯科联邦住宅贷款银行1995年12月31日退出金融机构退休基金,对当时已完全就得的金融机构退休基金福利,被冻结为冻结参与金融机构退休基金福利。退休后,参与者有权享受连续3年的平均工资乘以2%的服务年的金融机构退

此外,为了保持每个参与被冻结参与金融机构退休基金的平均工资乘以连续3年的平均工资乘以1995年12月31日起,保持每个参与被冻结结的金融机构退休基金福利的比例(年金比),这被称为现金余额计划让渡净福利,将获得一笔让渡净福利,等于他/她退休时的平均工资乘以他/她们结束的平均工资乘以连续3年的最高的平均工资乘以他/她的平均年金比。

圣弗朗西斯科联邦住宅贷款银行的延缓薪酬计划是一种未设基金和非福利制性计划,包括3个构成部分:A. 适当时,延缓雇员目前薪酬,短期激励和长期激励的薪酬(基本薪酬和短期现金激励薪酬);B. 根据储蓄计划,与圣弗朗西斯科联邦住宅贷款银行本应获得的供款匹配的构成部分不延缓基本薪金;C. 根据现金余额计划,本应获得的退休福利不延缓现金薪金。

⑬西推图联邦住宅贷款银行提供了一种标准的退休福利,等于参与者在信贷服务年限内连续3年最高年薪的2.5%乘以参与者的薪金(基本薪酬和短期现金激励薪酬)。

⑭西推图联邦住宅贷款银行提供了一种标准的退休福利计划,受国内税收法规定的限制,薪酬被定义为基本薪酬加上加班费和奖金。

高管福利受国内税收法规定的限制,一种为合资格的高管提供退休福利计划是一种非限制性计划,含有补充退休福利计划,根据界定的福利计划,高管福利等于符合资格的高管提供退休福利的情况下,依照退休福利计划本应支付的福利,减去高管从退休福利计划中实际获得的总额。

⑭公式:2011年7月的初始值 -2.0%×信贷服务年限×较高的3年平均薪金。从2003年4月至2011年6月所获福利,根据之前的福利公式被冻结了2.25%。

表2-11 2012年度部分联邦住宅贷款银行高管非限制性延缓薪酬

单位：美元

联邦住宅贷款银行	总裁/CEO姓名	总裁/CEO的供款	联邦住宅贷款银行的供款	累积取款/分配	合计收益	2012年12月31日的余额总计
波士顿	爱德华·耶佩	26210	37420	—	13747	178891
匹兹堡	温斯洛普·沃森	103789	40683	—	25931	350172
亚特兰大	韦斯利·麦克马伦	22000	24000	—	27156	322070
芝加哥	马修·费尔德曼	28200	—	118870	493	263870
得梅因	理查德·斯旺森	92609	40994	—	43163	365690
达拉斯	特里·斯密斯	2040	488654	30744	241525	2932921
托皮卡	安德鲁·杰特	15440	30880	—	60159	1179335
圣弗朗西斯科	迪恩·舒尔兹	—	—	492854	17372	18
西雅图	迈克尔·威尔逊	3325	2850	—	—	6175
财务办公室	约翰·费斯克	54511	56511	—	138881	1181645

源委员会建议，联邦住宅贷款银行董事会核准。退休福利计划以及逐年的计划的任何改变，由人力资源委员会做出建议后，由董事会核准。人力资源委员会也对每年高管的非股权激励薪酬计划和长期非赋权激励薪酬计划的目标、支出以及任职资格进行建议，由董事会核准。

（2）薪酬顾问在设定高管薪酬中的作用。为规定其雇员合理且有竞争力的薪酬，财务办公室所采用的薪酬和福利标杆是怡安咨询公司及其附属公司——麦克拉根合作伙伴公司成立的竞争者小组。标杆管理分析包括如下竞争者定位：各联邦住宅贷款银行的 CEO；某些商业银行的债务资本市场的负责人；某些商业银行的房贷业务的 CEO；房利美和房地美（Fannie Mae and Freddie Mac）的替代指标；以及联邦农业信贷银行融资公司（Federal Farm Credit Banks Funding Corporation）公开发布的数据。

3. 整体薪酬方案的原理

（1）基本薪酬。基本薪酬是财务办公室制定的 CEO 的整体薪酬方案的一个关键组成部分。在设定 CEO 的基本薪酬时，联邦住宅贷款银行董事会谨慎地考虑了多方面因素，包括 CEO 的个人表现、财务办公室的整体业绩、CEO 的任期年限，以及 CEO 基本薪酬的总额，基本薪酬总额与应付给担任类似职位的高管的基本工资有关，其占财务办公室同龄群体的高管薪酬的 50%。联邦住宅贷款银行董事会也考虑了 CEO 整体薪酬的总额和相对百分比，其薪酬衍生自基本薪酬。

联邦住宅贷款银行董事会批准 2012 年的基本薪酬增加 3%，其年度基本薪酬为 607717 美元，于 2012 年 1 月 1 日生效。

（2）组合的高管激励薪酬计划。财务办公室的 CEO 激励薪酬计划是一种每年基于现金激励的薪酬计划，旨在促进和奖励高绩效水平，实现联邦住宅贷款银行董事会的核定目标。年度目标反映出预期绩效和财务办公室任务。每个目标被赋予了一个权重，反映出它的相对重要性以及对财务办公室战略方案和年度商业计划的潜在影响。CEO 有权获得以现金支付的组合计划奖励的 50% 以及被延缓 2 年支付的奖励的 50%。

根据 2012 年组合的高管激励薪酬计划，联邦住宅贷款银行董事会核定了 4 个目标，该计划是为了加强战略计划行动和财务办公室支持联邦住宅贷款银行的任务而让渡的价值。4 个目标及权重如下（见表 2-13）。

● 银行利益相关者（权重 25%），由符合联邦住宅贷款银行需要的个人或团体组成。

- 投资者利益相关者（权重25%），包括处理投资者与提高债务需求、加强资金灵活性和维持市场对联邦住宅贷款银行债务信心的其他团体之间关系。
- 风险管理（权重25%），包括通过持续的优秀运营规避风险、改善结果。
- 公民（权重25%），由具有个人责任的灵活的、有凝聚力的、高绩效的团队组成。

表2-12 组合的高管激励薪酬计划的目标和权重

单位：美元，%

目标	权重	综合奖励标准	奖励总额
银行利益相关者	25	在目标值和最大值之间	168611
投资者利益相关者	25	在目标值和最大值之间	168611
风险	25	在目标值和最大值之间	168611
公民	25	在目标值和最大值之间	168611
总计	100		674444

年末之后，联邦住宅贷款银行董事会在首次会议上，根据对年末业绩的审核，核准支付奖励。与每个目标所设定的业绩水平对比，根据实际业绩，决定现金激励奖。如果实际业绩低于业绩的最低标准，此目标就无奖励。当实际业绩在指定的最低标准或目标值及最大业绩标准之间时，则计算此目标的插值。每个目标的完成标准被相应地指定给那个目标的激励权重的乘积，每个目标的业绩被加总，得出财务办公室应付给CEO的最终奖励。

CEO分得了一个组合式激励奖励机会——规定为基本薪酬的百分比，其符合他组织责任和能力的水平、对财务办公室整体业绩的贡献及影响。在2013年2月13日的会议上，联邦住宅贷款银行董事会批准了对约翰·费斯克先生的组合的高管激励薪酬计划的奖励——674444美元（110.9%），其中的50%——337222美元于2013年支付，另外的50%被延缓2年以上。预计于2014年支付的被延缓的奖励为168611美元，预计于2015年支付的被延缓的奖励为168611美元。根据联邦住宅贷款银行董事会的既定标准，在支付被延缓的奖励前，需进行复审。

（3）长期非股权激励薪酬计划。为了保持市场竞争力，促进长期的安全、稳健的经营，联邦住宅贷款银行董事会以历史为依据，设置了一个年度性长期激励奖励,其以3年绩效期为基础。例如,2010~2012年所获的薪酬于2013年支付。财务办公室的长期激励是一种基于现金的绩效计划,旨在提高业绩,建立新雇员和财务办公室之间长期的纽带关系,在财务办公室内建立一种职业定向,确保留住人才。2011年5月9日,依照决议,组合式高管激励薪酬计划取代了长期激励计划。2010~2012年是支付CEO长期激励计划的最末时期。

2013年2月13日,联邦住宅贷款银行董事会批准了约翰·费斯克先生在2010~2012年计划(结束于2012年12月31日)下的长期激励奖励——353914美元。根据2010年度激励的100%延缓,联邦住宅贷款银行董事会批准了该费用。

(4) 退休福利。财务办公室保留CEO的综合退休计划,由2个美国国税局的限制性计划和2个非限制性计划构成。

● 限制性界定退休福利计划——界定福利计划是一种积累型复合税收的计划,以雇主缴纳为基础,即无须雇员供款。一旦服务6年,参与者可获得100%的退休福利。根据界定福利计划,应付的退休福利按先前制定的公式进行计算,公式规定:在正常退休年龄(65岁)时,每月可获得个人年金或其他按照保险统计计算的同等形式的福利,包括早退。截至2011年6月30日,福利公式是每个福利服务年的2.25%乘以最高3年平均薪酬而得出的平均薪酬。自2011年7月1日起,福利公式降低为每个福利服务年的2.0%乘以最高3年的平均薪酬。

● 非限制性界定退休福利计划——CEO有权参与补充的退休计划,是一种积累性非限制性退休计划,其在所有本质方面反映出界定福利计划。如果界定福利计划中,应得福利减少或被美国国税局以其他方式限制,根据补充的退休计划,应支付高管损失的福利。因为此计划是一个非限制性计划,从该计划中所获的福利并未受到与限制性计划相关的同等的资金保护。

● 限制性界定供款计划——与财务办公室制定的基于任期的对等供款相比,金融机构的界定供款计划是一种符合税收的界定供款计划。一旦雇佣期满1年,则开始对等供款,其后根据雇佣时间而增加,最高为基本薪酬的6%。根据界定供款计划,参与者可根据税前或税后标准,选择高达基本薪酬的50%进行供款。计划允许参与者自行决定投资1种或多种基金,并且参与者每天都可变更基金种类。在雇佣期,参与者可以提取既得的账户余额,但受到美国国税局和计划的一定限制。

● 非限制性界定供款计划——CEO 有权参与的补充的储蓄计划,是一种积累性、非限制性的、雇主和雇员共同缴纳的退休计划,其在所有本质方面反映出界定供款计划。此计划补偿了在受美国国税局对界定供款计划的供款限制下本应获得的福利。根据补充的储蓄计划,参与者可选择高达基本薪酬的 50% 以及在税前标准下高达激励薪酬的 100% 进行供款。同样的,按照界定供款计划,雇主在补充的储蓄计划中的对等供款比例以任期为基础,最大 6%。此计划允许参与者自行决定投资一种基金。

(5) 额外补贴。财务办公室提供的额外补贴是 CEO 总薪酬的一小部分,依照市场惯例提供给类似职位或具有类似职责的高管。2012 年,CEO 配备了财务办公室所属的交通工具,以方便其业务和私用。交通工具相关的运转开支也予以提供。CEO 个人使用财务办公室所属的交通工具,包括每日往返上下班之用,被称为一种应纳税的额外福利。

(6) 财务咨询。CEO 有权报销个人的财务咨询费用,每年不超过 10000 美元。然而,该福利在 2012 年并未使用。

4. 董事的薪酬

根据联邦住宅贷款银行法令下联邦住房金融局的规定,联邦住宅贷款银行已制定正式的政策,监管支付给董事的薪酬和差旅报销。政策的目的是补偿董事会成员代表联邦住宅贷款银行执行的工作。根据这些政策,薪酬包括所有的会议费用。会议费补偿给董事,是出于以下原因:

● 审查联邦住宅贷款银行定期寄送的材料所花时间;
● 会议准备;
● 为了联邦住宅贷款银行参加其他活动;
● 出席董事会议或委员会会议所花的实际时间。

董事也可报销合理的与联邦住宅贷款银行相关的差旅费,其未包含在 2012 年度董事的薪酬中。

联邦住房金融局允许各联邦住宅贷款银行支付其董事合理的薪酬和费用,其受联邦住房金融局董事的监管,反对且禁止联邦住房金融局董事认为不合理的薪酬和费用。截至 2012 年 12 月 31 日,根据年报中有关美国证券交易委员会(SEC)的信息披露,各大联邦住宅贷款银行 2012 年度董事的薪酬见表 2 – 14。

表 2-13 2012年度各联邦住宅贷款银行董事的薪酬

单位：美元

联邦住宅贷款银行	董事姓名	职位	应得或应付的现金报酬	其他所有薪酬	总额
波士顿	简·米勒	主席	60000	—	60000
	杰夫·马林斯基	副主席	55000	—	55000
纽约	迈克尔·霍恩	主席	100000	—	100000
	乔斯·雷蒙·冈萨雷斯	副主席	85000	—	85000
匹兹堡	丹尼斯·马洛	主席	76000	24	76024
	约翰·达尔	副主席	63500	24	63524
亚特兰大	斯科特·哈佛	主席	70000	—	70000
	威廉姆·汉多夫	副主席	65000	—	65000
辛辛那提	卡尔·威客	主席	78000	970	78970
	普罗克特·考迪利	副主席	69000	1123	70123
印第安纳波利斯	保罗·卡尔阿布思琪	主席	110000	—	110000
	杰弗里·坡科恩	副主席	85000	—	85000
芝加哥	托马斯·赫尔拉切	主席	73393	—	73393
	史蒂文·罗森鲍姆	副主席	67500	—	67500
得梅因	迈克尔·古陶	主席	75000	—	75000
	埃里克·哈德梅尔	副主席	65000	—	65000
达拉斯	李·吉普森	主席	90000	—	90000
	玛丽·科威尔哈	副主席	65000	—	65000
托皮卡	罗纳德·温特	主席	100000	—	100000
	罗伯特·考德威尔	副主席	85000	—	85000
圣弗朗西斯科	提摩西·克里斯曼	主席	95000	—	95000
	约翰·卢卡特	副主席	89653	—	89653
西雅图	威廉·汉弗莱斯	主席	60000	—	60000
	克雷格·达尔	副主席	55000	—	55000
财务办公室[①]	罗纳德·维斯曼	主席	125000	—	125000

①迪恩·舒尔兹（Dean Schultz）先生——圣弗朗西斯科CEO和总裁，担任联邦住宅贷款银行董事会的副主席。根据联邦住房金融局的规定，担任联邦住宅贷款银行董事会董事的联邦住宅贷款银行总裁不得收取任何额外的薪酬或报销。

第三章

法国国有企业高管薪酬

第一节 法国国有企业

法国的国有企业私有化运动不是简单地完全出卖企业,而是出卖公司部分股票。经过两次大规模的私有化运动后,国有经济份额大幅度下降。原则上,国有企业将逐步从竞争性领域退出,涉及国家战略利益的行业和公用事业将继续由国家控制。法国国家统计及经济研究所(INSEE)网上公布的统计数据显示,目前,国有企业的总数为1143家,其中绝大多数是参股企业,国有独资或控股企业极少。国家控股管理局(APE)是法国专门成立的一个负责管理政府在企业中的股份的管理机构。2012年10月,此机构主要管理以下企业中属于政府的股份。

法国主要国有企业基本情况见表3-1。

表3-1 法国主要国有企业基本情况

编号	企业名称	国家控股比例(%)	除政府外,公共部门股份所占的比例(%)	营业额(百万欧元)	企业整体的净收入(百万欧元)	员工(人)
1	巴黎交通自治管理局	100	0	4983	339	47789
2	法国国营铁路公司	100	0	32645	150	240978
3	敦刻尔克大海港	100	0	75	12	450
4	乐阿弗尔大海港	100	0	179	-5	1391
5	马赛大海港	100	0	167	2	1471

续表

编号	企业名称	国家控股比例（%）	除政府外,公共部门股份所占的比例(%)	营业额（百万欧元）	企业整体的净收入（百万欧元）	员工（人）
6	南特-圣纳泽尔大海港	100	0	71	-17	695
7	巴黎自治港	100	0	81	15	233
8	鲁昂大海港	100	0	70	10	541
9	法国铁路运营商	100	0	4981	222	1299
10	国家印刷局	100	0	146	17	566
11	法国生物制药集团（LFB）	100	0	432	-7	1835
12	巴黎印钞局	100	0	159	18	498
13	外国外部视听电台	100	0	275	-4	1553
14	法国电视台	100	0	3108	6	10732
15	法国广播	100	0	633	7	4218
16	奈克斯特	100	0	846	164	3011
17	国家爆炸物制作公司	100		314	166	2912
18	法国佛雷瑞斯隧道公路建设公司	99.9	0	110	232	296
19	法国电力公司	84.4	0	65307	3246	158764
20	法国国家邮政	77.1	22.9	21341	467	276555
21	法国博彩公司	72	0	1361	89	1405
22	勃朗峰高速公路及隧道（ATMB）	67.3	24	162	45	446
23	海上建设指挥部	63.6	0	2624	179	12226
24	波尔多-梅里涅珂机场	60	40	56	8	193
25	尼斯-蓝色海岸机场	60	40	189	9	579
26	里昂机场	60	40	189	9	502
27	蒙特利埃-地中海机场	60	40	22	2	91
28	图卢兹-布拉尼亚克机场	60	40	105	5	293
29	留尼汪-罗兰-加洛斯机场	60	40	47	3	293
30	巴黎机场	54.54	0	2502	347	12218
31	国际防务理事会（DCI）	49.9	0	166	-8	617

续表

编号	企业名称	国家控股比例(%)	除政府外，公共部门股份所占的比例(%)	营业额(百万欧元)	企业整体的净收入(百万欧元)	员工(人)
32	法国主权财富基金(FSI)	49	51	744	608	47
33	法国燃气苏伊士集团	36.71	3.1	90673	5420	236116
34	翰吉斯国际市场	33.34	23.39	92	9	213
35	塞峰集团	30.2	0	11658	644	53407
36	法国Arte电台	25	75	165	2	564
37	法国航空－荷兰皇家航空集团	15.88	0	24363	-805	102012
38	雷诺	15.01	0	42628	2139	124749
39	阿海珐	14.33	78.5	8872	-2567	47851
40	法国电信	13.45	13.5	45277	3828	161392
41	德克夏银行	5.7	17.6	-4383	-11641	27148
42	泰雷兹集团公司	0.06	27	13028	512	63734

第二节　法国国有企业高管薪酬监管

法国为确保国企的高管能够真正代表出资方——法国政府的利益，做出特殊规定：大型国企的董事长是公务员，由总理任命，享受公务员待遇；总经理不是公务员，由董事长招聘，工资收入由财政部确定，没有统一标准，根据企业规模、职工人数、营业额等因素计算，没有浮动部分，也不实行年薪制；财政部的公务员不能到曾管辖过的国企任职；高级行政官员到国企任职，在国家行政法院存有专门卷宗，并受到法院的严格审查[1]。

法国政府2012年6月13日正式公布薪酬框架管理政策的具体细节，自7月开始，52家法国国企高管实施工资封顶，封顶值为45万欧元，相当于最低工资的26.7倍[2]。据一项调查显示，4/5的法国民众对这项政策表示赞同。这个计划主要针对以国家为主要股东的企业，包括法国电力公司、阿海珐、法国国家邮政和法国国营铁路公司等，国有企业高管的报酬将由各公司内部管理机

---

[1] 网易财经评论，2012年10月22日。
[2] 当年的全国最低工资标准为1400欧元/月。

构讨论，因公司而异，从2012年或2013起逐步封顶。"扩大法令的适用范围，把巴黎机场和国营罗讷河公司纳入法令""国有企业高管薪酬由经济部长负责监管，工业性质和商业性质公共机构的高管薪酬由预算部长监管"。此外，政府还打算对所有企业公司领导人的额外报酬进行更加严格的规制，如激励性股权、巨额离职费和高额补充退休金等。

第三节 法国国有企业高管薪酬水平

法国的国有企业高管薪酬实行差异化的分类管理。从竞争性上划分，一类是竞争性国企，薪酬水平原则上参照私营企业，但实际上往往低于民营企业；另一类是垄断性国企，其高管薪酬参照公务员进行管理[①]。

因此，法国公共部门和私营部门的工资差距不大。根据法国国家统计与经济研究所公布的2013年"工作与工资"的研究数据，2010年，私有企业全职工人的平均工资提高到25020欧，国家公务员的工资为29100欧，在职工人年平均工资为20720欧。工人实际工资为18080欧，干部为47550欧。2011年，按私营企业领薪职工人数计算的平均工资（SMPT）增长了0.4%，公共领域人均收入却下降了0.3%。

法国管理人员平均月工资水平同其他在职人员工资对比见表3-2。

表3-2 法国管理人员平均月工资水平同其他在职人员工资对比（全职月工资）

单位：欧元，%

	总工资			扣税后净工资			人员分布	
	当期欧元		不变价欧元	当期欧元		不变价欧元	2010年	2011年
	2010年	2011年	变化比	2010年	2011年	变化比		
总体	2764	2830	0.3	2081	2130	0.2	100.0	100.0
管理层	5350	5385	-1.4	3964	3988	-1.5	17.2	17.5
中级职业	2857	2910	-0.2	2143	2182	-0.2	20.8	19.6
普通雇员	1975	2049	1.6	1503	1554	1.3	29.8	30.5
工人	2051	2137	2.1	1569	1635	2.1	32.2	32.3
男性	3001	3064	0.0	2266	2312	0.0	59.0	59.1
女性	2424	2493	0.7	1815	1865	0.6	41.0	40.9

资料来源：全国统计及经济研究所，全年社会数据报告（第12期）。

---

① 卫祥云：《国企改革新思路》，电子工业出版社，2012。

从国有企业高管的身份上划分，一是公务员身份的国企高管，被派驻到不同行业、不同地区的高管，薪酬基本相同，即使增加了按照业绩实行的奖励薪酬，其与公务员工资也相差不过 2~3 倍；二是市场招聘的国企高管，其薪酬水平主要参照私营企业薪酬水平进行确定。

2011 年按不变价欧元计算月净工资分布及 2010~2011 年变化比例见表 3-3。

表 3-3　2011 年按不变价欧元计算月净工资分布及 2010~2011 年变化比例

十分比	总体 2011 年	变化比例	男性 2011 年	变化比例	女性 2011 年	变化比例
第一个十分之一	1170	0.3	1226	0.3	1120	0.1
第二个十分之一	1305	0.2	1378	0.1	1230	0.2
第三个十分之一	1428	0.2	1515	0.1	1330	0.2
第四个十分之一	1559	0.1	1657	0.1	1436	0.2
第五个十分之一（中间级）	1712	0.1	1820	0.1	1562	0.1
第六个十分之一	1920	0.1	2024	0.1	1724	0.1
第七个十分之一	2156	0.1	2309	0.1	1948	0.1
第八个十分之一	2569	0.4	2794	0.2	2270	0.5
第九个十分之一	3400	0.5	3733	-0.1	2909	1.1
百分之九十五	4356	-0.4	4857	-1.0	3601	1.0
百分之九十九	7817	-0.1	9017	-0.3	5823	0.8
平　均	2130	0.2	2312	0.0	1865	0.6

资料来源：全国统计及经济研究所，全年社会数据报告（第 12 期）。

2011 年，法国国有企业中收入最高的是投资银行家①，前任威立雅财务执行官，后受聘于亨瑞·普罗里格出任法国电力财务主管的托马斯·桑顿，2011 年，个人收入高达 130 万欧元。同样也是投资银行家出身，法国电力公司能源公司的前执行官大卫·科尔夏，2010 年薪酬就高达 110 万欧元。而根据法国"限薪令"，法国电力公司高管薪酬显然是在限薪范围之内的。除此之外，还有阿海珐集团的吕克·乌塞尔（70 万欧元年薪）、法国邮政的让-保罗·贝利（61 万欧元年薪）和法国巴黎机场的首席执行官彼得·格拉夫（73.6 万欧元年薪）。但也有很多国企高管的工资不受限薪影响，因为他们的年薪本就低于

---

① http：//www.Latribune.Fr/entreprises-finance/industrie/energie-environnement/20120612trib000703513/henri-proglio-le-patron-du-secteur-public-qui-a-le-plus-a-perdre-.Html.

45万欧元。目前50家国企的70名高层，只有20位的工资高于这个数字[①]。

2013年2月，法国电力公司员工就企业高管、员工薪酬和福利被审计法院批判[②]。原因是在2004年成为股份有限公司后，法国电力公司采纳了私营部门关于业绩奖金、员工股票分发的做法，而无视了自身公立公益机构的性质。根据法国电力公司网站公布的薪酬结构，其除了为员工支付13个月的固定工资外，还支付与个人业绩、集体业绩相关的灵活部分，职位带来的额外补助、退休储蓄金、社会保障以及以一些特殊优惠政策（社会、家庭等方面）。据审计法院的法官讲，法国电力公司效益一般，而且不少效益参数很差，比方说他们的营业额、负债情况或股票价值都不好，但事实上，在法国电力公司工作的员工，并不像私营企业的员工那样，不管其收益如何，他们自2008年起总酬劳的增加速度没有减慢。根据审计法院调查，2005~2010年，法国电力公司总经理的总薪酬已增加了2.35倍。除此之外，在2006~2009年间，有一项定期发放的额外工资补助，并且这项补助能高达固定工资的70%。审计法院对于2005~2011年针对国营企业的薪酬政策定论为："快速发展，利益积累，但与成果没什么关系。"

而一些公司的高管或干部的薪酬待遇可能并不优厚。比如法国国营铁路公司总裁纪尧姆·佩皮，其薪酬就没受到限薪政策的影响，因为他的年薪本来就只有25万欧元。

之所以会是这个标准，是因为佩皮是公务员身份。在出任法国国营铁路公司总裁前，佩皮担任过多个政府部门主任，也在法国国营铁路公司工作过多年，2008年被法国时任总统萨科齐任命为法国国营铁路公司总裁。因为是从公务员身份转到企业，所以他的年薪仍然参考公务员水平制定。尽管如此，他的薪酬比法国最高公务员——总统的年薪也高出了1/3还多。

法国限薪令在社会上引起了强烈的反响，比如，有人担心为了留住人才，企业将会使用各种附加收入来钻法律的空子，如会议车马费、分红或股权等。以往这部分隐性收入大约占企业高管总收入的30%甚至更多。

法国高管聘任领域的专家佛罗伦斯·马涅女士认为"限高令"根本是

---

① http：//lexpansion. lexpress. fr/economie/salaire-des-patrons-a-quoi-correspond-le-plafond-de – 450 – 000 – euros_ 302607. html.
② 《为什么法国电力公司员工被审计法院批判》, http：//lexpansion. Lexpress. Fr/entreprise/pourquoi-les-salaires-d-edf-sont-critiques-par-la-cour-des-comptes_ 372070. Html.

"荒谬的"。她指出，在某些领域，法国国企管理人员的薪酬已经要比私有企业低30%~40%，应聘人选已经少得可怜，根本无法吸引最好的人才。如果国家进一步对这些隐性收入加以管束，法国国企高管的薪酬将远远低于国际人才市场水平，还将加速那些比总经理薪酬更高的人才向海外流失。

针对这种批评和担心，财政部部长莫斯科维奇称："我不担心人才流失，45万欧元的年薪足够为我们的公共企业招到优秀人才。"他还表示，"针对国家未控股的企业，我将向国家代表下达确定的指令，让他们提出同样的要求"。

案例1

法国电力公司工作人员薪酬制度

该公司法国总部设在巴黎，是世界上最大的电力生产商，2010年营业收入为652亿欧元，业务涵盖发电和配电，电厂的设计、建造和拆除，能源贸易和运输等。在欧洲、南美、北美、亚洲、中东和非洲有多元化的投资组合。2011年，它生产了欧盟电力的22%，主要来自核电。2010年拥有员工158842人。

法国电力公司的薪酬与员工责任感、工作能力、专业水平以及团队精神息息相关。公司就个人和团体取得的业绩情况发放工资，也会考虑公司整体取得的业绩。同样也会给员工提供不错的津贴。

法国电力公司的薪酬制度建立在以下三大原则上。

完整性。除了支付13个月的固定工资，还支付与个人业绩、集体业绩相关的灵活部分，职位带来的额外补助，退休储蓄金，社会保障，以及以一些特殊优惠政策（社会、家庭等方面）。

平衡性。薪酬支付依赖于直接工资、延时薪酬和其他不以现金体现的福利之间的平衡。因此，工资以外的因素平均占报酬总额的1/3。

发展性。用于扩大薪酬中的灵活部分，这部分主要是与业绩和发展有关的养老金、社会保障以及特殊补助，如年轻职员的住房或分摊职工孩子的抚养费用。

2010年法国电力公司的工资情况如下。

年平均工资[①]：40822欧元（以13个月为基础）。

---

① 法国电力公司网站，http：//www.Edfrecrute.Com/page.Php？Id_ pag（e=232。

基层员工：24244 欧元（2009 年为 24051 欧元）。

基层生产管理人员：33119 欧元。

公司管理人员：54655 欧元（以 13 个月为基础）。

年工资分级起薪情况如下。

- 拥有专科毕业文凭和职业学校毕业文凭的职员：20458 欧元。
- 拥有中学毕业证书和业士学位的职员：21280 欧元。
- 拥有本科职业培训文凭：24990 欧元。
- 拥有学士学位的职员：28770 欧元。
- 拥有硕士学位的职员：35033～42542 欧元。

文凭要符合公司标准，得到公司承认。

实习生：所有实习期超过两个月的实习生都有奖金。津贴额根据之前的培训情况分为 400～1300 欧元不等。

为了激励员工和加强企业凝聚力，法国电力公司实行将企业分红并入年度结算的工资制度。包括企业分红、储蓄工资、职工股东制及一些社会福利，主要考察员工责任感、个人业绩和团队表现。

2010 年，法国电力公司在与法国工人民主联合会、法国职员管理人员联合会和执行人员总工会、法国总工会、天主教工会联盟签订的协议框架中上调了工资，这也将 2009 年的基本工资政策补充完整了。整体或个体的各类政策最终让公司工资总额平均增长了 4.4%。

职工分红。法国电力公司的职工分红由三个部分组成。它是建立在职工们一致认同的标准和目标基础上的。在七项标准中有五项与可持续发展相关。三项环境方面的标准（降低第三工业区的电力消耗、工业搬迁计划、废品再利用）、道德标准（对企业精神的认知）、社会标准（同情和预防歧视行为），职工们可以选择领取分红或者将其用于团体储蓄或者共同退休基金。

时间储蓄账户。关于时间储蓄账户的一些协议已经在主要法国公司中商定，尤其是法国电力公司、法国电网输送公司和法国高压电力分配公司。他们的时间储蓄账户在 2010 年 12 月 31 日升值到了 518600000 欧元。

储蓄工资制度。储蓄工资计划是面向法国电力公司员工，而该计划至少有 40% 由法国电力公司持有。在储蓄工资计划中直接或间接地，公司支付给员工丰厚的工资。2010 年，由法国电力公司、法国电网输送公司和法国高压电力分配公司支付的储蓄工资计划的总金额已达到了 12440 万欧元。法国电力公对于集体退休金的储蓄工资计划是针对在储蓄工资计划中有相同情况的员工。它包含两项融资资金：连带经济的多企业共同投资基金和长期适用于储蓄的投资基金，自 2009 年 9 月实施以来，2010 年底总集资 11100 万欧元。2010 年，由法国电力公司、法国电网输送公司和法国高压电力分配公司支付的总工资达到了 2190 万欧元。

员工股份制。法国电力公司的在职员工和退休职工在 2010 年 12 月 31 日持有 4400 万欧元以上的该公司的证券（2.39% 的公司资本）。在储蓄计划当中，储蓄工资计划的领导持有大多数的证券。

社会补助保护措施。储蓄工资计划里的在职员工享受针对以下几点的社会补助保护：自 2008 年 7 月 1 日起实施的残疾补贴、自 2009 年 1 月 1 日起的死亡基金和教育回馈（互助基金），自 2009 年 1 月 1 日起企业对于额外退休工资制度的完善（法国电网输送公司于 2010 年 10 月 1 日实施），自 2011 年 1 月 1 日起对于医疗额外补助。

案例 2

法国电视台工作人员薪酬

法国电视台是法国国家公共传播媒体，由法国电视二台（France 2）、法国电视三台（France 3）、法国电视四台（France 4）、法国电视五台（France 5）和法国电视零台（France 0）共同组成，覆盖法国 24 个地区，其资金来源主要为电视许可证和广告收入。

尽管引入了竞争机制，但法国电视台在法国公共媒体传播领域仍然占据最主要的地位。作为国有企业，法国电视台践行社会责任，积极吸纳残疾人就业。

表 3-4 为法国电视台不同职位职员薪酬系数和水平。

表 3-4 法国电视台不同职位职员薪酬系数和水平

单位：欧元

职责	工资 系数	工资 总工资
国家编辑部的主编	2300	10649
国家编辑部副主编	2000	9260

续表

职责	工资系数	总工资
区级编辑部总主编	1840	8519
国家编辑部处长	1755	8126
负责出版编辑的区编辑部副主编	1590	7361
驻地记者、编辑、副编辑	1460	6760
常任特派记者	1460	6760
国家编辑部的语言部负责人	1430	6621
副处长,出版部主任	1430	6621
国内外交流协调人	1430	6621
专业记者	1280	5926
图像记者,双语记者	1170	5417
摄影记者,绘图记者	1120	5186
区内外交流协调人	1120	5186
速记编辑,编辑记者	1070	4954
从第13个月到第24个月的实习生	1020	4723
从第一月到第12月的实习生	920	4260

资料来源:法国电视台网站。

案例 3

法国广播电台工作人员薪酬

法国广播电台是法国公共广播媒体。法国广播电台的两大任务是创建和扩大旗下所有站台以及对 4 个乐团的广播管理,这 4 个乐团包括:欧莱雅法国国家管弦乐团、爱乐乐团法国广播、法国电台合唱团以及法国电台合唱团学校的儿童和青少年合唱团。

法国广播电台不同工作年限职员薪酬水平见表 3-5。

案例 4

法国巴黎机场工作人员薪酬

巴黎机场目前在法兰西岛地区拥有并管理 14 个民用机场,包括著名的戴高乐国际机场、奥利机场和布尔歇机场,总部设在巴黎的第 14 区。

它建立于 1945 年,2005 年 4 月 20 日它由一家国家所有的企业变成了一家

表 3-5　法国广播电台不同工作年限职员薪酬水平

单位：欧元/月

工作年限 职位	低于3年	3~5年	5~8年	8~12年	12~17年	17~25年	25年以上
编辑记者	2160.28	2375.87	2494.00	2569.30	—	—	—
专业新闻双语记者	2321.23	2560.44	2688.91	2768.64	—	—	—
代表编辑	2321.23	2560.44	2688.91	2768.64	2852.81	—	—
主编、一级通信员、一级导播员、一级专栏代表、调度员	—	—	2910.40	2997.52	3087.59	3180.62	3275.12
一级发行代表、二级通信员、二级导播员、二级专栏代表、后勤人员、助理主管 Adjoint	—	—	3145.18	3239.68	3337.14	3437.55	3539.43
一级主编	—	3353.38	3521.71	3628.03	3735.82	3848.05	3963.22
处长	—	—	3521.71	3628.03	3735.82	3848.05	3963.22
二级发行代表、三级通信员、三级导播员、三级专栏代表、主编助理	—	—	—	3628.03	3735.82	3848.05	3963.22
二级主编、三级发行代表、四级通信员、四级导播员、四级专栏代表、五级导播员、五级主编助理	—	—	—	3808.18	3923.35	4025.24	4162.56
四级发行代表、五级通信员、五级导播员、五级主编助理	—	—	—	—	4119.74	4242.30	4369.29
四级主编	—	—	—	—	4325.00	4454.93	4587.83
五级主编	—	—	—	—	—	4663.13	4818.18
六级主编	—	—	—	—	—	—	5058.87
一年期实习生	1757.17	—	—	—	—	—	—
两年期实习生	1919.59	—	—	—	—	—	—

资料来源：法国广播电台官网。

公共持股企业，截至 2011 年，法国政府持有该公司 52% 的股份，因此拥有控股权。据法国运输相关法律，法国政府必须保持公司的大股东地位。基于这一转变，该公司可以参与国际合作和投资。2008 年，该公司拥有荷兰史基浦集团 8% 的股票。

根据法国巴黎机场现在和从前男女员工在"正义工资网"上登记申报的工资，其工资数据如下。

平均工资：34883 欧元/年。

最高工资：50000 欧元/年。

最低工资：12000 欧元/年。

平均工资（男/女）：33622/38667 欧元/年。

最高工资（男/女）：43000/50000 欧元/年。

最低工资（男/女）：12000/27000 欧元/年。

巴黎大区平均工资：35860 欧元/年。

外省平均工资：30000 欧元/年。

案例 5

法国博彩公司工作人员薪酬

法国博彩公司是法国国家彩票游戏的运营商，以及 FDJ 自行车队的冠名赞助商。除了彩票游戏，该公司还提供在线游戏和体育博彩，如足球和骑自行车赛等，2013 年成交量为 12350 亿欧元。

随计算机技术和电视的进步，大乐透在 1976 年获得成功，但是，欧洲一体化和新技术如互联网正在改变着这种垄断。法国博彩公司因此被互联网上的彩票或在线巴黎等公司所挑战。法国博彩公司开始与其他欧洲政府彩票公司合作，推出一个共同的绘图游戏，在 2004 年加入这个合作的共有 6 个国家：奥地利、比利时、爱尔兰、卢森堡、葡萄牙和瑞士。

2005 年的法国博彩公司贡献了 2330 亿欧元的收入。2009 年 10 月 28 日，法国博彩公司宣布，简化和加强其形象，使用较短的商品名"FDJ"，同时还推出了品牌与四叶草组合的新的标志。以开放的态度迎接在线游戏的竞争。

根据法国博彩公司员工在"正义薪酬网"上登记申报的工资，该公司

2013 的年平均工资①数据如下。

平均工资：38200 欧元/年。

最高工资：74000 欧元/年。

最低工资：23000 欧元/年。

平均工资（男/女）：47333/24500 欧元/年。

最高工资（男/女）：74000/26000 欧元/年。

最低工资（男/女）：32000/23000 欧元

巴黎大区平均工资：43000 欧元/年。

外省平均工资：31000 欧元/年。

---

① 数据来源：http://www.Lejustesalaire.Com/salaires-societes/salaires-lA-FRANCAISE－DES－JEUX.Php。

第四章

英国国有企业高管薪酬

英国是现代资本主义经济和现代国有企业的发源地,从1657年英国政府创办了世界上第一个国家邮政局开始,英国政府对于国有企业这种组织形式本身和对于完善国有企业管理的探索就未曾间断过。从整体看,国有企业对英国经济的发展做出重大贡献,同时也遇到过一系列问题。多年以来,英国政府经过不断实践,对国有企业实施了反复改造,取得了一些成功的经验。目前,世界上有100余个国家不同程度地借鉴了英国国有企业管理和改造的经验。

第一节 英国国有企业

20世纪以来,随着国家对港务局、电信部门、石油、电力、广播公司和航空公司等的逐步国有化,英国的国有经济得到了迅速的扩张。1978年,英国的国有经济总量规模达到历史最高峰,占GDP总量的10.5%,就业人数占全国就业人数的8.1%。从部门分布来看,军事和航天工业占100%,公共服务业(广播、邮政)占100%,基础设施产业(电信、电力、煤气、自来水、铁路和航空运输)占100%,基础工业(煤炭、矿业和钢铁)占75%,制造业(汽车、造船、机械和电子等)占8%。

撒切尔夫人领导的保守党政府执政以后,从1979年开始到1997年,在英国进行了一场历时18年的私有化运动。从1998年到现在,英国原有的中央企业只剩下为数不多的几家,[①] 包括英国广播公司和英国皇家邮政等。

第二节　英国国有企业高管薪酬监管

英国国有企业董事会成员由持股部门任命（或批准），但是该任命过程必须根据《英国政府部级任命法案》进行。该法案是任命公共部门人员的制度依据，其重点在于保持遴选程序的透明度和连续性。因此，该遴选程序由"任命公职人员的专员办公室"负责实施，当遴选其他董事会成员时，国有企业董事长也是遴选小组成员之一。国有企业高管薪酬由持股部门部长根据薪酬委员会的建议决定，工资与绩效挂钩，高管的薪酬水平一般控制在低于私营部门的水平。

第三节　英国国有企业高管薪酬水平

1979 年发起的两次私有化运动给许多英国的大型企业带来了翻天覆地的变化。人们对这些变革一直争议纷纷，尤其是高管薪酬的大幅度提高引起了公众的不满。各大媒体纷纷报道，《金融时报》在许多文章中记录了这些争议。在国家所有制的条件下，经理层来自一个特殊的劳务市场。而私有化之后，之前的国有企业可以自由地进入竞争市场，这些国有企业迅速被迫向投资者们提供具有竞争性的薪酬和收益。

英国国有企业高管薪酬远低于其他企业，其中，由于水务和电力行业被定义为公用事业企业（Utilities Sectors），其高管薪酬甚至低于其他国有企业。1990 年国有水务和电力公司高管的平均实际薪酬为 45148 英镑，而在其他国有企业中，高管的平均实际薪酬为 75919 英镑，同期上市公司高管薪酬为 140187 英镑。有文件资料证明，在国有企业私有化之前，国企高管的薪酬仅为上市企业高层薪酬的一半，并且决定其薪酬水平的因素更为官僚主义：无绩

[①] 根据《外国国有企业改革研究》（李俊江、侯蕾，经济科学出版社，2010），现英国国家所有的企业包括 3 家：中央银行的英格兰银行、BBC 的公共频道部分和英国皇家邮政。根据维基百科，英国的央属国有企业包括英国广播公司、第四频道电视总公司、英国皇家邮政公司、东海岸火车、NATS 控股（正在被私有化）、国家核实验室、伦敦和欧洲大陆铁路公司、铁路网络公司和国家卫生服务公司 9 家。

效工资，高管之间及公司上下的薪酬变化较少，仅存在系统性的增龄加薪。

英国国有企业高管薪酬水平（见表4-1）通常低于私有企业大公司CEO的薪酬水平，并且其内部薪酬差距也明显低于私有企业。2007年度英国邮政董事会执行董事兼CEO的薪酬总额约为99.9万英镑，董事会执行董事平均薪酬为56万英镑，英国邮政雇员人均年薪酬总额为3.6万英镑左右，董事平均薪酬是雇员平均薪酬的16倍左右，其中，CEO年薪是雇员平均薪酬的28倍。另据统计，2006年英国富时100指数公司首席执行官的平均薪酬达到317万英镑，而一般雇员平均年收入约为2.5万英镑，两者相差近126倍；私有企业高管人员不论是薪酬水平还是与雇员薪酬差距都明显高于国有企业同类人员。

表4-1 英国国有企业高管薪酬水平

单位：万英镑

国有企业高管		本企业职工		
薪酬水平	时间及备注	平均工资	时间及备注	社会平均工资
英国邮政董事会执行董事平均薪酬	133.0	2013年英国皇家邮政董事会主席和执行董事平均年薪133万欧元	4.0	2004年英国邮政雇员人均年薪3.6万英镑左右	2.7
英格兰银行高管平均薪酬	38.0	2013年英格兰银行行长副行长平均年薪37.9640万欧元	—	—	

部级或副部级公务员				
时间及备注	工资	时间及备注	相当于本企业职工平均工资倍数	相当于社会平均工资倍数	相当于部级或副部级公务员平均工资倍数
2010年英国粗分行业中，制造业职工平均工资2.9171万英镑。据英国国家统计局提供的最新数据显示，2013年英国企业普通工人领到手的平均年薪为2.7万英镑（股城网）	15.0	2010年英国政府各部职务最高官员年收入15万~20万英镑不等	33.3	49.3	8.9
			—	14.1	2.5

资料来源：根据2014年英国邮政公司和英格兰银行年报及相关网站数据整理。

表4-2为主要市场经济国家国有企业高管任命程序及薪酬水平，可以看出，相对于其他国家，英国持股部门对于国有企业高管薪酬的管控属于较为紧密的国家。

表4-2　主要市场经济国家国有企业高管任命程序及薪酬水平

	国企数量（家）	国有企业高管任命程序		国有企业高管薪酬水平		
		任命程序	任命首席执行官的权力	由谁决定	薪酬结构	与私营部门高管水平相比
英国	80	根据英国政府《公共机构部级任命实务守则》进行公开竞聘。董事长为任命小组成员	由持股部长根据任命小组的建议任命	由持股部长根据薪酬委员会的建议决定	工资，与绩效挂钩的激励薪金	总体较低
丹麦	30	董事会决定	由董事会任命	董事会决定	主要是基本薪酬，但是大部分都有绩效奖金	总体较低
韩国	35	董事会设立一个由外部董事组成的委员会向总统推荐一个候选人	由政府任命。有关部长批准合同，总统有权任命首席执行官。政府投资公司的首席执行官由全体股东大会任命	由董事会决定	通常与经营效益挂钩	较低
匈牙利	—	按照公司法，依据所有权比例提名	由股东大会任命	由股东大会决定	取决于公司的规模和业绩情况	总体较低
瑞典	58	有关政府部委和董事长在任命之前要进行协商	由董事会任命（董事会中有1人代表有关政府部门）	由董事会根据特定公共指导原则决定	工资、奖金、医疗保险和养老金计划	指导原则规定，薪酬应该有竞争力，但是总体上不得高于相对应的私营部门
新西兰	37		由董事会任命（需按照政府期望）	董事会决定（按照政府期望的上限和下限）	绩效薪金不普遍	有竞争性，但比私营部门水平略低

续表

国家	国企数量（家）	国有企业高管任命程序		国有企业高管薪酬水平		
		任命程序	任命首席执行官的权力	由谁决定	薪酬结构	与私营部门高管水平相比
瑞士	—	根据董事会制定的国有企业章程建立	由董事会任命	由董事会决定	基本薪酬、绩效薪金	低于私营部门工资水平
土耳其	40		由相关部长、总理和总统联合任命	由高等计划署决定	固定工资，但不与绩效挂钩（包括工资、奖金、养老金和医疗保险）	低于私营部门工资水平
西班牙	41		由董事会根据国有资产总局和主管部长的建议任命		大部分薪酬是固定的，也有与绩效挂钩的部分	总体较低
芬兰	55		由董事会任命；国家只以股东角色介入	董事会决定奖金方案；国家作为所有者制定激励方案	部分薪酬几乎都是绩效薪金	略低，但有一定竞争性
加拿大	100	大部分由主管该公司的政府部长提议，经与董事会协商后，由国家任命；2004年后颁布了新的任命程序，由公司启动任命程序，确定合适人选并向国家推荐	除极少数例外情况，由国家任命首席执行官。2004年开始实施的新任命程序要求公司启动任命程序，议会对推荐人选进行审核	国家通常根据独立咨询委员会提出的意见，决定薪酬系列和年度最高奖金；国家根据董事会和主管部长的建议，每年决定工资和奖金的变动	工资加上年度奖金；董事会在与国家沟通后，可参照公共部门和私营部门的标准，决定非薪酬福利水平	必须参照公共部门和私营部门的实际情况
挪威	30		首席执行官由董事会在咨询公司的协助下任命；主要高管人员由首席执行官任命	由董事会决定，但有关政府部门制定薪酬组成和水平	全面薪酬，包括养老金权利	有竞争性，但不是最高
荷兰	45		监督董事会负责（遴选和任命）	得到董事会批准后，由监督董事会决定		与私营部门水平相当

续表

	国企数量（家）	国有企业高管任命程序		国有企业高管薪酬水平		
		任命程序	任命首席执行官的权力	由谁决定	薪酬结构	与私营部门高管水平相比
德国	38	年度股东大会	所有高管人员都由监督董事会选举产生（除规模较小的有限公司外）	由监督董事会决定（除规模较小的有限公司外）	基本薪酬、绩效年薪	非竞争领域内的公司（大多规模较小）薪酬低于私营部门，竞争性领域薪酬水平与私营部门相当
日本	78		由董事会任命，选任需要得到财政大臣或公共管理大臣的批准	对于日本电信公司，董事会在特殊限制下决定；对于日本电报电话公司，公司自己决定	绩效薪金不普遍	低于私营部门
斯洛伐克共和国	115	国有公司创始人组建遴选委员会，其中至少有一名成员由职工选举产生	由创始人任命	由公司创始人决定	基本薪酬加董事根据利润份额获得的年度奖金	国有企业董事会成员薪酬不得超过全国平均工资水平的5倍
波兰	—		由监督董事会任命	监督董事会根据《薪酬法》决定		一般国有企业董事会成员薪酬不得超过行业平均工资水平的6倍；只有非常重要的国有企业董事会成员可比行业平均工资水平的6倍还高
法国	98		大型国企董事长是公务员，由总理任命，享受公务员待遇；总经理不是公务员，由董事长招聘	高管薪酬由财政部确定，没有统一标准，根据企业规模、职工人数、营业额等因素计算，没有浮动部分，也不实行年薪制		国有企业领导人的工资不得超过45万欧元，同时，国企领导人的最高工资不得超过企业员工平均最低工资的20倍

续表

	国企数量（家）	国有企业高管任命程序		国有企业高管薪酬水平		
		任命程序	任命首席执行官的权力	由谁决定	薪酬结构	与私营部门高管水平相比
美国	约50	美国各级国有企业只向联邦、州和市镇议会负责，高管任免及薪酬都必须经过同级议会审查批准		国企高管薪酬一般由专门法案确定	高管薪酬与企业经营业绩挂钩，企业经营业绩由审计署经过严格的审计后确认	美国国有企业基本上都是国家公益性企业，执行相当级别公务员工资，一般远低于私营部门*

* 按照《美国法典》第 5 部分第 51 章规定，全国房主基金会和全国铁路客运公司高管薪酬执行 2012 年美国联邦高级公务员基本工资执行表上的一级公务员工资水平（执行同级别工资的政府官员包括国务卿、财政部部长、国防部部长、总检察长、内政部部长、农业局局长、商务部部长、劳动局局长、教育部部长、住房和城市发展局局长等）；公共广播公司、联邦住宅贷款银行和千年挑战公司高管执行工资表上的二级公务员工资水平（执行这一级别工资的政府官员除了执行一级公务员工资政府官员的副职外，还包括国家反恐中心主任、国家反扩散中心主任等）。

资料来源：除法国、美国外，其他国家资料均来自《国有企业公司治理：对 OECD 成员国的调查》附录 6 "有关首席执行官任命和薪酬的综合描述"以及第六章 "国有企业的董事会"（经济合作与发展组织，中国财政经济出版社，2008）。法国、美国资料根据人力资源和社会保障部劳动工资研究所整理。

案例 1

英格兰银行的薪酬情况

英格兰银行成立于 1694 年，是英国的中央银行。

英格兰银行行长、货币政策委员会（Monetary Policy Committee，MPC）、财政政策委员会（Financial Policy Committee，FPC）成员以及独立董事的薪酬由薪酬委员会建议，监督委员会决定。

CEO 及执行董事的薪酬由薪酬委员会建议，理事会决定。银行内薪酬结构的重大调整，包括退休金计划的调整，也应由薪酬委员会提供建议。

英格兰银行的薪酬政策

薪酬委员会的政策根据银行需要，对工资、福利以及其他服务条件做出规定。委员会在重视银行在公共部门这一特殊地位的同时，会对招聘优秀人才有影响的与其他企业的工资水平对比情况加以考虑。例如，必要时委员会会聘请外部顾问对整个银行每个人的职责与工资进行评估。上次这种评估于 2006 年由韬睿惠悦咨询公司（Towers Watson）进行。

根据 2006 年的评估结果，银行行长的薪酬在 375000 英镑/年至 400000 英镑/年间，副行长为 315000 英镑/年（退休金额度较低）。新任行长或副行长均参加银行退休基金的任期平均退休金计划，但可以选择退出该计划并获得 30% 的补充工资，以替代退休金。行长无绩效工资。根据银行政策，银行可以根据需要对高管人员的搬迁予以补偿，如 2012 年银行曾将行长 Carney 先生及其家人从渥太华搬迁到了伦敦。搬迁过程中的采购和支出由银行负责。搬迁的最终成本为 102816 英镑，这些成本需纳税费由银行承担。

行长由女王任命，任期 8 年并且不可连任，副行长也由女王任命，任期 5 年，可连任 1 次。行长无终止条款，但有为期 3 个月继续受雇于银行的"隔离"期，在此期间行长不再担任银行政策委员会的成员，但仍需遵守银行的行为守则，包括雇佣限制。

薪酬水平

现任行长的薪酬安排于 2013 年 1 月协商并宣布，并在 2012 年度的年度报告中做了说明。行长的薪酬定为 480000 英镑/年，可参加银行任期平均退休金计划或 30% 的代替薪金。虽然薪酬和退休金的组合方式有所不同，但该薪酬水平与上一任行长相当。

银行每年对行长及副行长的薪酬进行一次评估。在 2014 年的评估中，行长薪酬保持不变。副行长的薪酬自 2010 年起一直为 258809 英镑/年，自 2014 年 3 月 1 日开始上调 2%。

根据理事会的退休金计划，成员服务 20 年后，在 60 岁退休时，退休金最高可为工资的 2/3。

应纳税福利

薪酬委员会还会对行长的其他福利进行评估。例如，根据行长 Carney 先生就职时申报的信息，为体现从渥太华搬迁到伦敦后生活成本的增加，Carney 每年有 250000 英镑的住房补贴。截至 2014 年 2 月 28 日，其他非工资福利主要为医疗保险和体检。

非执行董事的薪酬

按照《1998 年英格兰银行法》的规定，非执行董事的薪酬经财政大臣批准后，由银行决定。

自 2009 年 6 月 1 日，董事的薪酬定为每年 15000 英镑，委员会主席的薪酬定为每年 20000 英镑，高级独立董事为每年 25000 英镑，理事会主席为每年

30000英镑。2013年，理事会薪酬增加至每年48000英镑，增加后的薪酬自2014年7月新主席继任时生效。银行不向非执行董事提供任何退休后福利或医疗福利，也不对其在委员会提供的服务支付任何额外费用。银行报销相关的差旅费和生活费。英格兰银行高管薪酬水平见表4-3。

表4-3 英格兰银行高管薪酬水平

单位：英镑/年

高管时间	行长Carney先生 2013~2014	行长Carney先生 2012~2013	副行长King先生 2013~2014	副行长King先生 2012~2013	副行长Bailey先生 2013~2014	副行长Bailey先生 2012~2013	副行长Bean先生 2013~2014	副行长Bean先生 2012~2013
基本工资	320000	—	178131	305368	253127	—	258809	258809
费用	—	—	—	—	—	—	—	—
工资和费用	320000	—	178131	305368	253127	—	258809	258809
应纳税福利	167680	—	36890	3929	11356	—	1670	1705
退休金	98330	—	—	—	—	—	116630	73440
退休金替付款	—	—	—	—	75938	—	—	—
退休金	98330	—	—	—	75938	—	116630	73440
薪酬总计	586010	—	215021	309297	340421	—	377109	333954

高管时间	副行长Cunliffe先生 2013~2014	副行长Cunliffe先生 2012~2013	副行长Tucker先生 2013~2014	副行长Tucker先生 2012~2013	非执行董事 2013~2014	非执行董事 2012~2013
基本工资	86270	—	228615	258809	—	—
费用	—	—	—	—	150000	150000
工资和费用	86270	—	228615	258809	150000	150000
应纳税福利	584	—	5616	4411	15458	17356
退休金	—	—	—	166310	—	—
退休金替付款	25681	—	—	—	—	—
退休金	25681	—	—	166310	—	—
薪酬总计	112535	—	234231	429530	165458	167356

英格兰银行高管退休金情况见表4-4。

表4-4 英格兰银行高管退休金情况

高管	截至2014年2月28日的应计退休金（英镑/年）	截至2013年2月28日的应计退休金（英镑/年）	应计退休金增加情况（英镑/年）	退休年龄
行长Carney先生	4900	—	4900	65
副行长Bean先生	119200	110900	8300	60
副行长Tucker先生	161100	157700	3400	60

货币政策委员会、财长政策委员会和审慎政策委员会成员的薪酬

货币政策委员会（MPC）、财长政策委员会（FPC）和审慎政策委员会（PRA）是英格兰银行的三个附属政策委员会。MPC 和 FPC 成员由财务大臣任命，PRA 成员由理事会任命，其薪酬由监督委员会决定。这些成员任期 3 年，属于兼职性质。任职期间，不得保留或接受其他与其银行职责相冲突的任命或利益关系。

2013~2014 年度，MPC 外聘成员的薪酬为 133091 英镑，FPC 成员及 PRA 独立董事的年薪为 77520 英镑。2014 年 2 月，委员会根据过去的经验，对委员会每名成员的工作时间做了评估，决定将 MPC 成员的薪酬增加到 135751 英镑/年，FPC 成员的薪酬增加到 90698 英镑/年，PRA 成员的薪酬增加到 102326 英镑/年。

三个政策委员会的成员从银行离职时，银行向其支付 3 个月的工资。这 3 个月期间，银行有权否决成员与之前担任的 FPC、MPC 或 PRA 职务有冲突的任何雇佣，并有权要求成员继续遵守相关委员会的行为守则。

首席运营官及执行董事的薪酬与福利

表 4-5 为截至 2014 年 2 月 28 日首席运营官（COO）及执行董事的基本工资和应纳税福利情况。

表 4-5　首席运营官及执行董事的基本工资和应纳税福利情况（截至 2014 年 2 月 28 日）

姓名	年薪（英镑/年）	姓名	年薪（英镑/年）
夏洛特霍格	259756	约翰 霍文	196960
朱利安斯	239343	安德鲁 格雷西	180243
尼尔斯布莱斯	168303	安迪、霍尔丹	189606
拉尔夫科茨	209133	格雷尼姆、尼科尔森	194334
斯宾塞戴尔	189606	乔安娜 派丽斯	170613
约翰·芬奇	220903	克里斯萨蒙	189606
保罗·费舍尔	189606		

上述数据不包括退休金及绩效工资。银行中，执行董事可通过最终薪酬退休金计划（或）银行任期平均退休金计划（2006 年以后加入的人员）获得退休金，并且若达到税限，则可通过额外支付 30% 的工资来替代退休金。

其他高管的薪酬与福利

表 4-6 显示了 2013 年除上述人员之外，英格兰银行薪酬超过 80000 英镑/年的员工的情况。

表 4-6　年薪酬超过 80000 英镑员工的情况（2013 年）

单位：英镑/年，人

薪酬范围	范围内人数	薪酬范围	范围内人数
230000~239999	1	150000~159999	31
220000~229999	1	130000~139999	40
210000~219999	2	120000~129999	44
200000~209999	0	110000~119999	58
190000~199999	9	100000~109999	81
180000~189999	11	90000~099999	143
170000~179999	9	80000~089999	159
160000~169999	18	总计	632
150000~159999	25		

案例 2

英国皇家邮政薪酬情况

英国皇家邮政公司是英国规模最大的企业之一，承担英国及国际主要邮政业务。业务种类除了传统的邮政业务如信函、包裹、快递服务、邮政营业厅等，还包括电子汇款、储蓄、物流和一系列商务礼仪服务等新兴业务，其创新、优质的客户服务使其成为全英第一邮政品牌，拥有约 20 万人的庞大员工队伍，在英国 45 亿~60 亿英镑的邮政市场中，独占 99% 的份额。它在全国均匀分布的 14500 个邮局网点，使全国 94% 的人口在离居住地 1 英里内就有一个邮局。

近年来，英国政府积极推行皇家邮政公司的去皇家化和私有化改革，并逐渐出售其股票。一系列改革使得公司的业绩得以改善，然而，为了节约成本所造成的裁员和服务质量问题也备受争议。同时引起社会不满的，还有其高管过高的年薪收入。

2013~2014 年，持续良好的业绩表现使得公司可以按照薪酬政策发放年终奖并实行长期激励计划（LTIP）。该计划旨在奖励可以为股东们实现可持续收益的优异表现。

根据公司的平衡计分卡，公司在财务、人力以及客户目标实现情况占年终奖的 80%；个人目标的表现由委员会设定并占年终奖的 20%，这一分数同样也很高。

因此，CEO 默娅·格林（Moya Greene）的奖金为工资的 77%；CFO 马修莱·斯特（Matthew Lester）的奖金为工资的 77%；总经理马克希格森（Mark Higson）的奖金为工资的 57%。

在 2013~2014 年，公司超越了 2011 年设下的挑战性业绩目标，将营业利润和资产总额利润率作为 LTIP 的一部分。因此，公司对三位执行董事每人奖励了一份LTIP，这份LTIP可在2011年全额兑现。委员会无权降低其份额。

英国皇家邮政公司的薪酬政策

2013年10月以前，皇家邮政公司由英国政府独资占有。管理层薪酬的主要构成部分，包括年终奖和LTIP都需要获得国务大臣的批准，而国务大臣会从业务、创新和技能方面考虑确定是否批准。

但随着公司在伦敦交易所上市，这一情况就此改变。公司约15万名英国员工通过英国政府的免费股份计划获得了10%的公司股份，英国政府对公司持有约30%的股份，剩下的60%的股份由广泛的机构投资人和成千上万的散户持有。

公司薪酬委员会意识到，管理层薪酬是社会的一个敏感问题。但是委员会也意识到，执行董事的潜在薪酬远低于相对较大型的及复杂的英国公司的管理者们。

随着皇家邮政在接下来几年里的变化，公司薪酬政策和实践也将发生变化。经与股东们协商，公司将继续努力寻找一条适当的准则，不但可以考虑到公司的独特情况，而且能适当地对创造可持续性的股东价值进行奖励。

2014~2015年的薪酬政策

根据英国皇家邮政公司年度报告，随着公司的上市，为与其他大多数的上市公司保持一致，公司向执行董事们发放部分股份，使其利益与股东们的利益关系更加紧密。在公司上市之际，2013年的LTIP奖励被转变为一份以股份为基础的奖励，之后的LTIP奖励也会以股份为基础。公司还会要求高级管理层人员保留一部分以股份为基础的激励，以在公司内建立起一份适当的个人利益关系。

同时，公司也面临一些问题，包括英国包裹市场的竞争发展非常迅速，市场容量不断增大，但由于不断增加的电子媒介和其他可替换的选择，公司的目标市场面临缩小的风险。为了应对这些挑战，要对公司现行的所有工作进行持续改造。这些重大的挑战使得高级管理人员任务重大。尽管如此，委员会在多番商议后决定，不对该薪酬政策做出任何改变。公司还决定，不对首席执行官默娅·格林（Moya Greene）的潜在薪酬做出任何形式的改变。在做出这样的决定时，考虑到了她个人的观点和愿望。这表示她每年的薪酬一直与她从2010年7月加入公司以来的薪酬一样，她的年终奖和LTIP潜在奖励自2011年公司引入新政策时也一直未变。

2013~2014年的董事薪酬报告

公司薪酬委员会代表董事会决定公司对高级管理人员和执行董事的薪酬政策。

公司的对执行董事的薪酬政策是：

- 工作失败则无奖励；

- 薪酬方案中的绝大部分薪酬都取决于要求的绩效目标的达成情况——长期及短期目标;
- 激励方式应与高级管理人员、客户及股东们的利益保持一致;
- 结构化可变奖励,保持短期和长期激励计划的平衡;
- 整体的薪酬方案应具有足够的竞争力,能够吸引、留住并激励具备在挑战性的行业背景下运营一家大型复杂的公司的技能和经验的管理人员;
- 注意管理人员薪酬方面的社会敏感性。

执行董事当前薪酬的构成

执行董事的薪酬由两个内容构成——固定薪酬和变动薪酬。固定薪酬包括工资、福利和养老金或代替养老金的现金。变动薪酬包括年终奖(也就是短期激励方案或 STIP),该奖金在完成挑战性的短期目标的情况下才发放,并且在 LTIP 下给予的奖励只在完成了 3 年的绩效目标的情况下才会支付。

只有在完成或超过绩效目标时才会发放变动薪酬。委员会会提前设置好这些目标,并且旨在确保这些目标在公司业绩很好时是能实现的。在某些情况下,变动薪酬也是可被追回的。图 4-1 展示了 2014~2015 年执行董事不同程度的绩效可获得的薪酬情况。

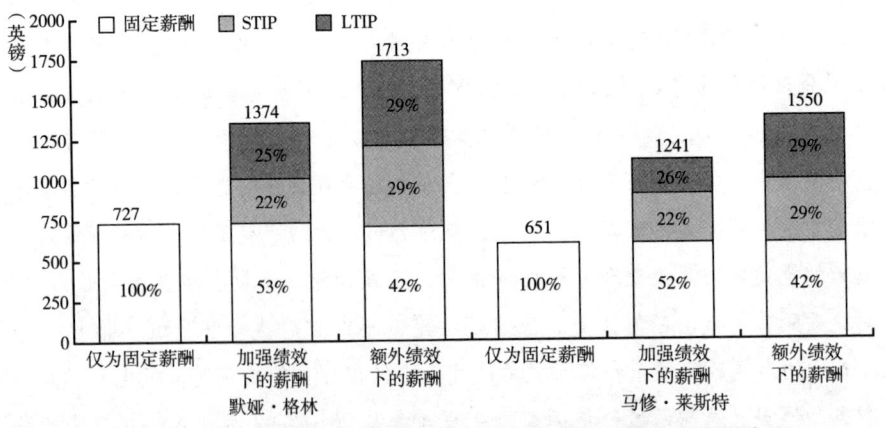

图 4-1 2014~2015 年执行董事不同程度的绩效可获得的薪酬情况

图中固定薪酬包括基本工资、福利和养老金。年终奖与 2014~2015 年的业绩产生的收入奖金有关。LTIP 与 3 年直到 2016~2017 年的业绩奖励有关。可用股份发放,此处不假定未来股票价格的变化。

表 4-7 列出了执行董事的薪酬政策的关键组成部分。

表 4-7 皇家邮政公司执行董事的薪酬政策

薪酬的组成部分	目的及战略关系	发放方式	支付标准	绩效评估	备注
基本工资	聘用并留住保持具备在挑战性的行业背景下运营一家大型复杂的公司的技能和经验的管理人员	每月发放	通常每年对执行董事工资水平进行一次审核。在考虑是否上调工资水平时,委员会将考虑一系列因素,如公司的业绩情况、个人的表现和经验、角色或责任的改变,内部相对性及一线员工的工资增长水平。委员会将参照外部组织评估,相关对照以及一线员工的工资增长以因素考虑支付给执行董事的基本工资的最高值	无	与上一年的政策一样。默林·格林娅当前工资为498000英镑,该工资自2010年来无变化。马修·莱斯特的工资将从2014年4月1日起增长6%,增加到454065英镑。该涨幅与我们2013年和2014年一线员工的工资涨幅一致。在本次增长之前,马修·莱斯特的工资自他2010年11月来一直无变化。而在这段期间内,我们的一线员工的工资平均提高了11%
福利	提供适当的、具有成本效益的福利方案	提供的福利为公司班车和医疗保险,或是与未获得的福利相当大的现金。根据默林·格林娅的劳动合同,她每年有两次到加拿大的返飞行程,享有理财顾问,并配有一名公差司机。福利类型及水平视具体情况会略有调整	福利成本每年都有所变化,并且没有规定最高限制。委员会每年对福利的整体成本进行监控,确保其合理性	无	与上一年的政策一样

续表

薪酬的组成部分	目的及战略关系	发放方式	支付标准	绩效评估	备注
养老金	提供适当的退休福利	养老金固定缴款计划和(或)现金补贴(代替养老金)	CEO 的每年现金补贴为 200000 英镑，CFO 的每年现金补贴为工资的 40%	无	与上一年的政策一样
年终奖	通过目标和非财务目标的达成情况，根据与公司策略一致的平衡计分卡一计一计算所有管理人员的年终奖	每年以现金支付，受延伸影响在发放年终奖的3年里，如果出现财务误述，计算错误或严重渎职人员，年终奖可被追回	强劲业绩的奖励水平为工资的 60%。如果没有成最低业绩要求，则没有奖金。额外业绩的最高奖励水平为工资的 100%	80% 的奖金机会取决于财务、人力和客户目标，这些目标是公司平衡计分卡中设置的每年审核一次。20% 的机会取决于挑战性的个人目标的完成情况。任何执行董事在有资格获得这部分奖金前都必须完成最低水平的绩效目标。绩效目标按 12 个月来评估	与上一年的政策一样
长期激励计划	对完成执行董事所获得的股利价值与股东们的利益的驱动者们一致	以股份形式发放，并根据任期3年的绩效和持续业期情况在第3年释放奖励。长期激励奖励的股利价值会不断累积，在股份授予时支付，如果发放奖励的3年里，出现财务误述或该管理人员严重渎职，年终奖可被追回	强劲业绩的奖励水平为工资的 70%。额外业绩的最高奖励水平为工资的 98%	对于 2014 年要授予的奖励，评估标准为： ——每股收益(50%) ——转制成本前的营业利润增长(35%) ——相对总股东收益(15%) 根据3年内的绩效目标进行评估 将来奖励可能会使用不同的绩效考核标准(或)评估比率，以适当地反映当时的业务策略	如 2013 年 9 月在招股书中宣布的一样，现金 LTIP 被替换为以股份为基础的奖励，而且我们已经修改了用于将来奖励的绩效状况。奖励水平评无变化。评估标准中的任何重大修改或未来奖励的绩效矩阵都需要提前与我们的主要股东协商
全体员工股份计划	提高执行董事和股东之间利益的一致性	参与公司的全体员工股份计划。在和其他合格员工一样的条件下，执行董事也有资格参与	受 HMRC 批准的限制影响	无	在 IPO 中引进

未授予激励协议

执行董事拥有未偿付 LTIP 奖励，该奖励与 2012 年和 2013 年发放的奖励有关。例如，招股书中所述，2013 年的奖励在 IPO 之后不久被转化为股份（按 529.14 便士的估价转化，这导致股份数量少于本该按 330 便士的 IPO 价格转化的股份数量）。2012 年的奖励为现金形式。在该计划下无更多奖励，但未偿付的奖励在达到绩效目标时才能兑现。2012 年的奖励会基于 2015 年 3 月 31 日前的绩效进行授予，2013 年的奖励会基于 2016 年 3 月 31 日前的绩效进行授予。在过去几个月里，薪酬委员会主席与公司几位主要股东会面，了解他们对管理层薪酬和皇家邮政公司当前政策的想法。薪酬政策会在周年大会上征得全体股东批准。

公司尝试在整个集团内保持一个一贯的方法，对不同层级的员工设置适当的薪酬。

- 提议的 CFO 薪酬涨幅反映了一线员工 2013~2014 年的基本工资涨幅。在本次增长前，CFO 的工资从其任职以来未变化过，而在同一时期内，一线员工的平均工资增长了 11%。
- 由公司平衡计分卡决定管理级别及以上级别的所有员工的年终奖。
- 所有皇家邮政公司的高级管理人员都参与了 LTIP，而且比起其他员工，执行董事的薪酬方案中有更大一部分以变动薪酬（与绩效相关）为基础。

工会代表作为年度薪酬审核的一分子，也参与了关于集团的整体薪酬方案的讨论。迄今为止还没有在制定政策时与员工进行正式协商。但是，超过 96% 的员工是公司股东（在 IPO 时获得股份）并可以和其他股东一起对政策进行投票。

公司希望执行董事积累相当于其工资增长 100% 的股权，并希望他们继续持有已拥有的所有股份和 LTIP 下发放的 50% 的股份（在出售足够的股份以履行相关的缴税义务后）直至目标完成。

委员会将根据计划规定确定年终奖和 LTIP。一旦薪酬政策获得股东们的批准，委员会能对其做出的修改是有限的，比如，事先未得到股东批准，不能提高奖励的最高水平。但是，委员会可以做出一定的改变，比如，授予和发放的时间，放弃股权的处理方式，LTIP 下的奖励结构，股份奖励的追溯调整（如权利问题、企业重组或特殊分红），而且在特殊情况下，可以调整之前设置的目标。这只在委员会认为不断变化的情况令原约定的奖励无法满足他们最初的目的时会发生。

在设置新的执行董事工资水平时,薪酬委员会会考虑其个人的技能和经验,他或她当前的薪酬方案,该职位的市场薪酬情况以及稳固最佳候选人的重要性;年终奖不会超过工资的100%,LTIP不会超过工资的98%。入职当年的年终奖通常会按比例定(即其工作的绩效期的比例);考虑到向前一位离职员工没收的延付薪酬或福利安排,委员会还会进行额外的奖励。我们会考虑被没收的奖励是以现金还是股份发放,他们什么时候能收到,以及能否满足现行绩效状况。另外还会酌情发放重置费和其他杂费。

执行董事根据劳动合同的聘任期限见表4-8。

表4-8 执行董事根据劳动合同的聘任期限

执行董事	合同日期	有效期限(月)
默娅·格林(Moya Greene)	2010年7月15日	12
马修·莱斯特(Matthew Lester)	2010年11月24日	12
马克·希格森(Mark Higson)	2007年11月5日	n/a

合同期限为不定期期限,可以由任何一方提出书面通知中止合同。执行董事的劳动合同副本可随时接受公司周年大会的检查。

执行董事行为不当的处理

如果认定执行董事严重渎职或出现严重违约行为,可在不另行通知的情况下直接将其解聘。在其他情况下,公司解聘执行董事时会向其支付代通知金,将其停职或给予其一段离职前留薪假期,在此期间他们依然能享受工资、福利和养老金。除非公司是在其出现严重渎职或重大违约行为时终止合约,否则公司要向其支付相当于12个月基本工资和合约终止期的12个月内可参考的年终奖的费用。对年终奖的评估与确定奖金的通常做法保持一致。当员工离职时,未偿付的激励奖励通常会失效。但是在某些情况下,包括死亡、生病、残疾和雇佣期满(除严重渎职或重大违约)的情况,如果员工已经达到其绩效目标,也可以按正常日期向其发放奖励。奖励的费用会按比例发放。在特殊情况下,委员会会决定提前发放。如委员会认为合适,也可以决定不对LTIP奖励采用按比例发放。

同时,公司对高管离职时减轻公司损失有明确的政策。劳动合同包括对其每月支付费用的明确规定,对离职的管理人员的要求,以及当管理人员获得替代的有偿工作时可以减少支付的费用。

董事会允许执行董事接受外部任命（比如，在另一家公司出任非执行董事职位），只要其工作时间和义务未超量。董事可以持有从这类职位中获得的所有收入。

针对非执行董事和董事会主席的政策

公司计划设定不同的酬金级别，以吸引并留住具有优秀技能和经验的主席和非执行董事。公司针对主席和非执行董事的薪酬政策见表4-9。

表4-9 针对主席和非执行董事的薪酬政策

目的及战略关系	发放方式	支付标准	绩效目标
为了令集团吸引并留住具有优秀技能和经验的主席和非执行董事	主席和非执行董事会获得固定的酬金。设置酬金时会考虑时间付出和角色责任，以反映其所需的经验和专业技能。主席的酬金由薪酬委员会确定（设定的委员会中不含主席）。非执行董事的酬金由执行董事与主席协商确定	酬金最高为公司联盟条款中设定的最高总限额（当前为100万英镑）。薪酬会定期接受审核，并酌情根据时间付出和整体市场费率变化进行提高	不适用

董事会主席和非执行董事通过委任书任命，有权从公司获得按月支付的酬金。该酬金覆盖了他们作为主席或非执行董事的角色以及其他董事会职责（包括主席和委员会会员资格）。另外，主席和非执行董事有权获得所有合理的差旅费用、住宿和其他因行使非执行董事职责所发生的费用报销。

非执行董事的任期最多3年，每年需接受审核并进行重新选举。双方都需有1个月的通知时间（主席则需4个月）。但是，如果非执行董事出现重大违约行为或在周年大会上再选举失败，其任命将直接终止。

年度薪酬报告

2013~2014年的薪酬披露涉及皇家邮政公司董事在2013年9月20日前所获的薪酬以及皇家邮政公共公司（Royal Mail plc）董事从2013年9月20日（唐纳德·布莱顿、默娅·格林和马修·莱斯特为2013年9月6日）开始所获的薪酬。皇家邮政公共公司作为新实体成立，旨在促进私有化。

皇家邮政公司高管的年度薪酬报告见表4-10，平衡记分卡见表4-11。

表4-10 皇家邮政公司高管的年度薪酬报告

单位：英镑

项目和年份 高管	工资/酬金 2014	工资/酬金 2013	福利 2014	福利 2013	养老金 2014	养老金 2013	短期激励计划 2014	短期激励计划 2013	长期激励计划 2014	长期激励计划 2013	其他 2014	其他 2013	合计 2014	合计 2013
主席														
唐纳德·布莱顿	200	200	—	—	—	—	—	—	—	—	—	—	200	200
执行董事														
默娅·格林	498	498	29	377	200	200	385	399	488	488	(250)	—	1350	1962
马克·希格森	428	428	15	15	171	171	245	245	420	420	—	—	1279	1279
马修·莱斯特	428	428	15	15	171	171	328	344	419	419	—	—	1361	1377
非执行董事														
约翰·艾伦	40	8	—	—	—	—	—	—	—	—	—	—	40	8
简·巴比亚克	40	3	—	—	—	—	—	—	—	—	—	—	40	3
尼克·霍尔勒	40	40	—	—	—	—	—	—	—	—	—	—	40	40
卡斯·吉尔斯	40	40	—	—	—	—	—	—	—	—	—	—	40	40
保罗·默里	50	50	—	—	—	—	—	—	—	—	—	—	50	50
奥尔纳·尼奇欧娜	60	60	—	—	—	—	—	—	—	—	—	—	60	60
莱斯·欧文	40	40	—	—	—	—	—	—	—	—	—	—	40	40
合计	1864	1795	59	407	542	542	958	988	1327	1327	(250)	—	4500	5059

注：①福利包括医疗保险和车辆补贴。默娅·格林（Moya Greene）的数据中还含有返加拿大的机票费用。
②皇家邮政公司养老金固定缴款计划，以及代雇主供款的补贴。
③今年的数据指2011年LTIP奖励，前一年的数据指2010年LTIP奖励，以2013年3月31日前的绩效为基础。2010年LTIP奖励会有一段延迟期。
④指默娅·格林的重新安置费用。默娅·格林自愿退还她从该项补贴中获得的费用。皇家邮政（Royal Mail）招股书（2013年9月）中已确认，皇家邮政（Royal Mail）的重新安置费用和另外一笔费用，这笔费用与所获补贴有关的未实现收益作独立专业估价。
⑤约翰·艾伦于2013年1月14日加入董事会。
⑥简·巴比亚克于2013年3月1日加入董事会。在报表期后，她于2014年4月29日退出董事会。
⑦能直接归于皇家邮政公共期的费用可以通过同计算，2014年的数据从2013年9月6日或2013年9月20日分摊到2014年3月31日。
⑧该数据不包括向皇家邮政股份公司（Royal Mail Holdings）的前任董事大卫·柯里支付的17000英镑酬金。

表4-11 皇家邮政公司平衡计分卡

2013~2014年权重		指标	目标	实际	完成情况	最高80%的应付比例（%）
财务（45%）	5%	集团全部费用（百万英镑）	7418	7242	延展目标	4.0
	10%	集团营业利润（百万英镑）	696	670	高于基本目标	4.3
	10%	自由现金流（百万英镑）	357	398	延展目标	8.0
	10%	集团收入（百万英镑）	9601	9436	高于基本目标	2.7
	10%	采集、加工和交付生产力（%）	2.5	1.7	基本目标	2.4
客户（30%）	10%	一等的服务水平（%）	93.0	93.3	目标和延展目标之间	6.7
	10%	平均商业客户满意度①	75	75	目标	4.8
	5%	客户投诉（千件）	509.9	458.7	延展目标	4.0
	5%	综合的包裹服务质量（%）	95.1	95.1	目标	2.4
人力（25%）	10%	安全虚耗时间事故发生率②	1.05	0.77	延展目标	8.0
	10%	员工敬业度③	51	54	延展目标	8.0
	5%	顾客导向④	66	69	延展目标	4.0
合计	100%					59.3

注：①该指标通过向目标客户发放调查问卷获得，调查内容涉及价格、服务质量和客户体验。
②该指标为每10万个工作小时中工作事故发生率。公司通过改善道路状况，以及加强宣传文字、视频、海报宣传等手段降低工作事故发生率。
③该指标通过调查获得，旨在测量和调整员工的忠诚度。调查内容包括对英国皇家邮政公司战略的目的、公司战略和员工对公司战略的理解等。
还通过员工发行股票，未增加他们的忠诚度。在公司私有化过程中，大约有15万名符合条件的员工获得了公司股票。
④该指标旨在持续改进对客户的服务，在圣诞节等重要的节假日，公司会招录兼职员工以应付突然增加的工作量。同时，为了给客户提供更好的服务，公司也在不断加强培训。

A）年终奖

根据公司平衡计分卡中设定的一系列财务目标和非财务目标，评估单个财年里的年终奖绩效。CEO 和 CFO 的最高奖金为工资的 100%，总经理的最高奖金为工资的 80%。公司平衡计分卡被用于确定 80% 的奖金。

执行董事必须达到最低的转制成本和其他额外项目前的营业利润，才有资格获得相应薪酬。最低利润水平为 5.96 亿英镑，实际达到的利润为 6.7 亿英镑。

20% 的年终奖以特定的个人目标为基础，这些目标是在年初按每位执行董事的责任领域设定的。CEO 的个人目标包括与 GLS、IT、投资人关系绩效以及与邮局的商务关系等特定目标。执行董事的目标包括与资金费用、项目上马、成本控制和人力测评有关的特定目标。委员会会审核这些目标下的绩效，2013~2014 年的合计奖金如下。

- 默娅·格林：38545277 英镑，占工资的 77%。
- 马修·莱斯特：32772077 英镑，占工资的 70%。
- 马克·希格森：24461657 英镑，占工资的 57%。

B）长期激励计划（LTIP）

2011 年 LTIP 的奖励以现金发放，以到 2014 年 3 月 31 日为止的 3 年绩效期的第 3 年的绩效为基础。该奖励有两种绩效考核状况，主要考核转制成本前的营业利润。长期激励计划的考核内容见表 4-12。

表 4-12　长期激励计划（LTIP）的考核内容

转制成本前的营业利润（在绩效期的最后一年进行评估）	兑现的目标奖的比例
低于目标的 70%	0%
目标的 70%~80%	兑现 0%~80%（直线比例增减）
目标的 80%~100%	兑现 80%~100%（直线比例增减）
目标的 100%~120%	兑现 100%~140%（直线比例增减）
高于目标的 120%	兑现 140%（即最高为工资的 98%）

第二个考核标准以资产总额利润率（ROTA）目标为基础。如果 ROTA 高于目标的 90%，则不进行调整。如果 ROTA 在目标的 75% 和 90% 之间，则降低发放金额的 50%。如果 ROTA 低于目标的 75%，则不发放。

转制目标前的营业利润为 5.28 亿英镑，ROTA 目标为 17%。2013～2014 年的转制前实际营业利润为 6.7 亿英镑，ROTA 为 24.3%。相应的，2013～2014 年兑现的 LTIP 奖励的总百分比为 140%（相当于工资的 98%）。

表 4-13 列出了执行董事和非执行董事截至 2014 年 3 月 31 日的股权情况。

表 4-13　执行董事和非执行董事截至 2014 年 3 月 31 日的股权情况

单位：英镑，%

项目	股份收益	股份利息占工资的百分比	未兑现的最高计划收益	合计潜在收益	合计潜在收益占工资的百分比
主席					
唐纳德·布莱顿	3030	—	—		
执行董事					
默娅·格林	3643	4	65880	69523	79
马克·希格森	3643	5	56673	60316	79
马修·莱斯特	3643	5	56620	60263	79
非执行董事					
约翰·艾伦	3030	—	—	—	—
简·巴比亚克	3030	—	—	—	—
尼克·霍尔勒	3030	—	—	—	—
卡斯·吉尔斯	3030	—	—	—	—
保罗·默里	3030	—	—	—	—
奥尔纳·尼·奇欧娜	3030	—	—	—	—
莱斯·欧文	3030	—	—	—	—

图 4-2 展示了 IPO 以来英国皇家邮政公共公司的累计股东总份额与英国富时 100 指数公司的对比。

表 4-14 显示和集团的普通员工相比，在 2012～2013 年，首席执行官的工资、福利和奖金的百分比变化。

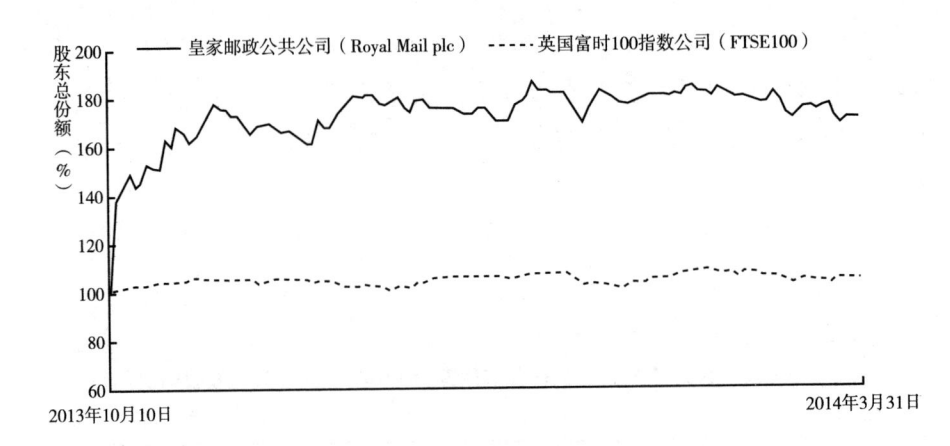

图 4-2　IPO 以来英国皇家邮政公共公司的累计股东总份额与英国富时 100 指数公司的对比

表 4-14　首席执行官的工资、福利和奖金的百分比变化

项目	首席执行官		普通员工平均	
	2012~2013 年	百分比变化	2012~2013 年	百分比变化
工资	498000 英镑	0%	25804 英镑	—
福利	377000 英镑	77%	115 英镑	—
STIP	399000 英镑	4%	479 英镑	—

表 4-15 列出了首席执行官 2010~2014 年的总薪酬额，以及年终奖发放和 LTIP 奖励水平。

表 4-15　首席执行官 2010~2014 年的总薪酬额，以及年终奖发放和 LTIP 奖励水平

首席执行官	默娅·格林			
年份	2010~2011	2011~2012	2012~2013	2013~2014
总薪酬（英镑）	778	1107	1962	1350
短期 STIP 奖励最高百分比（%）	41	74	80	77
长期 LTIP 奖励最高百分比（%）	—	—	100	100

默娅·格林于 2010 年 7 月加入。

除此之外，执行董事有权获得外部聘用的薪酬。默娅·格林是蒂姆·霍顿斯公司的董事，并且在上一个报告财年里获得 82433 英镑的薪酬。马修·莱斯特是曼氏集团的非执行董事，并且在上一个报告财年里获得 95000 英镑的薪酬。

第五章

加拿大国有企业高管薪酬

加拿大拥有为数众多的国有企业，包括皇冠公司（Crown Corporations）、国有企业（State-owned Enterprises）、政府所有公司（Government-owned Corporation）、国有公司（State-owned Company）、国有实体（State-owned Entity）、国营企业（State Enterprise）、公有公司（Publicly Owned Corporation）、政府商业企业（Government Business Enterprise，GBE）等。[①] 加拿大国有企业建立的初衷，主要是为了弥补私营企业在战略层面、国家利益层面的需求，因此，加拿大国有企业的建立的政治意义大于经济意义。

第一节 加拿大国有企业

由于是英联邦国家，加拿大为数较多的国有企业称为皇冠公司（Crown Corporations），意为女皇的公司，分为联邦和省级。

根据加拿大统计局（Statistics Canada）"财政管理系统（FMS）2009 目录"第 68F0023 X 号第 14 页，"政府商业企业是公共部门领域的一部分，因其由政府控制。但是，它们是在市场领域运行的，所以经常和私人组织竞争。由于它们是利润导向的企业，它们必须包含在反映其主要经济活动部门内"。

为确定一家政府控制的实体是否有资格成为 GBE，加拿大统计局遵从一

[①] Daria Crisan and Kenneth J. McKenzie, *Government-Owned Enterprises in Canada*, The School of Public Policy SPP Research Papers, 2013, p. 11.

个有三条标准的分类程序。

"为确定一家实体是否属于公共部门领域，分类程序是必需的。该程序包含法律及操作细节，财务性能和实体的活动性的分析和文件编制也在考虑中。"使用三条标准去评价一家实体是否有可能被包含进公共部门领域。

- 该实体是否为制度上的单位？
- 该实体是否由政府控制？
- 该实体是非市场的还是市场的商品和服务生产者？

最后，加拿大统计局用来确定一家实体是不是 GBE 的特征如下。

"大多数市场上的生产者都是利益导向的组织。他们是在价格开放市场中提供商品和（或）服务的制度上的单位，有重大的经济意义。这些组织的主体都是财务自给的且一般不依靠公共资金维持其运行。由于他们常和其他提供类似商品或服务的供应商竞争，公众可以在市场选择中自由选择。所有政府控制的制度上的单位都是市场上的生产者且归类为非财政公司部门中的公共非财政公司或财政公司部门中的财政公司。"下列标准是其在确定过程中使用的。

- 该实体有财务和运行当局以开展业务。
- 该实体在市场领域中竞争。
- 公众可以自由选择获得还是拒绝该商品或服务。
- 该实体费用价格有重大经济意义。
- 该实体主要收入来自市场活动。
- 该实体可以使用自治权。
- 该实体上缴利润和（或）股息给政府。
- 该实体的员工不同政府谈判集体协议。

因此 GBE 是利益导向的实体，在市场领域与私人代理竞争。国有实体同时依赖于市场收益和政府补贴，加拿大统计局所使用的决定该实体是否为 GBE 主要规则是，是否其收益超过 50% 来自市场活动。

议会年度报告列出了 48 家皇冠公司和其他加拿大公司利益团体。其中之一为减轻麦肯齐区毒气工程影响的公司，自 2008 年 5 月 1 日起不再运营，类似这样的公司被排除在数据库之外。还有 3 家皇冠公司——加拿大银行（BC）、加拿大退休金计划投资委员会（CPPIB）以及退休金投资委员会公共部门（PSPIB）很明显只服务于单一目的，因此对于该研究的剩余部分，皇冠公司的分析不包含 BC、CPPIB 和 PSPIB。然而，为了对照起见，表 5-1 和表 5-2 包含并行的两个团体的总的财政和经济指标：44 家团体利益公司，以及 47 家皇冠公司的综合团体。

表 5-1 皇冠公司概览

单位：百万美元

	单位数量	资产	负债	抵押资产净值/赤字	来自经营的税收	来自经营的花费	来自经营的净收入
合计*	44	386176.3	353591.5	32079.7	28512.8	30251.3	-1738.5
合计**	47	636434.8	429820.0	206109.7	53879.0	30970.2	22908.8

* 不包含 BC，CPPIB 和 PSPIB。
** 包含 BC，CPPIB 和 PSPIB。

表 5-2 联邦皇冠公司——概览（内容）

	公共资金（百万美元）	个人所得税（百万美元）	税后净收入（百万美元）	雇佣（人）	红利（百万美元）	GDP 贡献（百万美元）	GDP 贡献率（%）	每人资产（百万美元）
合计*	7.062.4	778.0	4568.0	89.810.0	126.9	11751	0.7%	11316
合计**	7.062.4	778.0	29215.4	90.376.0	126.9	36804	2.3%	18649

* 不包含 BC，CPPIB 和 PSPIB。
** 包含 BC，CPPIB 和 PSPIB。

资料来源：Daria Crisan and Kenneth J. McKenzie, *Government-Owned Enterprises in Canada*, The School of Public Policy SPP Research Papers, 2013, p. 11。

在 2010 年财政年结束期间，44 家皇冠公司控股了 3862 亿美元的资产，总负债为 3536 亿美元，抵押资产净值为 321 亿美元。在议会拨款和政府提供资金支持之前，来自经营的税收总计为 285 亿美元，经营花费为 303 亿美元，产生的净亏损合计为 17 亿美元。2010 年，联邦皇冠公司将其红利中的 1.269 亿美元回报给联邦政府，同时雇用了 89810 位员工。

皇冠公司的大部分资产由隶属于财政部的公司控股。加拿大抵押和住房公司控股了大约皇冠公司所有资产的 76%，紧接着为加拿大出口发展公司控股（8.3%）、加拿大农场信用社控股（5.2%）、商业发展银行控股（4.6%）。

2010 年，在政府提供资金之前，44 家皇冠公司中的 16 家产生了正的净收入。同时，在财政部的公司运营在此也非常重要，到目前为止，加拿大出口发展公司的收入比任何皇冠公司都多，为 15.31 亿美元。其他高收入获得者包括加拿大发展投资公司（8.16亿美元）、加拿大邮局（3.57亿美元）和加拿大农场信用社（2.82亿美元）。皇冠公司登记的净亏损，加拿大广播公司（CBC）排第一位，净亏损为12.23亿美元，紧接着为加拿大原子能有限公司（7.8亿美元）、加拿大抵押和住房公司（7.33亿美元）以及加拿大航空运输安全局（5.74亿美元）。意料之中，这4家公司在接收大部分政府资金中同样占主导地位。加拿大抵押和住房公司收到资金的31.55亿美元，紧接着为加拿大广播公司11.43亿美元，加拿大原子能公司7亿美元，以及加拿大航空运输安全局5.8亿美元。因此，这4家公司占用于皇冠公司的政府资金总额70.62亿美元的79%。

在雇佣工人方面，到目前为止，加拿大邮政公司（Canada Post）是皇冠公司中最大的雇主，拥有60126位员工，占据了所有皇冠公司雇员的67%。接下来为加拿大广播公司（7171人）、原子能公司（Atomic Energy）（4957人）、国家铁路公司（Via Rail）（3053人）、加拿大抵押和住房公司（Canada Mortgage and Housing Corporation）（1999人）、商业发展银行（the Business Development Bank）（1861人）、农场信用社（the Farm Credit Corporation）（1642人）以及加拿大出口发展公司（Export Development Canada）（1111人）。

这8家企业产值占据了皇冠公司的90%。

在资产规模方面，虽然有44家皇冠公司，但是大部分的"行动"包含10家公司——如果省略快速私有化的加拿大原子能有限公司，或为9家。在这些公司中，大部分在财政部登记运营。加拿大广播公司、加拿大邮政公司、国家铁路公司以及前面提到的加拿大原子能有限公司除外。

第二节　加拿大国有企业高管薪酬监管

加拿大国营公司高管大部分由主管该公司的政府部长提议，经与董事会协商后，由国家任命。2004年后颁布了新的任命程序，由公司启动任命程序，确定合适人选并向国家推荐。极少数例外情况，由国家任命首席执行官。2004年开始实施的新任命程序要求公司启动任命程序，议会对推荐人选进行审核。国家通常根据独立咨询委员会提出的意见，决定薪酬系列和年度最高奖金；国家根据董事会和主管部长的建议，每年决定工资和奖金的变动；董事会在与国家沟通后，可参照公共部门和私营部门的标准，决定非薪酬福利水平，但必须参照公共部门和私营部门的实际情况。

在国营公司中，也设有董事会，但董事会成员和总裁或首席执行官均由各级政府委任，往往随着政府更迭而更换人选。在国营公司董事会中，成员一般都是兼职，由有关政府部门官员、私营公司高级职员以及专家和律师等人组成。董事会下设若干委员会，如人力资源委员会、薪酬委员会和环境保护委员会等，研究决定有关问题。在国营公司中，总裁或首席执行官在公司中占据主导地位，经营管理权责重大。加拿大各类公司中一般不设监事会。在国营公司中，监督职能在很大程度上由董事会相应承担。

加拿大国营企业经营管理的自主权很大，政府只管理企业的领导成员，包括企业工资总额在内的各种事务一概由企业负责。因此，一些参与市场竞争的国营企业也采用与其他企业相同的经营管理方法。据加拿大有关人士称，国营企业与私营企业最主要区别在于，国营企业不以赢利而是以面向社会公众提供必要的服务为主要目标；私营企业则必须以赢利为主要目标。

在加拿大国营企业，董事会成员或总裁都由政府任命，同时由政府决定他们的报酬。例如，加拿大广播公司的15名董事会成员都是公司外部人士，只是偶尔来公司看看，了解一些情况，从事自愿性的工作，在待遇上也只有一些补助。

第三节　加拿大国有企业高管薪酬结构和水平

加拿大国营企业的雇员属公务人员。联邦政府雇员约占全部劳动力的3%；省和地区的政府雇员则占劳动力的10.1%。目前，联邦政府所属国营企业雇员有10多万人，占联邦公务人员的22.3%。

在加拿大，无论国营还是私营公司，CEO的年薪收入没有上限，也没有与雇员收入相联系的做法，而且公司与公司相互之间差距很大。加拿大国营企业CEO的平均年薪大约有30万加元，与雇员报酬水平相差4~6倍。加拿大广播公司的CEO年薪酬平均却只有10万加元，由于公司完全国有，所以没有各种股票类收入。加拿大私营公司的CEO或总裁一般都有股票类收入，很多上市公司的高层经理可以得到期权。这就使国营企业CEO的整体报酬与私营企业相比有非常大的差距。加拿大铝业公司属于私营公司，其公司规模是加拿大广播公司的3倍，有3.6万名雇员，CEO的年收入高达400万美元，其中包括100万美元的固定年薪、100万美元的奖励和200万美元的期权股份。

第六章

澳大利亚国有企业高管薪酬

同美国、英国类似，澳大利亚是典型的自由市场经济国家，私有经济占绝对主导地位，公有经济比重非常少。澳大利亚的国有企业主要分布于银行、铁路、航空、电力、电信等领域，并且近几十年来，随着私有化改革的不断推进，国有企业的比重正在不断下降。

第一节 澳大利亚国有企业

澳大利亚国有企业比较通用和权威的表述为"政府企业"（Government Business Enterprise，GBE）。澳大利亚联邦及州政府对国有企业进行了大规模的私有化，目前，这项改革仍在进行着。

澳大利亚国有企业私有化的基本指导思想是：凡是私人能干的事，政府就不干；凡是私人能够经营好的，国有企业就退出该领域。因此，政府通过出让股票的方式，进行了大规模的以国有企业私有化为核心的国有企业改造。

到2013年，澳大利亚典型的国有企业仅包括澳大利亚广播公司、澳大利亚铁路轨道公司、清洁能源金融公司等，而之前的大型国有企业如澳大利亚电讯公司、澳大利亚航空服务公司和澳大利亚邮政公司都已经或正在进行着私有化改造。

第二节 澳大利亚国有企业高管薪酬监管

澳大利亚国有企业作为公共部门，政府对其管理实行规范、公开、透明的原则，除了要遵循《企业法》等相关法律以外，还要接受国会和公众的监督。

根据薪酬裁决法案规定，澳大利亚国有企业高管薪酬接受独立薪酬裁审庭（Remuneration Tribunal）管理和监督，独立薪酬裁审庭制定了一系列指导方针对其进行管理，包括这些国有企业的级别结构以及决定级别结构的适用条款和条件。其中在裁定高管薪酬时，会考虑一系列信息，诸如在企业中的角色、承担的责任、工作量和工作价值等。同时，还会利用工资指数和其他经济指数（如通货膨胀率）等，与在私营部门同样职位人员的收入进行比较。当然，还会考虑包括工作单位提供给高管的非现金福利、社会公共利益以及个人地位等因素。

负责该法案的部长在考虑了裁决法庭的建议的情况下，有权针对主要的执行层高管发表声明。部长能宣布某个层级高管的级别以及招聘主体。

某个主要执行层高管的招聘主体负责决定适用于该层级高管的条款和条件。任何决定都必须与该层级高管相关的分级法庭决定的条款和条件保持一致。

独立薪酬裁审庭为每个主要执行官都建立了一套薪酬参考率（以下简称参考率），在此基础上招聘主体能够行使决定薪酬的自由裁量权。一般来说，参考率每年都有调整以反映独立薪酬裁审庭每年检阅的结果。尽管在新任命者任期前12个月内没有提前获得法庭的批准不能超过参考率，招聘主体还是拥有大于5%、小于10%的自由裁量权。在许多案例中，绩效工资已纳入固定薪酬，尤其是在某个部长为招聘主体的情况下。

在确定为CEO制定的条款和条件的价值时，用人主体应谨慎实行经营判断，此判断与其职责和责任相符。有关的考虑因素包括（但不限于）：

①职务的工作价值，其作用和职责；

②工资和工作条件的提高和改善应与生产率的提高相关；

③用人主体招聘和留住具有所需素质和技能人才的能力；

④其他相关因素，如对首席执行官等级结构的参考率的调整。

除非得到法庭的书面同意，总薪酬不可更改。

第三节 澳大利亚国有企业高管薪酬结构和水平

澳大利亚国有企业高管薪酬严格奉行透明和公信力的原则。根据独立薪酬裁审庭（Remuneration Tribunal）秘书处于2014年11月17日至2014年11月21日联合修订的包括CEO在内的公职人员的薪酬和津贴等级结构及条款，澳大利亚国有企业高管薪酬包括：

（A）包括退休工资在内的固定薪酬；

（B）绩效工资；

（C）其他指定的任何津贴。

固定薪酬

必须将至少50%的养老金作为工资，退休工资不超过据此裁决制定的基本薪酬的73%。高管的福利花费必须符合澳大利亚税务局关于工资方面的相关税收法律、规定或准则。

对于可能有资格获得联邦养老金的高管人员来说，雇主退休金为退休金工资的15.4%。

凡用人单位同意高管人员以兼职的形式履行企业责任时，基本薪酬与绩效薪酬的计算方法按照全职工作时间的比例计算。若兼职时间不足全职时间的60%，其薪酬水平应事先得到法庭的同意。

绩效工资

以12个月为一周期对CEO的表现进行评估后，用人主体可以设立绩效工资方案并一次性发放。A、B、C等级高管每年所得绩效工资最多不得超过总薪酬的15%，D、E等级不得超过20%。绩效工资的发放必须符合独立薪酬裁审庭发出的任何准则。

福利规定

（A）公车使用。公司公有车辆或租赁车辆做私人用途时，需要从高管人员的基本工资中进行费用扣除，包括停车费和附加福利税收在内的车辆的实际总消费。除此之外，任何业务用途消费额将至少以12周为周期在日志记录中进行评估。凡年度业务行程5000公里或以上的，车辆的总消费将以业务用途行程与年度总行程的比例来计算。

（B）搬迁津贴。由于公司位置搬迁，委任CEO时产生的费用可由用人主体批准并报销。

（C）住房津贴。凡法庭提供书面许可，在公司位置搬迁的情况下，企业可确定CEO有资格领取住房津贴。住房津贴是用来帮助首席执行官在办公地点进行商业性租房的安置费用，这样，他们也可以继续拥有不同于办公地点的一份财产作为主要居所。若他们在办公地点居住在属于自己的房子里，将不享受该津贴。

CEO 在家庭所在地或办公地点将没有资格享受交通津贴待遇，但仍有资格领取住房津贴。

若商业住房不包括烹饪设施，膳食消费可得到上限为 CEO 住房津贴的部分津贴。

（D）家庭聚会津贴。在法庭提供书面同意下，用人主体可以确定 CEO 有资格获得家庭聚会的路费，金额可高达回到他们的主要居所所设定的数额。

（E）偏远地区津贴。在法庭提供书面同意下，用人主体可以确定 CEO 有资格根据办公室地点偏远程度获得其他福利或津贴。

（F）公务旅行。按照 2004 年 3 月《公职人员公务旅行法案》（修订版）的规定。高管的旅行等级由独立薪酬裁审庭向用人主体提议。若未得到提议，A、B、C 等级高管有资格获得二级旅行，B 和 D 等级高管有资格获得一级旅行。

（G）带薪休假。首席执行官有权按以下类型和数量进行休假。全职人员每年获得四周的带薪年假、《1976 年长假（联邦雇员）法案》规定的长假以及由用人单位自由裁量的病假和护理假。

发生以下情况时，CEO 将无权享受以上待遇。

（A）辞职或退休；

（B）任期已满；

（C）由于行为不检或表现欠佳，任命提前终止；

（D）由于心理或身体障碍，任命提前终止；

（E）破产，有资格得到任何救济破产或破产债务人相关法律规定的补贴，与其债权人和解或者为债权人的利益而将自己的薪酬充债；

（F）获得其他合适的工作机会（包括联邦公司或机构）。

自 2013 年 7 月 1 日生效的 CEO 等级结构及薪酬范围见表 6-1。

表 6-1　CEO 等级结构和薪酬范围（2013 年 7 月 1 日生效）

CEO 等级	退休金工资范围	固定薪酬范围
A 等	最高 174880 美元	最高 239580 美元
B 等	128150～237360 美元	174750～325110 美元
C 等	168920～336980 美元	232990～461600 美元
D 等	238810～436850 美元	326170～598400 美元
E 等	从 372770 美元起	从 460130 美元起

根据调查，澳大利亚私营公司高管薪酬自20世纪90年代初整体增长强劲。规模在前50~100位的上市公司CEO薪酬在1993~2007年实质性增长300%。自2007年以来，这种趋势在一定程度上有所逆转，薪酬下降至2004~2005年的水平。

2008~2009年，预计排名前20的企业CEO总薪酬平均约为720万美元。接下来的20家大公司的CEO薪酬约少了1/3（约为470万美元）。排在第150~200位的公司薪酬则又少了数百万美元。而对于澳大利亚近2000家小规模上市公司，CEO薪酬平均约为26万美元（或约社会平均工资的4倍）。

由此可见，澳大利亚国有企业高管的薪酬远远低于私营大企业，仅相当于较小规模的私营上市企业。

2013~2014年，法庭考虑了一些主要执行层高管的书面意见，对纳入监管的企业名录和薪酬的审阅条件等进行了一些改变。截至2014年6月30日，已列出的主要执行层高管有67个（见表6-2）。

表6-2 主要执行层高管名单

主要执行层高管	招聘主体	等级	旅行等级
生产委员会	生产委员会主席	B	2
澳大利亚广播公司(ABC)总经理	澳大利亚广播公司董事会	D	1
国际农业研究澳大利亚中心（ACIAR）首席执行官	外交事务部长	C	2
澳大利亚艺术理事会首席执行官	澳大利亚理事会董事会	C	1
澳大利亚新南威尔士州选举官员	澳大利亚选举委员会	B	2
澳大利亚维多利亚州选举官员	澳大利亚选举委员会	B	2
澳大利亚昆士兰州选举官员	澳大利亚选举委员会	B	2
澳大利亚西澳大利亚州选举官员	澳大利亚选举委员会	A	2
澳大利亚南澳大利亚州选举官员	澳大利亚选举委员会	A	2
澳大利亚塔斯马尼亚州选举官员	澳大利亚选举委员会	A	2
澳大利亚北领地选举官员	澳大利亚选举委员会	A	2
澳大利亚电影、电视和广播学院	澳大利亚电影、电视和广播学院董事会	B	2
澳大利亚政府法务官(AGS)首席执行官	总检察长和财政和解除管制部部长（股东部长）	D	1
澳大利亚审讯部（AHS）总经理	澳大利亚审讯部董事会	C	1
澳大利亚土著居民和托雷斯海峡岛民研究学院校长（AIATSIS）	澳大利亚土著居民和托雷斯海峡岛民研究学院	B	2

续表

主要执行层高管	招聘主体	等级	旅行等级
澳大利亚卫生和福利学院董事（AIH&W）	澳大利亚卫生和福利学院董事会	C	2
澳大利亚家庭研究学院（AIFS）董事	社会服务部部长	C	2
澳大利亚海事科学院（AIMS）董事	澳大利亚海事科学院委员会	C	2
澳大利亚运动学院（AIS）董事	澳大利亚运动学院董事会	B	2
澳大利亚海事安全局（AMSA）首席执行官	澳大利亚海事安全局	C	1
澳大利亚国家海事博物馆（ANMM）董事	澳大利亚国家海事博物馆委员会	B	2
澳大利亚核科技组织（ANSTO）首席执行官	澳大利亚核科技组织董事会	D	1
澳大利亚邮政公司总经理			1
澳大利亚铁路有限公司首席执行官	澳大利亚铁路有限公司	D	1
澳大利亚研究委员会首席执行官	教育部长	C	1
澳大利亚战略政策研究院董事	澳大利亚战略政策研究院	B	1
澳大利亚潜水艇公司（ASC）总经理	澳大利亚潜水艇公司巴拿马城有限公司董事会	E	1
澳大利亚体育委员会（ASC）执行董事	澳大利亚体育委员会董事会	C	2
澳大利亚军事纪念馆董事	澳大利亚军事纪念馆董事会	C	2
澳大利亚癌症研究中心首席执行官	卫生部	B	2
民航安全局（CASA）首席执行官 & 航行安全董事	民航安全局董事会	D	1
联邦科技和工业研究组织（CSIRO）首席执行官	联邦科技和工业研究组织董事会	E	1
澳大利亚防卫住房（DHA）总经理	澳大利亚防卫住房董事会	C	2
选举委员会-议员	澳大利亚选举委员会	B	2
出口金融保险公司（EFIC）总经理,首席执行官	出口金融保险公司董事会	D	1
新西兰澳大利亚食品标准（FSANZ）首席执行官	新西兰澳大利亚食品标准董事会	C	1
前线防卫服务（AAFCANS）总经理	前线防卫服务董事会	B	2
常规练习教育和训练有限公司（GPET）首席执行官	常规练习教育和训练有限公司董事会	C	2
大堡礁航海公园局（GBRMPA）主席及首席执行官	环境部长	C	2
澳大利亚本土贸易（IBA）首席执行官	澳大利亚本土贸易董事会	C	2

续表

主要执行层高管	招聘主体	等级	旅行等级
本土土地公司(ILC)首席执行官	本土土地公司董事会	C	2
私人医疗保险公司总经理	私人医疗保险公司董事会	E	1
摩尔银行联合运输有限公司首席执行官	摩尔银行联合运输有限公司	D	1
国家血液局(NBA)总经理	卫生部副部长	C	2
国家环境保护委员会(NEPC)首席执行官	环境部部长	B	2
国家电影声音档案馆(NFSA)首席执行官	国家电影声音档案馆董事会	B	2
澳大利亚国家艺术馆(NGA)董事	澳大利亚国家艺术馆董事会	C	2
国家卫生医疗研究委员会(NHMRC)首席执行官	卫生部	C	1
国家工业化学品公告及评估规划(NICNAS)董事	卫生部副部长	B	2
澳大利亚国家图书馆(NLA)总经理	澳大利亚国家图书馆董事会	C	1
澳大利亚国家博物馆(NMA)董事	澳大利亚国家博物馆董事会	C	2
国家公园董事	环境部	C	2
澳大利亚国家肖像馆董事	澳大利亚国家肖像馆董事会	B	2
澳大利亚战争坟墓办公室(OAWG)董事	老兵事务部部长	A	2
首席议会法律顾问	首席检察长	C	1
议会副法律顾问	首席议会法律顾问	C	2
私人健康保险管理委员会(PHIAC)首席执行官	私人健康保险管理委员会	B	2
遣返委员会副总理	老兵事务部部长	C	1
遣返委员会委员长	老兵事务部部长	B	2
澳大利亚储备银行总督	储备银行董事会	E	1
澳大利亚储备银行副总督	储备银行董事会	E	1
澳大利亚电影公司首席执行官	澳大利亚电影公司董事会	C	1
征税副委员长	征税委员长	C	1
特别广播服务(SBS)总经理	特别广播服务董事会	D	1
托雷斯海峡地方当局(TSRA)首席执行官	地方事务部部长	B	2
澳大利亚旅游公司总经理	澳大利亚旅游董事会	C	1
工作场所性别平等当局董事	就业部	B	2

案例

澳大利亚电信公司高管薪酬

澳大利亚电信公司（Telstra）是国家控股公司，也是澳大利亚领先的电信和信息服务公司，提供全方位的通信服务，拥有362个品牌零售店、90个商务中心、127个合作伙伴，没有超过15000个零售业务点，参与电信市场的充分竞争。该公司直接雇佣人数超过32000人，拥有有澳大利亚最大的股东群体——140万名股东，在澳大利亚本土，提供1600万人次的零售移动服务，750万人次的固定话音业务和370万人次的固定数据业务。国际业务涉及全球网络和管理服务业务，中国的网络地产、数码和汽车之家等。

根据澳大利亚《企业法（2001）》，澳大利亚电信公司的董事及其他关键管理人员的薪酬情况须经过主管部门审核并向社会公开。

表6-3　澳大利亚电信公司2010~2014年的业绩、股价和红利情况

	业绩指标	2014年	2013年	2012年	2011年	2010年
收入	总收入（百万美元）	26296	24776	25503	25304	25029
	税前利润[1]（百万美元）	11135	10168	10234	10151	10847
	净利润（百万美元）	4275	3739	3405	3231	3883
股东价值	股价美元[2]	5.21	4.77	3.69	2.89	3.25
	每股股份的已付总股利（美分）	28.5	28	28	28	28

注：①指未计利息、税项、折旧及摊销前的利润。
②股价的截止日期为当年的6月30日。2009年全年的收盘股价为3.39美元。

一　高级行政人员薪酬

1. 薪酬总览

澳大利亚电信公司2014年全年的业绩表现势如破竹，财务业绩有所增长，并实现了约15.2%的股东总回报，而此前连续两年的增长率约为37%。2014年澳大利亚电信公司的高管薪酬概况见表6-4。

表6-4　2014年澳大利亚电信公司的高管薪酬概况

股东总回报	股价在2014年全年里持续上涨，本财年实现了15.2%的股东总回报
CEO薪酬	CEO的固定薪酬在2014年全年未增长，因为其2650000美元的固定薪酬已接近ASX20指数的CEO薪酬的中间值。CEO总报告薪酬从880万美元降至820万美元

续表

短期激励结果	基于对财务业绩、客户表现和个人业绩的评估，高级管理人员的短期激励结果平均为最高机会值的 53.6%
长期激励结果	在 2012 年全年的长期激励计划中，由于在 3 年业绩期内的总股东回报和自由现金流的投资回报在全球同行业竞争者中排前 40%，因此 78.15% 的行使权以限制性股份的形式进行兑现。这些股票的限制期到 2015 年 8 月
非执行董事的薪酬	董事会和委员会的费用在 2014 年全年无增长

2. 薪酬政策、策略和管理

澳大利亚电信公司薪酬政策的目的如下。

· 支持商业策略，强化公司的文化和价值。

· 直接将物质奖励与员工贡献和公司业绩挂钩。

· 提供具有市场竞争力的薪酬，以吸引、激励和留住高技术员工。

· 实现薪酬结果的内部一致性，确保级别相似、职位相似员工的薪酬在相似的范围内。

· 确保所有的奖励决定公正公平，并确保澳大利亚电信公司内的多元化。

· 获得能反映具有商业责任的薪酬决策的薪酬成果。

确定高管薪酬的管理框架包括以下几个方面。

——薪酬委员会

薪酬委员会只由独立的非执行董事构成，负责监督董事会的薪酬事务并给予建议。薪酬委员会在其职责范围内，在适当考虑法律和企业法则的情况下，对董事会和 CEO 等高管的薪酬进行监督并给予建议。

薪酬委员会还负责就澳大利亚电信公司的整体薪酬战略、政策和实践方法向董事会提出建议并进行审核，并监督澳大利亚电信公司的整体薪酬框架在实现公司薪酬战略方面的有效性。

——年度薪酬审核

薪酬委员会每年对 CEO 等高管的薪酬进行审核，确保固定薪酬和风险薪酬之间的平衡性，并确保薪酬可以反映出与澳大利亚电信公司战略一致的短期业绩目标和长期业绩目标。

董事会将基于市场表现、相较于衡量标准的业绩情况以及其他相关因素对 CEO 的薪酬进行审核，而 CEO 的薪酬执行方式与其他高管的相似。CEO 对其他高管的业绩和薪酬审核的结果会交由董事会审核并批准。

——激励设计和业绩评估

薪酬委员会在每年初设定短期激励和长期激励的业绩指标。如果达到了业绩目标，会支付总的最高机会值的50%。只有当业绩显著超过年度目标时才会按最高等级发放薪酬。例如，未完成业绩目标，将不会发放薪酬。在每个财政年末，董事会会审核公司的财务和非财务指标的成绩。之后董事会将把业绩与每项指标进行对比，确定短期激励和长期激励计划的百分比结果。

董事会认为，对是否达到适用的指标进行评估是最佳方式。

——聘用顾问

聘用外部顾问直接参与到薪酬委员会的工作中，以便于将澳大利亚电信公司的薪酬数据与外界进行对比。为了评估2014年全年的市场竞争力，委员会选用市场数据进行比对。

3. 薪酬组成

澳大利亚电信公司薪酬结构如表6-5，如果对其进行了调整，要在年报中进行披露。

表6-5 澳大利亚电信公司薪酬结构

目标	吸引，激励和留住高技术员工	强化价值观和文化	对达成财务目标和战略目标进行奖励	与创造长期股东价值一致
	固定薪酬	风险薪酬		
	固定薪酬	短期激励		长期激励
	现金		股权	
构成	·基本工资加退休金 ·按市场和内部对比、业绩、资历和经验设定	·财年结束后的9月发放75%的短期激励奖励 ·基于澳大利亚电信的财务业绩、客户状况和个人业绩进行短期激励奖励	·25%的长期激励作为限制性股票延期 ·一半的股份被限制1年，另一半被限制2年 ·董事会可对这些股份进行追溯。除特许原因外，如果聘期到期，这些股份自动失效	·行使权受到业绩情况的影响 ·50%受相对股东总回报的影响 ·50%受自由现金流投资回报率的影响 ·业绩的评估为3年加另1年的限制 ·董事会可对行使权进行追溯。除特许原因外，如果聘期到期，这些权利自动失效（长期激励）
	基本奖励市场竞争性	鼓励长期性的持续业绩发展，留住员工		

2014年短期激励计划

2014年，短期激励计划的业绩指标有自由现金流、税前利润、总收入、净推荐值（NPS）和个人业绩目标。涉及的业绩指标有以下几项。

·根据2014年全年财务计划和战略设定的财务指标。

·NPS能支持澳大利亚电信公司的战略从实现卓越的客户满意度提升到创造顾客需求导向。

·在2014年初设定个人业绩目标，个人业绩目标的基础是每个高管对实现公司的战略目标做出预期的个人贡献。

短期激励计划的业绩指标彼此相互独立。每种指标都有一个业绩阈值、目标阈值和延伸等级。当没有达到阈值业绩时，则不会发放该部分的激励薪酬。根据高管的职位不同，每位高管的最高短期激励机会范围是其完成延伸目标时的固定薪酬的150%~200%。如果达到了业绩目标但未超过目标，高管将获得的短期激励奖励是最高机会值的50%。

延期短期激励

高管的实际短期激励薪酬的25%将以限制性股票的形式进行发放。其中一半的限制期是1年，另一半是2年。

在限制期内，如果短期激励计划的所有业绩目标已达成，高管有权获得其限制性股票的红利。但是，他们在此期间不得交易这些股票。

如果高管因特许原因在限制期结束前离开了澳大利亚电信公司，则这些限制性股票自动失效。

如果在限制期内发生利益追溯事件，限制性股票也会自动失效。利益追溯事件包括：高管涉嫌诈骗、欺诈或严重违反纪律，产生该限制性股票奖励的财务成绩之后被证明是失实的，高管损坏澳大利亚电信公司名誉或对澳大利亚电信公司的长期财务实力产生不良影响。

2014年长期激励计划

长期激励计划（见表6-6）有2个单独的业绩指标，分别是相对股东总回报（RTSR）和自由现金流的投资回报（FCFROI）。

2014年长期激励计划的对比组包括以下大型电信企业：美国电话电报公司（AT&T Inc.）；比利时电讯集团（Belgacom Group）；加拿大贝尔公司（Bell Canada Enterprises Inc.）；英国电信集团（BT Group Plc.）；德国电信公司（Deutsche Telekom AG.）；皇家KPN电信（Koninklijke KPN N.V.）；韩国电信（KT. Corporation）；日本电话电报公司（Nippon Telegraph &Telephone Corp.）；NTT移动通信（NTT DoCoMo Inc.）；葡萄牙电信公司（Portugal

Telecom SGPS SA.）；新加坡电信公司（Singapore Telecommunications Ltd.）；鲜京电信（SK Telecom Co. Ltd.）；斯普林特公司（Sprint Nextel Corporation）；瑞士电信公司（Swisscom AG）；奥地利电信公司（Telekom Austria AG）；意大利电信公司（Telecom Italia Sp. A.）；新西兰电信公司（Telecom Corporation of New Zealand Ltd.）；西班牙电信公司（Telefonica S. A.）；挪威电信公司（Telenor ASA.）；桑内拉电信（Telia Sonera AB.）；弗莱森电讯公司和沃达丰集团（Verizon Communications Inc. and Vodafone Group Plc.）；等等。

表6-6 2014年长期激励计划

计划组成部分	详情
业绩指标及权重	RTSR和FCFROI各占50%
业绩周期	2013年7月1日至2016年6月30日
限制期结束日期	2017年6月30日
发放RTSR的最低阈值	同行业的50%
RTSR发放计划	50%时兑现25%，100%时兑现75%，按直线法分期兑现
发放FCFROI的最低阈值	15.10%
FCFROI发放计划	15.1%的目标时兑现50%，100%时兑现将16.7%，按直线法分期兑现
重新测试	否

董事会有权更改长期激励计划对比组的成员数量。

自由现金流的投资回报率

董事会确定的FCFROI的计算方式是将3年业绩期的平均年自由现金流（减去财务费用）除以同一时期的澳大利亚电信公司的平均投资额。

董事会选择FCFROI指标作为绝对的长期激励目标，原因是业务产生的现金对创造股东价值是至关重要的。

以限制性股票的形式发放行使权

2016年全年结束时，董事会将审核澳大利亚电信公司的审计财务结果的FCFROI和RTSR，从而确定2014年按多少比例发放限制性股票的行使权。

在以限制性股票的形式发放行使权前，高管与澳大利亚电信公司无法律关系，无权接收红利，也无权对按2014年长期激励计划发放的证券进行表决。

如果高管因特许原因离开澳大利亚电信公司，所有未兑现的行使权将自动失效。

如果在限制期内发生利益追溯事件，限制性股票行使权会自动失效。利益追溯事件包括：高管涉嫌诈骗、欺诈或严重违反纪律，产生该限制性股票奖励的财务成绩之后被证明是失实的，损坏澳大利亚电信公司名誉或对澳大利亚电信公司的长期财务实力产生不良影响。

在限制期结束后的第一天限制性股票会被转移给高管，高管可以根据澳大利亚电信公司的证券交易政策对股票进行交易。

4. 高管人员的薪酬结构

图 6-1 表示 2014 年 6 月 30 日之前的高管薪酬结构。短期激励和长期激励的变动部分表示为 50% 的最大机会值，最大机会值是达到目标业绩指标时的成绩。如果目标的达成完全超出预期，最多只能按最高值发放变动部分的薪酬。

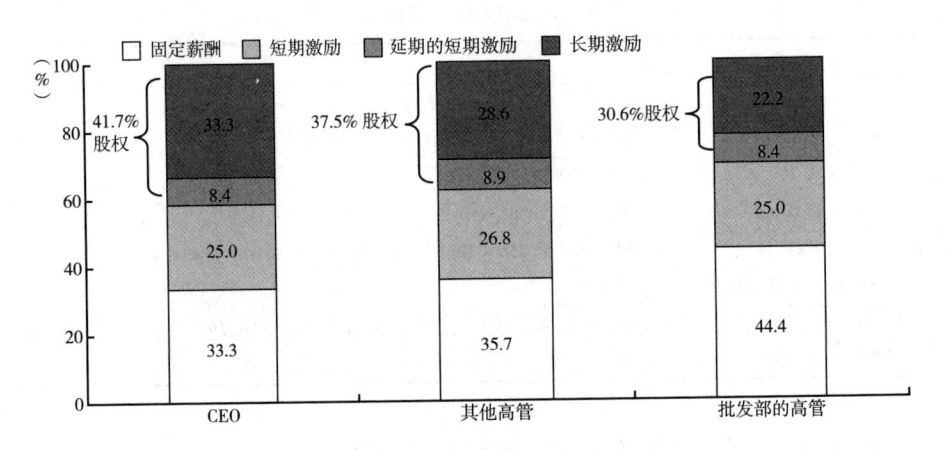

图 6-1 2014 年 6 月 30 日前高管薪酬结构

5. 限制条件和管制

所有高管必须遵循澳大利亚电信公司的证券交易政策，并且股票只能在指定的交易窗口进行交易。

禁止在任何金融交易（包括保证金贷款交易）或股票贷款交易中将澳大利亚电信公司的股票作为抵押品。

在兑现股权之前或在限制期内，禁止高管参与任何会对根据澳大利亚电信的股权计划发放的有价证券总存量的经济风险产生限制的交易。

每年需对高管遵循这些政策限制进行确认，这能让澳大利亚电信公司监督并强化相关政策。

6. 高管的合同细节

表 6-7 为高管合同约定的固定薪酬情况。

表6-7　高管合同约定的固定薪酬情况

姓名	2014年全年的固定薪酬(美元)	通知期限	解聘薪酬
大卫·托德利(David Thodey)	2650000	6个月	12个月
戈登·巴兰坦(Gordon Ballantyne)	1350000	6个月	6个月
斯图尔特·李(Stuart Lee)	1040000	6个月	12个月
凯特·麦肯齐(Kate McKenzie)	1200000	6个月	6个月
罗伯特·纳森(Robert Nason)	1080000	6个月	6个月
安德鲁·佩恩(Andrew Penn)	1450000	6个月	6个月
布伦登·赖利(Brendon Riley)	1350000	6个月	12个月

7. 薪酬结果

——短期激励结果

表6-8展示了按最大机会值的百分比发放的高管平均短期激励薪酬。

表6-8　按最大机会值的百分比发放的高管平均短期激励薪酬

业绩年	2014年	2013年	2012年	2011年	2010年
按最大机会值的百分比发放的短期激励(%)	53.6	66.0	65.6	48.4	22.7

——2014年短期激励计划薪酬结果

表6-9显示了按固定薪酬的百分比发放的2014年短期激励薪酬，以及2014年和2013年短期激励计划下按最大机会值的百分比发放的薪酬。

表6-9　按固定薪酬的百分比发放的2014年短期激励薪酬

姓名	2014年固定薪酬的百分比(%)	2014年最大值的百分比(%)	2013年最大值的百分比(%)
大卫·托德利(David Thodey)	106.3	53.2	66.4
戈登·巴兰坦(Gordon Ballantyne)	99.3	49.7	63.9
斯图尔特·李(Stuart Lee)	119.3	79.5	85.0
凯特·麦肯齐(Kate McKenzie)	106.3	53.2	63.9
罗伯特·纳森(Robert Nason)	99.3	49.7	66.4
安德鲁·佩恩(Andrew Penn)	106.3	53.2	66.4
布伦登·赖利(Brendon Riley)	74.5	37.2	63.9
平均值	101.6	53.6	66.0

图 6-2 显示了在过去 5 年中的 4 年里,按最大机会值的百分比发放的短期激励薪酬随着总收入的增长而增加。澳大利亚电信公司的短期激励的基础是将业绩指标与非业绩指标作为一个整体进行考虑,因此其增长不会始终与收入增长保持一致。如 2014 年,短期激励薪酬较低,说明了公司没有达到顾客需求导向的目标。

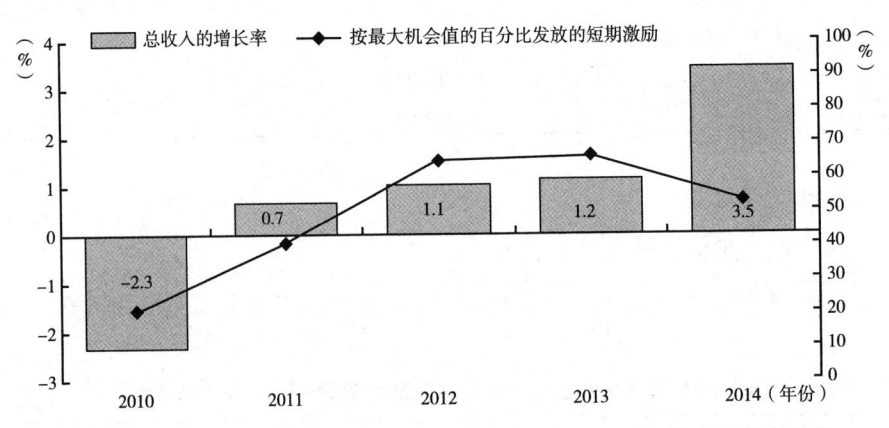

图 6-2 按最大机会值的百分比发放的短期激励薪酬随着总收入的增长情况

——长期激励结果

2012 年长期激励计划的业绩周期到 2014 年 6 月 30 日结束。

澳大利亚电信公司的长期激励结果由外部供应商进行计算,并由澳大利亚电信公司的内部审计团队进行审核。

——截至 2014 年 6 月 30 日的 2012 年全年长期激励计划。

表 6-10 是 2012 年长期激励计划的兑现情况。

表 6-10 2012 年长期激励计划的兑现情况

兑现日期	业绩指标	兑现总计划的百分比(%)
2014 年 6 月 30 日	相对股东总回报(100% 兑现)	50.00
	自由现金流的投资回报(56.3% 兑现)	28.15
	总 计	78.15

——相对于澳大利亚电信公司股价的历史长期激励计划业绩

图 6-3 将澳大利亚电信公司长期激励计划的兑现结果按最大机会值与同业绩周期内的股价历史进行了对比。

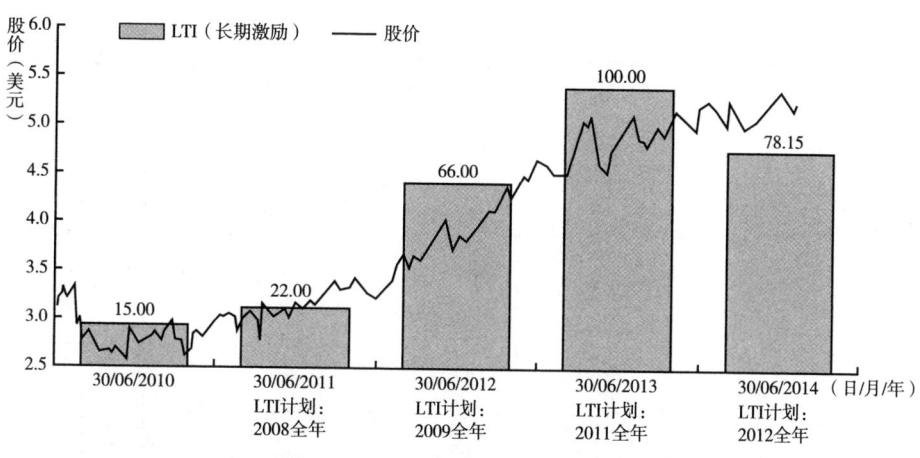

图 6–3 长期激励计划的兑现结果

注：2012 年，澳大利亚电信公司有 2 份长期激励计划，2009 年长期激励是按 2 年、3 年和 4 年进行业绩计算的，这与 2014 年的计划不同，2014 年的计划是 3 年业绩周期加上 1 年的限制期。

表 6–11 为截至 2014 年 6 月 30 日的长期激励计划和其他股权计划的摘要信息。

表 6–11 长期激励计划和其他股权计划

姓名	计划	授予的证券类型	业绩周期（日/月/年）	结束日期（日/月/年）	2014 年 6 月 30 日兑现的总计划的百分比(%)	本年度到期的奖励的百分比(%)	将来进行兑现的日期	尚未兑现的账面价值 最小（美元）	尚未兑现的账面价值 最大（美元）
大卫·托德利（David Thodey）	2011 年全年	行使权	1/07/2010～30/06/2013	20/08/14	不适用	—	不适用	无	—
	2012 年全年	行使权	1/07/2011～30/06/2014	19/08/15	100	21.85	30/06/15	无	711183
	2013 年全年	行使权	1/07/2012～30/06/2015	17/08/16	不适用	不适用	30/06/16	无	1884908
	2014 年全年	行使权	1/07/2013～30/06/2016	30/06/17	不适用	不适用	30/06/17	无	2381873
戈登·巴兰坦（Gordon Ballantyne）	2014 年全年	行使权	1/07/2013～30/06/2016	30/06/17	不适用	不适用	30/06/17	无	970724
斯图尔特·李（Stuart Lee）(4)	2011 年全年	行使权	1/07/2010～30/06/2013	20/08/14	100	—	不适用	无	—
	2013 年全年	行使权	不适用	17/08/15	不适用	不适用	17/08/15	无	148179
	2014 年全年	行使权	不适用	01/07/16	不适用	不适用	01/07/16	无	453332

续表

姓名	计划	授予的证券类型	业绩周期(日/月/年)	结束日期(日/月/年)	2014年6月30日兑现的总计划的百分比(%)	本年度到期的奖励的百分比(%)	将来进行兑现的日期	尚未兑现的账面价值 最小(美元)	尚未兑现的账面价值 最大(美元)
凯特·麦肯齐(Kate McKenzie)	2011年全年	行使权	1/07/2010～30/06/2013	20/08/14	不适用	—	不适用	无	—
	2012年全年	行使权	1/07/2011～30/06/2014	19/08/15	100	21.85	30/06/15	无	221698
	2013年全年	行使权	1/07/2012～30/06/2015	17/08/16	不适用	不适用	30/06/16	无	569030
	2014年全年	行使权	1/07/2013～30/06/2016	30/06/17	不适用	不适用	30/06/17	无	747820
罗伯特·纳森(Robert Nason)	2011年全年	行使权	1/07/2010～30/06/2013	20/08/14	不适用	—	不适用	无	—
	2012年全年	行使权	1/07/2011～30/06/2014	19/08/15	100	21.85	30/06/15	无	233365
	2013年全年	行使权	1/07/2012～30/06/2015	17/08/16	不适用	不适用	30/06/16	无	597479
	2014年全年	行使权	1/07/2013～30/06/2016	30/06/17	不适用	不适用	30/06/17	无	776579
安德鲁·佩恩(Andrew Penn)(5)	2012年全年	行使权	14/12/2011～14/12/2014	14/12/14	不适用	不适用	14/12/14	无	20345
	2013年全年	行使权	1/07/2012～30/06/2015	17/08/16	不适用	不适用	30/06/16	无	796640
	2014年全年	行使权	1/07/2013～30/06/2016	30/06/17	不适用	不适用	30/06/17	无	1042633
布伦登·赖利(Brendon Riley)	2012年全年	行使权	1/07/2011～30/06/2014	19/08/15	100	21.85	30/06/15	无	291707
	2013年全年	行使权	1/07/2012～30/06/2015	17/08/16	不适用	不适用	30/06/16	无	739738
	2014年全年	行使权	1/07/2013～30/06/2016	30/06/17	不适用	不适用	30/06/17	无	970724
总数								无	13557957

表6-12是澳大利亚电信公司高管薪酬的汇总情况。

表6-12 高管薪酬汇总情况

单位：美元

姓名和职位	年份	短期职工福利 薪酬和费用①	短期激励（现金）②	非货币福利③	离职福利 退休金④	解聘福利⑤	其他长期福利 应计的离职福利	其他⑥	以权益结算股票为基础的薪酬 短期激励股票⑧	账面价值（风险）⑦	其他股权⑨	总数
大卫·托德利（David Thodey）CEO	2014 2013	2620224 2580094	2112713 2637413	8286 9568	29776 16470	— —	66250 64914	— —	793931 701786	2580070 2793368	8211250 8803613
戈登·巴兰坦（Gordon Ballantyne）零售部高管	2014 2013	1287051 1213562	1005413 1197188	57754 80585	37744 36438	— —	33120 31250	4579548 —	377843 346094	323575 —	7702048 2905117
斯图尔特·李（Stuart Lee）批发部高管	2014 2013	1012142 971603	930150 956250	12452 14090	17776 46642	— —	25748 24715	— —	296639 219409	510601 339704	2805508 2572413
凯特·麦青齐（Kate McKenzie）CEO	2014 2013	1039194 925427	956700 957750	11557 14297	44203 61970	— —	27085 24685	— —	318977 265724	744371 793401	3142087 3043254
罗伯特·纳森（Robert Nason）商业支持和发展部高管	2014 2013	1054662 1020927	804330 1045013	17544 19747	17776 16470	— —	26811 25935	— —	312728 284828	768547 735634	3002398 3148554
安德鲁·佩恩（Andrew Penn）首席财务官和国际部高管	2014 2013	1419621 1383530	1156013 1393350	6480 4357	17776 16470	— —	35935 35000	— —	386923 275633	820089 506078	3842837 3614418

续表

姓名和职位	年份	短期职工福利 薪酬和费用①	短期激励（现金）②	非货币福利③	离职福利 退休金④	解聘福利	其他长期福利 应计的离职福利	其他⑥	以权益结算股票为基础的薪酬 短期激励股票⑤	其他股权⑤	总数
布伦登·赖利（Brendon Riley）全球企业和服务部高管	2014	1319621	754059	8172	17776	—	33435	—	347501	796861	3277425
	2013	1270927	1245075	9882	16470	—	32185	—	347537	755721	3677797
瑞克·埃利斯（Rick Ellis）媒体部前高管	2014	676323	—	17812	18061	1020456	17360	—	123340	(340245)	1533107
	2013	889644	729825	21265	22753	—	22810	—	156303	398224	2240824
所有前任关键管理人员	2014	10428838	7719378	140057	200888	1020456	265744	4579548	2957882	6203869	33516660
	2013	10255714	10161864	173791	233683	—	261494	—	2597314	6322130	30005990

注：如果将上一任澳大利亚电信公司媒体部的 GE 瑞克·埃利斯（Rick Ellis）的薪酬从 2013 年全年 2014 年全年的总数中去掉，2014 年全年的现金长期激励薪酬引起的。

① 包括工资（除退休金，该费用包含在退休金中）和员工福利税。
② 短期激励（现金）分别与 2013 年全年和 2014 年全年的业绩有关，其基础是澳大利亚电信公司和个人的实际业绩。
③ 包括由澳大利亚电信公司提供的个人家庭安全服务费、停车费，对于戈登·巴兰坦还有根据其服务协议返还国的机票费；还包括追索贷款；这笔费用在 2002 年 11 月 7 日之前已预留，这部分费用未被支付，因此根据国际财务报告准则当次采用"规定，这笔费用现合在免税费用中。
④ 表示公司支付的退休金和高级行政人员其他退休金。
⑤ 瑞克·埃利斯的解聘福利发放以及 106438 美元全年薪酬包括 462500 美元根据他的服务协议发放的代通知薪酬，加上 451518 美元在 2013 年全年计划。他参与了 2012 年全年和 2013 年全年短期激励计划。巴兰坦是澳大利亚电信公司短期激励政策按 2014 年全年短期激励成比例发放的薪酬以及固定期限（4 年），因此他参与 2012 年全年固定期限合同是固定期限，他的 2011 年全年长期激励计划值包括表示 2012 年全年和 2013 年全年长期激励计划（其细节包含在澳大利亚电信公司 2011 年的薪酬报告中），他的 2011 年长期激励计划的最大机会值按 2013 年全年目标已完成，因此在 2014 年 6 月 30 日向戈登·巴兰坦支付了 4579548 美元无现金长期激励计划下澳大利亚最大机会值的成比例值的总额。2013 年全年 FCFROI 和 RTSR 延伸目标已完成。

第六章 澳大利亚国有企业高管薪酬

延伸等级的薪酬。

⑦账面价值代表一部分截止财年开始尚未完全兑现的一部分行使的公允价值。该价值包括一种假设，即行使权，限制性股票和业绩股票将在兑现期未进行兑现。该价值包括一种假设，即行使权，限制性股票和业绩股票无关，并且不表明每位高级行政人员最终会获得福利。

⑧这包括根据2011年全年，2012年全年（仅适用于2013年全年比较级），2013年全年和2014年全年短期激励发放的限制性股票的分摊价值，其中25%的短期激励薪酬以限制性股票的形式发放，并受到限制期的限制，其中一半的股票的限制期为1年，另一半为2年的并受高级行政人员的限制性股票的持续任期的影响。

⑨按要求，之前被认定为薪酬的财务费用在2014年已撤销。截至2014年6月30日，一部分2012年全年长期激励计划未达到FCFROI业绩目标，这笔费用被撤销，这导致权益证券失效。瑞克·埃利斯离职了，2014年和2012年全年计划中先前被认定为薪酬的财务费用已在2014年被撤销。2013年没有被撤销的财务费用。

二 非执行董事的薪酬

1. 薪酬政策和战略

澳大利亚电信公司的非执行董事的薪酬为固定费用,无业绩薪酬。这让非执行董事在做出会影响公司未来方向的决策时能保持其独立性和公正性。

为了保持非执行董事的利益与股东的利益一致,董事会已确立了指导方针,以鼓励非执行董事持有相当于至少其年薪的50%的澳大利亚电信公司股份。这些股份从2009年7月1日或任命期后的5年里分次发放。

董事会对过程进行不间断的监督,并根据指导方针对非执行董事进行追踪。

2. 薪酬结构

表6-13为2014年澳大利亚电信公司董事会和委员会的费用(含退休金)。

表6-13 2014年澳大利亚电信公司董事会和委员会的费用(含退休金)

单位:美元

机构	主席	非执行董事/委员会成员
董事会	705000	235000
审计和风险委员会	70000	35000
薪酬委员会	50000	25000
提名委员会	—	7000

董事会的主席不会因其主席的职位或委员会成员的身份而接收委员会的费用。

2014年,董事会或委员会的费用并无增长。

3. 薪酬组成

根据澳大利亚上市规则和电信政策,退休金包含在每位非执行董事的总薪酬内。非执行董事可以根据法律要求选择提高他们薪酬中的退休金比例。澳大利亚电信公司不会为非执行董事提供除以上注明的退休金之外的其他退休福利。

表6-14是澳大利亚电信公司非执行董事的薪酬。

表6-14 非执行董事的薪酬

单位：美元

姓名及职位	年份	短期员工福利 工资和费用①	短期员工福利 非货币福利②	退休福利 退休金	总数
凯瑟琳·B. 利文斯顿（Catherine B. Livingstone）主席	2014 2013	687225 688530	4425 5952	17775 16470	709425 710952
杰弗里·A. 卡曾斯（Geoffrey A. Cousins.）③ 董事	2014 2013	267000 250530	— —	4444 16470	271444 267000
拉塞尔·A. 希金斯（Russell A Higgins）董事	2014 2013	252225 253530	— 388	17775 16470	270000 270388
金胡林（Chin Hu Lim）④⑦ 董事	2014 2013	199033 —	— 	5701 	204734
约翰·P. 缪伦（John P Mullen）董事	2014 2013	274225 275530	— 1013	17775 16470	292000 293013
诺拉·L. 斯金斯特（Nora L Scheinkestel）董事	2014 2013	287225 288530	— —	17775 16470	305000 305000
玛格丽特·L. 西鲁（Margaret L Seale）董事	2014 2013	252225 243366	— —	17775 16470	270000 259836
斯蒂芬·M. 瓦莫斯（Steven M Vamos）⑤ 董事	2014 2013	249225 251153	— 1902	17775 19491	267000 272546
约翰·D. 格利斯（John D Zeglis）⑦ 董事	2014 2013	230672 225204	— 1590	4328 16470	235000 243264
总数⑥	2014 2013	2699055 2476373	4425 10845	121123 134781	2824603 2621999

①包括董事委员会的会员费。

②在2014年，澳大利亚电信公司对与高管的交易进行免税，这笔费用只是一笔内部的小费用，如提供手机或电脑。

③由于一项行政管理的失误，2014年多付了4444美元的工资和费用，将在2015年进行修正。

④2013年8月9日金胡林出任非执行董事，表中的数额是从2013年8月9日到2014年6月30日的费用。由于一项行政管理的失误，公司多支付了2274美元的退休金，将在2015年进行修正。

⑤在2013年的薪酬报告中，斯蒂芬·M. 瓦莫斯的退休金多报了7898美元，而其工资和费用少报了7898美元。但是2013年薪酬报告中披露的272546美元总费用是正确的。

⑥在2013年的薪酬报告中，非执行董事的总薪酬为2775713美元。表中2013年的总额为2621999美元。

⑦由于金胡林和约翰·D·格利斯是海外居民，他们在2014年的退休金低于其他非执行董事。

第七章

德国国有企业高管薪酬

不同于自由市场国家,德国信奉的是社会市场经济,在这一前提下,不论是曾经的联邦德国和民主德国,还是在两德合并以后,德国虽然也不断尝试国有企业的私有化改革,但国有经济在德国一直存在,并且起到重要作用。

第一节　德国国有企业

随着欧洲国家对于国有企业私有化进程的不断推进,德国在20世纪90年代以后,也经历了两次私有化的浪潮。理论界普遍认为第一个阶段是从1990年到1994年底,主要是针对原民主德国国有企业的私有化和联邦德国竞争性国有企业的私有化;第二个阶段是1994~2003年,以垄断行业和基础设施产业的私有化为主要内容。尽管如此,德国国有企业的私有化程度,比欧洲其他国家,如英国、法国、意大利等,要小得多。

国家只能在很特定的情况下才可以在企业参股,一定要事关"重要的联邦利益",参股行为必须有必要性。在此,重要的国家利益并非是一个静态的概念,而是如同社会与经济一样变迁着的。国家任务可以取消,可以完结,也可以随着科技进步而改变。国家需要定期地检验各项允许其进行企业活动的前提是否还存在,不管是暂时的还是长期的。它有责任就此对国会和公众做出解释。如果国家的某一项参股不再有必要了,那么就要进行私有化。但科学与文化等特定的领域则是国家参股的恒久核心。

德国的国有企业分为两类,即依照公法组建的企业和依照私法组建的企业。公法企业是具有自己的法人地位的机构,其目标、任务和组织来自机构法或创建法,最知名的例子是再建设银行。在满足《联邦预算规定》第65条的情况下,联邦政府才能参股依照私法组建的企业。

这些条件包括:

· 事关重要的联邦利益。

· 无法以其他的方式更好、更经济地达成目标。

· 联邦政府负有限的支付义务。

· 联邦政府可取得恰当的影响力,尤其是在监事会或在某个其他的监督机关中。

· 编纂及审定年度决算及情况汇报时,原则上要符合那些针对大资本公司的规定。

· 联邦财政部根据《预算法》做出了同意,而且该企业要对联邦政府资金的预算和执行负责任。

在参股企业时,联邦政府要不断地审视国家利益。在各种支持国家参股的理由中,旧的理由可以废弃,新的理由可以加入。联邦政府通过灵活的私有化政策来实现这一点。如果私企能够同样好地达成任务,那么联邦政府就要退出这些领域。而只有在国家利益需要时,联邦政府才有理由进行新的参股。这个过程对于参股项目的数量、范围以及各经济活动领域都施加着影响。

根据2013年德国财政部公布的数据,联邦政府及其特别资金在2012年直接参股了111个公法及私法企业(见表7-1)。

表7-1 2012年德国联邦政府参股企业

分类	数量(个)
直接参股	111
其中:	
· 含经营活动的企业	66
· 在合作社的参股	18
· 不含经营活动的企业	4
· 特别资金的参股	23
名义资本大于等于5万欧元且参股比例大于等于25%的间接参股	591
合计	702

(一) 规模分布

按《商法典》第267条按企业规模划分的联邦政府直接参股企业[①]，66个联邦政府直接参股的企业中，43个属于多数参股，这其中又有将近一半是大资本公司（见图7-1）。

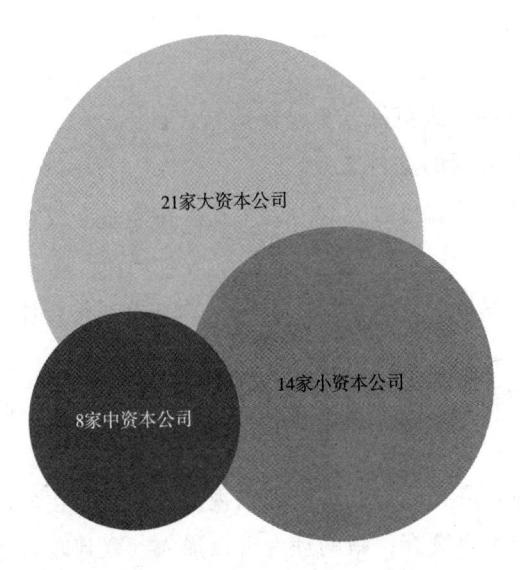

图7-1 按照规模划分的联邦政府多数参股国有企业

按《商法典》第267条，23个少数参股项目中的60%是大资本公司（见图7-2）。

(二) 行业分布

图7-3反映的是德国的66个联邦政府直接参股企业的行业分布情况。

(三) 主管部门分布

图7-4按部门说明了66个联邦政府直接参股企业的主管部门分布情况。各个管理部门以权力下放、针对具体任务的管理方式来把握联邦政府参股的情况。

联邦政府管理其企业参股时，是以完成相关的国家利益要求的任务为导向

[①] 按照《商法典》第267条第一节，小资本公司指的是至少不超出以下三个标准中的两个的公司：资产总规模484万欧元、年均50名雇员、营业进款968万欧元；中资本公司指的是至少不超出三个标准中的两个的公司：资产总规模为1925万欧元、年均250名雇员、营业进款3850万欧元；大资本公司指的是至少超出三个标准中的两个的公司：资产总规模为1925万欧元、年均250名雇员、营业进款3850万欧元。

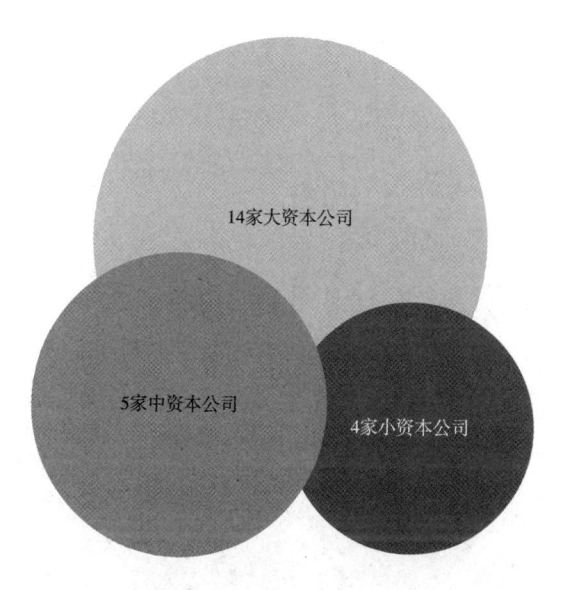

图 7-2　按照规划分的联邦政府少数参股国有企业

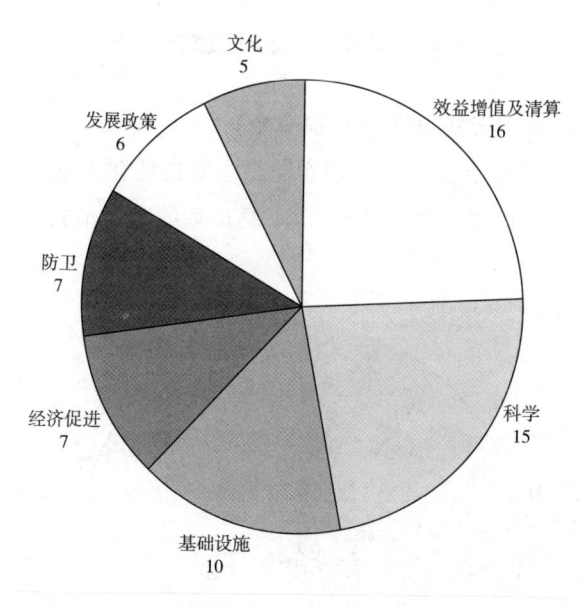

图 7-3　联邦政府参股国有企业的行业分布

的，并不注重盈利。43 个联邦政府多数参股企业中，24 个是有联邦预算补贴的，总额达 52.8 亿欧元。23 项联邦政府少数参股企业中，11 项是有联邦预算补贴的，总额达 1.168 亿欧元。

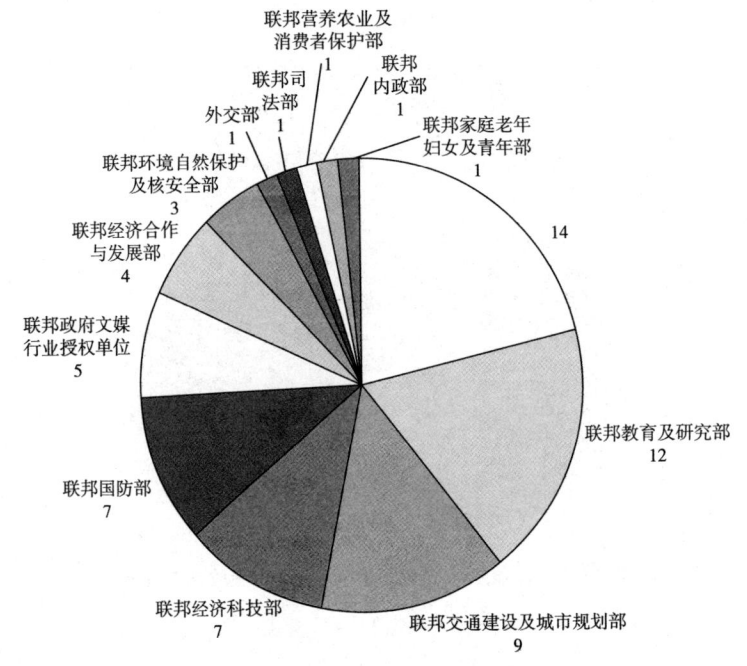

图 7-4 联邦政府参股企业主管部门分布

- 联邦营养农业及消费者保护部 1
- 联邦司法部 1
- 外交部 1
- 联邦环境自然保护及核安全部 3
- 联邦经济合作与发展部 4
- 联邦政府文媒行业授权单位 5
- 联邦国防部 7
- 联邦经济科技部 7
- 联邦交通建设及城市规划部 9
- 联邦教育及研究部 12
- 联邦内政部 1
- 联邦家庭老年妇女及青年部 1
- 14

（四）企业的组织形式（不含特别资金）

联邦政府在公司法意义上参股的企业最主要的法律形式是有限公司，共有57个（见图7-5）。非营利性有限公司不是单独的公司形式，更确切地说，它

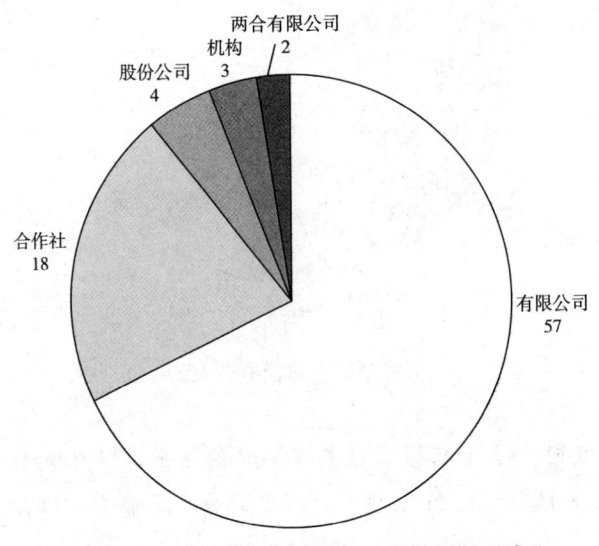

- 两合有限公司 2
- 机构 3
- 股份公司 4
- 合作社 18
- 有限公司 57

图 7-5 联邦政府参股国有企业的组织形式

是一种必须满足特定的公益需要的有限公司。有限公司的法律形式方便了联邦政府按照《预算法》的要求施加适当的影响。

第二节 德国国有企业高管薪酬监管

德国的国有企业由财政部负责统一监管。除此之外，各企业的经营业务则由相关主管部门进行管理。德国对于国有企业的管理遵循透明、公开的原则，每年由财政部负责向国会和公众公开发布联邦政府对于国有企业的参股情况。联邦政府要对社会做到透明、公开与负责，也要求它所参股的各企业做到这几点，在公司年报中主动披露高管的薪酬情况，对于个别没有公开披露相关信息的企业，会点名批评。联邦政府希望，国企应该是富有责任心的，是照顾到持股者、雇员、顾客及供应商们的利益的。

联邦政府在2009年颁布了《企业及参股管理原则》，对企业的管理及监督更透明、更合理，联邦政府作为持股人的角色也更加明晰。《企业及参股管理原则》包括三个部分。

A部分，《公共企业治理典例》（Public Corporate Governance Kodex，PCGK），包含有关妥善管理控制公司的建议和倡导，这些建议和倡导是针对所有参股企业的。

B部分，针对各管理参股的联邦主管部门的《良好参股管理指示》，包含与《公共企业治理典例》（如"企业治理有序汇报"）相协调的关于参股管理的独立规定。

C部分，《聘任方针》，管理企业和其他公共机构的监事会或其他的监督机关的人事以及代表机关（如董事会、经理）的运作。

其中，在《公共企业治理典例》中包含"薪酬透明"的要求。指出联邦参股企业治理报告必须按照要求，有名有姓地、具体到每个人地说明领导层所有成员的总薪酬。

第三节 德国国有企业高管薪酬水平

德国国有企业高管分为董事会、监事会和经理层。不同于美国的是，董事会的权利相对较大，不仅拥有企业法人的权利，而且参与一部分公司的经营管理。其薪酬水平较高，但大多数国有企业不设董事会，而是以由政府派驻官员组成的监事会监督公司的日常运转，监事会成员的薪酬较低（见表7-2）。

表7-2 德国国有企业及其高管薪酬情况

编号	企业名称	主营业务	联邦政府持股比例	董事会平均薪酬(a)(欧元)	监事会平均薪酬(b)(欧元)	经理层平均薪酬(c)(欧元)	人力成本(d)(千欧元)	平均雇员数(e)(人)	$f = d*1000/e$	a/f	b/f	c/f
1	北方能源有限公司	个别地区不再运作的核电设施及其附属设施	100%	—	4788.9	244175.0	59897.0	1617	37042.1	—	0.1	6.6
2	劳季矣及中部德国矿业管理有限公司	管理并协调劳季矣及中部德国矿区的收尾期褐煤矿工程	100%	—	4771.9	272221.5	45689.0	723	63193.6	—	0.1	4.3
3	TLG不动产有限公司	利用、管理、发展、买入土地产及建筑	100%	—	12708.3	614855.3	18320.4	225	81424.0	—	0.2	7.6
4	联邦金融市场稳定机构	按照《金融市场稳定基金法》及《改组基金法》完成各项任务。管理金融市场稳定基金和信贷机构改组基金	100%	—	—	263200.2	5863.0	70	83757.1	—	—	3.1
5	金融市场稳定基金	随着《金融市场稳定基金法》的生效而建立，目的在于重建对金融系统的信心，稳定金融部门	100%	无	无	无	0.0	0	—	—	—	—
6	联邦印钞公司*	研发、生产、加工、经营及应用人身、物件、价值产出人证件印刷及高价值安全卡件的印刷产品及安全系统	100%	—	7083.3	513416.6	108746.0	2004	54264.5	—	0.1	9.5

* 国内也译为联邦印刷厂有限公司。

第七章 德国国有企业高管薪酬

续表

编号	企业名称	主营业务	联邦政府持股比例	董事会平均薪酬(a)(欧元)	监事会平均薪酬(b)(欧元)	经理层平均薪酬(c)(欧元)	人力成本(d)(千欧元)	平均雇员数(e)(人)	f = d*1000/e	a/f	b/f	c/f
7	联邦德国财政代理处有限公司	在联邦德国及其特别资金的预算融资及现款融资方面为联邦财政部提供服务	100%	—	—	341834.0	16080.0	163	98650.3	—	—	3.5
8	彼得斯山宾馆有限公司	住宿餐饮	100%	—	无	49250.0	165.0	3	55000.0	—	—	0.9
9	VEBEG 有限公司	利用联邦国防军、各机关以及公共设施淘汰物资,进行相关业务	100%	—	2633.3	156600.0	3958.0	52	76115.4	—	0.0	2.1
10	德国贸易投资-外贸及区位营销有限公司	德国经济、投资及技术区进行招商	100%	—	0.0	131411.0	8143.0	302	26963.6	—	0.0	4.9
11	基础设施与通信服务科研所有限公司	鼓励网络产业,特别是电子通信、邮政及能源市场等领域的科学研究	100%	—	0.0	124890.8	1404.5	20	70225.0	—	0.0	1.8
12	Wismut 有限公司	清算民主德国地区停采的铀矿开采及加工业;清除有害物质、土壤、水体空气污染以及其他环境破坏因素等	100%	—	4772.1	161408.0	70928.0	1302	54476.2	—	0.1	3.0
13	发展采购与经营有限公司	随项目发展成为联邦国防部提供咨询服务	100%	—	—	249560.1	8606.0	95	90589.5	—	—	2.8

续表

编号	企业名称	主营业务	联邦政府持股比例	董事会平均薪酬(a)(欧元)	监事会平均薪酬(b)(欧元)	经理层平均薪酬(c)(欧元)	人力成本(d)(千欧元)	平均雇员数(e)(人)	$f = d*1000/e$	倍数关系 a/f	倍数关系 b/f	倍数关系 c/f
14	化武及旧装备清除有限公司	生产联邦相关设施与装备清除化学武器废料、被污染的土地与垃圾;销毁与化学武器相关的军备废料与废弃物之相关的材料、副产品与废弃产品等	100%	—	0.0	—	8327.0	139	59906.5	—	0.0	—
15	德国铁路股份公司	铁路基础设施的运营和市场营销,货运和客运业务,各类物流业务,各类咨询和服务	100%	1740000.0	41617.6	—	13817000.0	286237	48271.2	36.0	0.9	—
16	德国空中交通指挥有限公司	受联邦交通、建设与城市发展部委托执行,供给与执行空中交通整制服务	100%	—	1039.3	397333.3	789138.0	6104	129282.1	—	0.0	3.1
17	国家氢燃料电池及燃料电池技术组织有限公司	在协调实施联邦政府"国家氢燃料电池技术创新项目"框架下促进联邦经济发展,协调联邦交通建设及城市规划部电动车项目	100%	—	0.0	148833.9	1104.1	15	73606.7	—	0.0	2.0
18	交通基础设施融资有限公司	为以下几个方面提供融资:联邦长途公路及联邦水路的新建、扩建、养护、运营和维护;联邦政府委托建的铁路机道的建设、扩建和替代投资	100%	—	0.0	178190.0	1634.0	14	116714.3	—	0.0	1.5

第七章 德国国有企业高管薪酬

续表

编号	企业名称	主营业务	联邦政府持股比例	董事会平均薪酬(a)(欧元)	监事会平均薪酬(b)(欧元)	经理层平均薪酬(c)(欧元)	人力成本(d)(千欧元)	平均雇员数(e)(人)	$f = d*1000/e$	倍数关系 a/f	倍数关系 b/f	倍数关系 c/f
19	Asse 有限公司 - Asse II 矿道经营管理有限公司	经营管理 Asse 终端仓库,尤其包括维护开敞装置,实施应急供应措施及执行停工措施等	100%	—	—	176745.2	22542.0	318	70886.8	—	0.0	2.5
20	德国发展合作鉴定机构非营利性有限公司	保证所有发展合作效应评估质量的独立评估机构	100%	—	0.0	83400.0	497.5	20	24875.0	—	0.0	3.4
21	Engagement Global 非营利性有限公司	使得之前分摊于许多不同机构的有关市民和地区工作的促进项目共同集合到了发展合作当中	100%	—	0.0	93862.5	8957.0	191	46895.3	—	0.0	2.0
22	德国国际合作有限公司	为在联邦政府达成其发展援助目标时为其提供支持	100%	—	0.0	191677.0	653003.0	15912	41038.4	—	0.0	4.7
23	柏林联邦文化活动有限公司	准备、开展和完成在柏林的文化领域活动	100%	—	0.0	145465.3	17722.0	465	38111.8	—	0.0	3.8
24	Transit 电影有限公司	管理利用电影、影像及声音载体的版权、管理、利用、购置和保存电影、图片和声音载体以及完成类似任务	100%	—	1915.0	90727.0	—	5	—	—	—	—
25	柏林国际和平贡献中心非营利性有限公司	该公司奉行完全直接的非营利和慈善目的。其工作任务是加强国际民间危机的预防,解决冲突和巩固和平,为国际社会和平共处做贡献	100%	—	0.0	72274.6	1937.0	35	55342.9	—	0.0	1.3

续表

编号	企业名称	主营业务	联邦政府持股比例	董事会平均薪酬(a)(欧元)	监事会平均薪酬(b)(欧元)	经理层平均薪酬(c)(欧元)	人力成本(d)(千欧元)	平均雇员数(e)(人)	$f = d*1000/e$	a/f	b/f	c/f
26	德国生物质研究中心非营利性有限公司	旨在研究经济效应和环境考量的创新科技的特殊考虑下的再生能源利用	100%	—	0.0	69178.0	7537.0	186	40521.5	—	0.0	1.7
27	于利希研究中心有限公司	自然科学与技术的研究,人类、环境与技术接口装置的开发	90%	—	0.0	154649.8	272285.0	5234	52022.4	—	0.0	3.0
28	柏林赫尔姆霍尔兹材料与能量研究中心有限公司	自然和材料科学领域的战略领域研究;为全国和全球科研人员建造、生产、开发大型机械装置与科学基础设施;技术传播等	90%	—	0.0	115442.5	59079.0	1148	51462.5	—	0.0	2.2
29	赫尔姆霍尔兹传染研究中心有限公司	推动生物技术领域的多学科联合与发展研究,促进科技人才深造等	90%	—	0.0	125692.0	34383.0	761	45181.3	—	0.0	2.8
30	德国慕尼黑赫尔姆霍尔兹健康与环境研究中心有限公司	人在环境中的健康问题。其目标是,认识人类健康受环境因素影响机制,发展解析疾病生成风险,保护人类健康及其未来生存环境的理念	90%	—	0.0	188917.5	95784.0	2059	46519.7	—	0.0	4.1

第七章 德国国有企业高管薪酬

续表

编号	企业名称	主营业务	联邦政府持股比例	董事会平均薪酬(a)(欧元)	监事会平均薪酬(b)(欧元)	经理层平均薪酬(c)(欧元)	人力成本(d)(千欧元)	平均雇员数(e)(人)	f = d*1000/e	a/f	b/f	c/f
31	GSI赫姆霍尔兹重离子研究中心有限公司	开发、建设与运营大型研究基础设施,这些基础设施尤其是用于强子束、重离子束和电子束的加速自然科学、材料科学与生命科学领域的基础与应用研究的发展	90%	—	0.0	126896.8	62410.0	1126	55426.3	—	0.0	2.3
32	赫尔姆霍尔兹环境研究中心有限公司	一体化环境研究领域,包括:生物多样性和陆地生态系统;水资源和生态系统;分析化学和生态毒理学;环境和系统建模;生物地球化学环境研究;社会科学环境研究;健康研究;生物能源等	90%	—	0.0	142397.0	52024.0	1083	48036.9	—	0.0	3.0
33	高科技创业者基金两合有限公司	以自己的名义、自己的账户,买入、持有、管理、出让那些具有较高成长潜力的年轻技术企业的股份	88%	—	0.0	133791.0	—	36	—	—	—	—
34	联邦国防军车辆服务有限公司	发展联邦国防军重要海军管理系统及经营联邦国防部营业范围内的移动及海军管理任务	75%	—	0.0	129224.2	18390.0	1092	16840.7	—	0.0	7.7

续表

编号	企业名称	主营业务	联邦政府持股比例	董事会平均薪酬(a)(欧元)	监事会平均薪酬(b)(欧元)	经理层平均薪酬(c)(欧元)	人力成本(d)(千欧元)	平均雇员数(e)(人)	$f = d*1000/e$	a/f	b/f	c/f
35	柏林社会科学研究中心非营利性有限公司	承担以问题为导向的社科基础研究机构	75%	—	绝大多数为0	117253.5	14361.0	339	42362.8	—	—	2.8
36	德国发展政策研究所非营利性有限公司	在自主研究的基础上开展咨询和培训工作	75%	—	0.0	93298.5	6077.5	113	53783.2	—	0.0	1.7
37	高科技创业者第二基金网有限公司	以自己的名义、自己的账户，买入、持有、管理、出让那些具有较高成长潜力的年轻技术企业的股份	75%	—	0.0	133791.0	—	36	—	—	—	—
38	高校信息系统有限公司	协助高校和主管部门通过以下方式理性经济地实现高等教育任务：为高校管理合理化发展信息技术流程；为决策基础建立调查、研究和鉴定高校建设基础；提供信息和组织信息交流	67%	—	0.0	—	20167.0	449	44915.4	—	0.0	—
39	联邦德国艺术展览馆有限公司	运营联邦德国的艺术展厅和展览馆	61%	—	0.0	101996.0	5434.0	134	40552.2	—	0.0	2.5

续表

编号	企业名称	主营业务	联邦政府持股比例	董事会平均薪酬(a)(欧元)	监事会平均薪酬(b)(欧元)	经理层平均薪酬(c)(欧元)	人力成本(d)(千欧元)	平均雇员数(e)(人)	f = d*1000/e	a/f	b/f	c/f
40	康拉德终端仓库基金会有限公司	促进非营利项目研发非热能损耗的康拉放射性核废料终端仓库在萨尔茨吉特市建成和投入运营	60%	—	—	—	—	—	—	—	—	—
41	德国公私伙伴关系股份公司	为德国公共部门以及外国官方就劳实基础,拓宽德国及国际公私伙伴关系市场等事务提供顾问服务	54%	—	2000.0	300021.7	2930.0	31	94516.1	—	0.0	3.2
42	远程管道经营有限公司	生产、维修与修复管道(输油管)、泵站、储罐设备及隶属于此的德意志联邦共和国境内的北约输油管道系统与德国军用输油设备	51%	—	1345.6	173373.0	19110.0	347	55072.0	—	0.0	3.1
43	联邦德国司法信息系统有限公司	提供法律及其边缘领域的广泛无限信息,必要时还提供信息领域和法律方面的服务	50%	—	0.0	102300.0	13613	187	72796.8	—	0.0	1.4
44	德国能源代理处有限公司	联邦及世界范围内活动的机构,该机构旨在促进合理且环保地获取、转换、利用能源,其中包括可再生能源	50%	—	0.0	170860.5	8526.0	152	56092.1	—	0.0	3.0

续表

编号	企业名称	主营业务	联邦政府持股比例	董事会平均薪酬(a)(欧元)	监事会平均薪酬(b)(欧元)	经理层平均薪酬(c)(欧元)	人力成本(d)(千欧元)	平均雇员数(e)(人)	$f = d*1000/e$	a/f	b/f	c/f
										倍数关系		
45	德国灵长类中心有限公司	进行灵长目动物及有关的自然科学和医学研究,为其他研究机构提供与饲养灵长目动物以及提供与之相关的服务	50%	—	0.0	100212.9	11887.0	286	41562.9	—	0.0	2.4
46	卡尔斯鲁厄专业情报中心科技信息有限公司	为科学研究提供信息,在科学信息基础设施领域内开发相应产品与服务,并使其公开大众化	50%	—	0.0	—	18629.0	336	55443.5	—	0.0	—
47	BWI信息技术有限公司	技术辅助信息处理更新并运营联邦国防军全部非军事信息技术和电信基础设施	50%	—	0.0	227500.0	—	1940	—	—	—	—
48	国际摩泽尔有限公司	与国家水利建设管理部门合作拓宽科布伦茨到蒂耶维尔之间的摩泽尔河并筹措资金	49%	—	991.0	4200.0	26.7	1	26700.0	—	0.0	0.2
49	陆军物流有限公司	规划和控制军事系统的材料维护和相关的业务	49%	—	0.0	约237500	20041.0	310	64648.4	—	0.0	—

续表

编号	企业名称	主营业务	联邦政府持股比例	董事会平均薪酬(a)(欧元)	监事会平均薪酬(b)(欧元)	经理层平均薪酬(c)(欧元)	人力成本(d)(千欧元)	平均雇员数(e)(人)	f = d*1000/e	倍数关系 a/f	b/f	c/f
50	德国再建设银行	作为联邦及各州所拥有的支持性银行,支撑着经济、社会、生态生活经济条件的持久改善	47%	689983.3	5100.0	—	—	5190	#VALUE!	—	—	—
51	盖斯特哈赫特(Geesthacht)赫尔茨材料与海岸带研究中心有限公司	推动材料、海岸带、气候、环境与再生医学领域的多学科联合与发展研究	46%	—	0.0	128187.0	45124.0	912	49478.1	—	0.0	2.6
52	核设施安全有限公司	主要负责处理核技术安全的经济问题和非核领域的相关知识,例如环保和安全研究等	46%	—	0.0	176386.0	35954.0	445	80795.5	—	0.0	2.2
53	化学专业信息中心有限公司	化学及其边缘学科领域内的科学与技术信息服务	40%	—	0.0	120000.0	12133.0	71	170887.3	—	0.0	0.7
54	德国统一长途公路规划与建设有限公司	在合同管理的框架下规划及建设(施工准备及其监督)联邦长途公路或其中重要路段,同时承接股东建设义务内的同类交通基础设施项目及附属任务	35%	—	399.7	199383.5	18602.0	228	81587.7	—	0.0	2.4
55	柏林广播合唱乐团非营利生有限公司	促进艺术和文化,经营了两支乐队和两个合唱团	35%	—	0.0	68164.2	25291.0	334	75721.6	—	0.0	0.9

续表

编号	企业名称	主营业务	联邦政府持股比例	董事会平均薪酬(a)(欧元)	监事会平均薪酬(b)(欧元)	经理层平均薪酬(c)(欧元)	人力成本(d)(千欧元)	平均雇员数(e)(人)	f = d*1000/e	倍数关系 a/f	b/f	c/f
56	德俄青年交流基金会非营利性有限公司	该公司旨在促进联邦德国与俄罗斯联邦之间的青年和小学生的交流,以期用文化工作和社会教育的方式促进相互的民族理解	35%	—	—	71063.0	365.1	11	33186.4	—	—	2.1
57	德国鉴定机构有限公司	结合欧洲共同体有关规定及德国《鉴定机构法》的要求,执行鉴定任务	33%	—	0.0	160313.6	7644.7	136	56211.0	—	0.0	2.9
58	杜伊斯堡港股份公司	运营各港口、铁路设施及附属设施,出租地产与建筑等	33.3%	—	1113.9	446171.8	33429.0	629	53146.3	—	0.0	8.4
59	科隆—波恩机场有限公司	运营及扩建科隆—波恩机场、阿登纳机场,供给机场地区的电能及开展所有相关的附属业务	31%	—	1508.4	336183.4	106700.0	1804	59146.3	—	0.0	5.7
60	机场公司	从柏林—舍纳菲尔德机场到柏林勃兰登堡维利·勃兰特机场兰特机场的运营及扩建,机场开通后柏林—勃兰登堡地区的航空公司	26%	—	1307.6	359343.4	88785.0	1347	65913.1	—	0.0	5.5
61	慕尼黑机场有限公司	慕尼黑机场有限公司的宗旨业务包括所有符合公司宗旨的直接或间接附属业务	26%	—	约997.98	409528.5	333621.0	7616	43805.3	—	—	9.3

续表

编号	企业名称	主营业务	联邦政府持股比例	董事会平均薪酬(a)(欧元)	监事会平均薪酬(b)(欧元)	经理层平均薪酬(c)(欧元)	人力成本(d)(千欧元)	平均雇员数(e)(人)	$f = d*1000/e$	倍数关系 a/f	倍数关系 b/f	倍数关系 c/f
62	LH 联邦国防军服装有限公司	为军队、联邦国防军工作人员及其他联邦公共机构提供全面必需的服装及装备,预加工处理新到必需品及其贸易事务	25%	—	13222.2	257666.7	14471.0	320	45221.9	—	0.3	5.7
63	拜罗伊特音乐节有限公司	通过举办拜罗伊特音乐节以及促进音乐节运营的其他活动来促进文化和艺术	25%	—	0.0	130000.0	12178	713	17079.9	—	0.0	7.6
64	德国公私伙伴关系股份参股	对德国公私伙伴关系股份公司进行参股	24%	—	无	16040.0	27.0	3	9000.0	—	—	1.8
65	德国电信股份公司	国内外的电子通信、信息技术、多媒体、信息及娱乐、安全服务、营销传播服务和其他收款支付手段、托收保付、接收及监督工作,以及上述领域有关的服务项目等	15%	2137246.4	111172.5	—	14581614.0	232342	62759.3	34.1	1.8	—
66	药价折扣中央结算处有限公司	旨在根据药价折扣法第二条的规定履行中央结算的工作(获取药价折扣)	10%	—	0.0	15000.0	394.0	10	39400.0	—	0.0	0.4

根据德国知名人力资源咨询公司基恩鲍姆公布的一份调查报告[①]，德国国企高管收入远低于私有企业高管。这份报告对1055家德国国企的2266位高管进行了调查，其中21%的高管年薪低于10万欧元，62%介于10万~30万欧元之间，17%在30万欧元以上。而私有企业高管的平均收入是国企的两倍。

案例

德国电信公司高管薪酬

德国电信公司（Deutsche Telekom AG）是欧洲最大的电信运营商，股东结构见表7-3。该公司经营领域包括国内外的电子通信、信息技术、多媒体、信息及娱乐（包括博彩与竞赛）、安全服务、营销传播服务、电子银行、电子货币和其他收款支付手段、托收保付、接收及监督工作，以及和上述领域有关的服务项目等；还进行风险资本方面的活动，如参股风险资本的买进、持有、管理及转让，主要参股自身从事领域中的企业。另外，参股对象也包括有关的再保险领域的活动。

表7-3　股东结构（以2012年12月31日为准）

股东	股份资本（千欧元）	股份资本（%）
联邦政府	1655232	15
德国再建设银行集团	1883294	17
公众持股量	7524051	68
合计	11062577	100

2012年，德国电信公司不但达成了自我设定的企业目标，而且以62亿欧元的自由现金流量超额完成了任务。2012年10月3日，公司就美国业务上的联合与MetroPCS（美国无线运营商）签订协议。从德国电信公司的视角而言，这项交易是有增值作用且很具战略的。由于无线电频得到改善、客户圈得到扩展，公司在美国可以更加有效地与各本土无线运营商进行竞争。

市场饱和、竞争增加、调控干涉加剧等不利的框架条件对于该企业业绩有消极的影响。为了保障企业的未来竞争力，公司进行80亿欧元的投资。重点在于扩展宽频以及加大容量。在理念上，也体现了要进一步发展这一战略、更

---

① 《国外为国企高管定薪酬：用透明和限高平息争议》，环球时报，2014年9月1日。

加面向顾客的精神。德国电信坚守三个原则：奋斗、改变、革新。

2012 年，德国电信公司的集团销售额（集团决算）略降至 582 亿欧元，比 2011 年减少了 0.8%。欧洲经营区的大部分国家的竞争压力以及困难的经济态势为其增添了不少负担。

以欧元计算，美国经营区的销售额从 2011 年的 148.11 亿欧元上升至 153.71 亿欧元。系统经营区的销售额从 2011 年的 99.53 亿欧元上升到 100.16 亿欧元。而欧洲经营区则蒙受了损失，从 2011 年的 151.24 亿欧元降到 144.08 亿欧元，德国区则从 232.06 亿欧元下降到 227.36 亿欧元。公司并没有从联邦政府预算中得到补贴。

表 7-4 至表 7-10 节选自德国电信公司年报；反映了该公司工作人员数、收支情况，以及董事会、监事会的薪酬情况。

表 7-4 工作人员数（集团）

工作人员	2012 年	2011 年
年均雇员数(人)	232342	240369

表 7-5 公司销售额与业绩

单位：千欧元

销售额与业绩	2012 年	2011 年
销售进款	58169196	58653243
其余进款	2967631	4361789
物质支出	0	0
人事支出	14581614	14742857
其他业务支出	11895268	4200291
财政业绩	-2420176	-2566670
一般经营活动业绩（经营业绩）	-3809876	5586137
年度业绩	-4757125	669837

表 7-6 公司收支情况

单位：千欧元

收支项目	2012 年	2011 年
资产总规模	107942107	122541679
短期资产价值	15019179	15864840
长期资产价值	92922928	106676839
其中非物质资产价值	41732109	50097447

续表

收支项目	2012 年	2011 年
其中固定资产	37521401	41926653
自有资本	30543084	39940522
拨备(短期及长期拨备)	12040716	11001418
短期债务	20109105	21120610
长期债务	45249202	50479129

表 7-7 公司收支情况（续）

单位：千欧元，%

其余参数	2012 年	2011 年
自有资本比例	283	326
税息折旧及摊销前利润	18146858	20022382
税息折旧及摊销前利润(扣除特殊影响干扰)	17977548	18685590
净财政支付义务	36860362	40120714
来自经营活动的现金流量	13576784	16214106
自由现金流量(红利支付、频谱投资以及 PTC 及 AT&T 交易之前)	6238459	6421646

表 7-8 2012 年董事会总薪酬

单位：欧元

董事姓名	固定工资	其余收入	可变薪酬	总额	退休金花费(工作时间花费)
René Obermann	1450000	51711	2276241	3777952	633893
Dr. Manfred Balz（至 2012-5-31）	333333	6342	147000	486675	211611
Reinhard Clemens	840000	22596	1269755	2132351	393132
Niek Janvan Damme	700000	26023	1208058	1934081	248106
Timotheus H·ttges	900000	22415	1343855	2266270	306848
Dr. Thomas Kremer（自 2012-6-1）	408333	28996	426652	863981	150492
Claudia Nemat	900000	54749	915617	1870366	191850
Thomas Sattelberger（至 2012-5-2）	270968	1600	343487	616055	345354
Prof. Dr. Marion Schick（自 2012-5-3）	462903	17969	532122	1012994	249144
合计	6265537	232401	8462787	14960725	2730430

表7-9　2012年监事会薪酬（在职人员）

单位：欧元

监事姓名及职务	固定薪酬	会议金	总额
Lehner, Prof, Dr., Ulrich（主席）	206800	26000	232800
Schröder, Lothar（副主席）	163200	25000	188200
Baldauf, Sari（自2012-11-1）	6667	—	6667
Becker, Hermann Josef	100000	21000	121000
Bernotat, Dr., Wulf	83333	16000	99333
Beus, Dr., Hans Bernhard[①]	60000	15000	75000
Brandl, Monika	80000	14000	94000
Grünberg von, Dr., Hubertus	80000	10000	90000
Guffey, Lawrence H.	80000	13000	93000
Hanas, Klaus-Dieter（自2012-6-1）	23333	4000	27333
Hauke, Sylvia[②]	40000	8000	48000
Holzwarth, Lothar[③]	83200	18000	101200
Kallmeier, Hans-Jürgen[④]	100000	17000	117000
Kollmann, Dagmar P,（自2012-5-24）	45000	6000	51000
Litzenberger, Waltraud	123200	24000	147200
Middelmann, Prof. H. C., Dr. InG., E. H., Ulrich	103200	18000	121200
Schr·der, Dr., Ulrich	60000	12000	72000
Sommer, Michael	40000	7000	47000
Spoo, Sybille	40000	8000	48000
Walter, Dr. H. C., Bernhard	100000	10000	110000
合计	1617933	272000	1889933

①包括2011财政年度的因校正而补付的2000欧元。

②在2012财政年度，Sylvia Hauke除了为其在德国电信股份公司监事会的工作获得薪酬之外，她还因德国电信有限公司（Telekom Deutschland GmbH）的监事会委任而获得一份额外的14000欧元的薪酬。

③在2012财政年度，Lothar Holzwarth除了为其在德国电信股份公司监事会的工作获得薪酬之外，他还因德国电信有限公司的监事会委任而获得一份额外的17000欧元的薪酬。

④在2012财政年度，Hans-Jürgen Kallmeier除了为其在德国电信股份公司监事会的工作获得薪酬之外，他还因德国电信有限公司的监事会委任而获得一份额外的10000千欧元的薪酬（译者注：原文如此，我也觉得数字有点怪，千欧可能是欧元之误）。

表7-10　2012年监事会薪酬（退职人员）

单位：欧元

监事姓名	固定薪酬	会议金	总额
Bury, Hans Martin（至2012-10-31）	66667	11000	77667
Hocker, Ulrich（至2012-5-24）	25000	4000	29000
Löffler, Michael[①]（至2012-5-31）	16667	4000	20667
合计	108334	19000	127334

①在2012财政年度，Lothar Schröder除了为其在德国电信股份公司监事会的工作获得薪酬之外，他还因德国电信有限公司的监事会委任以及担任数据保护顾问团主席而获得额外的38000欧元的薪酬（译者注：表格就上没有标e，可能是漏了）。

年度决算审计：PricewaterhouseCoopers股份公司，经济审核公司。

第八章

韩国国有企业高管薪酬

韩国国有企业的发展改革不同于其他国家,有其自身特点。从"二战"后对日资企业的改造,建立了现代意义上的国有企业,到 20 世纪六七十年代有计划的经济开发,国有企业大规模发展,再到 20 世纪 80 年代以后,韩国经历的国有企业改革和私有化,每一步措施都与当时的经济和社会发展密不可分。

第一节 韩国国有企业

学者对于韩国创立国有企业的动机进行了研究,比较有代表性的观点如表 8-1 所示。

表 8-1 韩国国有企业设立的动机

学者	韩国国有企业设立的动机
Friedman & Ganer	①民间资本的不足或者促进经济发展; ②国防上及战略上的考虑;③垄断性产业;④政治信条
Petersen	①实现国家目的;②增进能率; ③私有企业的经营不善及能力不足;④政治性、哲学性倾向的反映
白万基	①民间阶层的资本及技术不足;②国防上的理由;③收益上的理由;④风险性较大;⑤垄断性产业;⑥带危机性的事业

续表

学者	韩国国有企业设立的动机
吴锡宏	①发展有公共需求,但民间部门的资本不足、缺乏动机发展的事业;②发展国防上需要的事业; ③发展需要政府管理的垄断事业; ④作为民间企业的运营模范事业; ⑤控制民间企业垄断性所必要的事业
尹成植	①发展要求巨额投资或危险负担大的事业; ②强化民间部门的竞争; ③政治性理念; ④财政收入的创出手段; ⑤发展存在规模经济的事业; ⑥失业率的减少与劳资关系的改善; ⑦产业结构调整容易; ⑧发展主要战略产业; ⑨发展存在外部经济的产业; ⑩地区开发; ⑪经济停滞与经济危机; ⑫作为政府责任回避手段; ⑬国民感情或情绪方面的原因
刘勋、全信旭、尹全学	①经济发展的促进;②发展垄断事业;③公共需求的促进;④充足财政需求的满足;⑤作为历史性遗产
李俊江、侯蕾	①发展经济效益较低的农业和渔业;②发展私营企业不愿意参与的公路、工业地区、供水企业、港口、机场等;③发展公益性强的事业部门,如铁路、钢铁、电力、通信、银行、石油等行业

资料来源:李俊江、侯蕾:《外国国有企业改革研究》,经济科学出版社,2010。

目前,韩国的国有企业管理部门主要是企划财政部,在这个部管辖的国有企业中,有类似我国的石油、电力、航空、造币等国有企业,也有类似我国事业单位和社会团体的研究所和社团组织。具体分为市场型国有企业、准市场型国有企业、准政府机关(基金管理型)、准政府机关(委托执行型)和其他公共机关。

市场型国有企业。根据国有企业运营相关法律第5条规定,是指在被指定的国有企业中,资产规模达到2亿韩元,总收益额中自身收益占85%的国有企业。韩国市场型国有企业具体情况如表8-2所示。

表8-2 韩国市场型国有企业

产业通商资源部下属	韩国天然气公社、韩国石油公社、韩国电力公社、韩国地域暖房公社、韩国中部发展(株)、韩国水力原子力(株)、韩国东西发展(株)、韩国南东发展(株)
国土交通部下属	仁川国际航空公社、韩国航空公社
海洋水产部下属	釜山港湾公社、仁川港湾公社

准市场型国有企业。准市场型国有企业是自身收益比例不到50%的非市场型的国有企业。2014年1月韩国有16家（见表8-3）。

表8-3 韩国准市场型国有企业

企划财政部下属	韩国制币公社
文化体育观光部下属	韩国观光公社
农林畜产食品部下属	韩国马事会
产业通商资源部下属	韩国矿物资源公社、大韩石炭公社
国土交通部下属	大韩住宅保证株式会社、济州国际自由都市开发中心、韩国监定院、韩国道路公社、韩国水资源公社、韩国土地住宅公社、韩国铁道公社
海洋水产部下属	丽水光阳港湾公社、蔚山港湾公社、海洋环境管理公团
广播通信委员会下属	韩国广播广告振兴公社

准政府机关（基金管理型）。管理型基金准政府机关是根据国家财政法管理基金或者接受基金管理委托的准政府机关。2014年1月有17家被指定为基金管理型准政府机关，如表8-4所示。

表8-4 韩国基金管理型准政府机关

教育部	私立学校教职员工年金公团
文化体育观光部下属	电影振兴委员会、首尔奥林匹克纪念国民体育振兴公团、韩国文化艺术委员会、韩国舆论振兴财团
产业通信资源部下属	韩国贸易保险公社、韩国原子力环境公团
保健福祉部下属	国民年金公团
雇佣劳动部下属	勤劳福祉公团
金融委员会下属	韩国资产管理公社、技术保证基金、信用保证基金、预金保险公社、韩国住宅金融公社
广播通信委员会下属	韩国广播通信传播振兴院
人事革新处下属	公务员年金公团
中小企业厅下属	中小企业振兴公团

准政府机关（委托执行型）。委托执行型准政府机关是除基金管理型准政府机关以外的准政府机关，韩国有 70 家左右，见表 8-5。

表 8-5 韩国委托执行型准政府机关

教育部下属	韩国教育学术情报院、韩国研究财团、韩国奖学财团
未来创造科学部下属	韩国网络振兴院、韩国科学创意财团
行政自治部下属	韩国情报化振兴院
文化体育食品部下属	韩国农水产食品流通公社、畜产品品质评价院、韩国农渔村公社、韩国水产资源管理公团、畜产品危害因素管理标准院、农林水产食品技术企划评价院、农林水产食品教育文化情报院
产业通商资源部下属	韩国石油管理院、大韩贸易投资振兴公社、能源管理公团、韩国陶瓷技术院、邮局物流支援团、邮局金融开发院、韩国天然气安全公社、韩国矿害管理公团、韩国设计振兴院、韩国产业技术振兴院、韩国产业技术评价管理院、韩国产业园地公团、韩国能源技术评价院、韩国邮递事业振兴院、韩国电气安全公社、韩国电力交易所、情报通信产业振兴院
保健福祉部下属	健康保险审查评价院、国民健康保险公团、韩国保健产业振兴院、韩国老人人力开发院、韩国保健福祉情报开发院、韩国保健福祉人力开发院
环境部下属	国立公园管理公团、韩国环境公团、韩国环境产业技术院、国立生态院
雇佣劳动部下属	韩国雇佣情报院、韩国产业安全保健公团、韩国产业人力公团、韩国障碍人雇佣公团、韩国升降机安全技术院
女性家族部下属	韩国青少年商谈福祉开发院、韩国青少年活动振兴院
国土交通部下属	交通安全公团、韩国建设交通技术评价院、韩国设施安全公团、韩国铁道设施公团、大韩地籍公社
海洋水产部下属	船舶安全技术公团、韩国海洋水产研修院
公正交易委员会下属	韩国消费者院
金融委员会下属	韩国委托结算院、韩国交易所
原子力安全委员会下属	韩国原子力安全技术院
国民安全处下属	韩国升降机安全管理院、韩国消防产业技术院
国家报勋处下属	独立纪念馆、韩国报勋福祉医疗公团
警察厅下属	道路交通公团
农村振兴厅下属	农业技术实用化财团
中小企业厅下属	中小企业技术情报振兴院、小工商业者市场振兴公团
气象厅下属	韩国气象产业振兴院

其他公共机关。其他由企划财政部等管理的公共机关，在韩国也属于广义上的国有企业范畴（见表 8-6）。

表 8-6　韩国其他公共机关

国务调整室下属	经济人文社会研究会、科学技术政策研究院、国土研究院、对外经济政策研究院、产业研究院、能源经济研究院、情报通信政策研究院、统一研究院、韩国开发研究院、韩国教育开发院、韩国教育课程评价院、韩国交通研究院、韩国劳动研究院、韩国农村经济研究院、韩国法制研究院、韩国保健社会研究院、韩国女性政策研究院、韩国租税研究院、韩国职业能力开发院、韩国青少年政策研究院、韩国海洋水产开发院、韩国行政研究院、韩国刑事政策研究院、韩国环境政策评价研究院
企划财政部下属	韩国进出口银行、韩国投资公社
教育部下属	江陵原州大学齿科医院、江源大学医院、庆北大学医院、庆尚大学医院、东北亚历史财团、釜山大学医院、首尔大学医院、首尔大学齿科医院、全南大学医院、全北大学医院、济州大学医院、忠南大学医院、忠北大学医院、韩国史学振兴财团、韩国学中央研究院、国家终生教育振兴院、釜山大学齿科医院
未来创造科学部下属	光州科学技术院、基础科学研究院、基础技术研究院、大邱庆北科学技术院、别定邮局年金管理团、产业技术研究会、研究开发特区振兴财团、邮局设施管理团、韩国建设技术研究院、韩国科学技术企划评价院、韩国科学技术院、韩国科学技术情报研究院、韩国机器研究院、韩国基础科学支援研究院、韩国生产技术研究院、韩国生命工学研究院、韩国食品研究院、韩国能源技术研究院、韩国原子力研究院、韩国原子力医学院、韩国电气研究院、韩国电子通信研究院、韩国地质资源研究院、韩国天文研究院、韩国铁道技术研究院、韩国标准科学研究院、韩国科学技术研究院、韩国韩医学研究院、韩国航空宇宙研究院、韩国化学研究院
外交部下属	韩国国际协力团、韩国国际交流财团、在外同胞财团
统一部下属	脱北者支援财团、南北交流协力支援协会
法务部下属	大韩法律结构公团、政府法务公团、韩国法务保护福祉公团
国防部下属	战争纪念事业会、韩国国防研究院
行政自治部下属	民主化运动纪念事业会
文化体育观光部	韩国文化艺术会观演协会、庆北观光开发公社、国立博物馆文化财团、国民生活体育会、大高丽亚休闲(株)、大韩障碍人体育会、亚洲文化开发院、映像物等级委员会、艺术的殿堂、明洞贞洞剧场、韩国出版文化产业振兴院、韩国文化翻译院、大韩体育会、韩国文化观光研究院、韩国文化艺术教育振兴院、韩国文化振兴株式会社、韩国映像资料院、韩国体育产业开发(株)、体育人才育成财团、游戏物管理委员会、财团法人国乐广播、跆拳道振兴财团、韩国著作权委员会、韩国工业设计文化振兴院、韩国公演艺术中心、艺术经营支援中心、世宗学堂财团、韩国文化情报中心
农林畜产品部下属	家畜卫生防疫支援本部、国际植物检疫认证院、农业政策资金管理团

续表

产业通信资源部下属	（株）江源之地、（株）韩国天然气技术公社、基础电力研究院、仁川综合能源（株）、电力物资管理院、韩国机器人产业振兴院、韩国原子力文化财团、韩国电力技术株式会社、韩国标准协会、韩日产业技术协力财团、韩电原子力燃料（株）、韩电 KDN（株）、韩电 KDS（株）、韩国产业技术试验院
保健福祉部下属	国立癌症中心、大韩红十字会、韩国保健医疗人国家实验院、韩国障碍人开发院、韩国国际保健医疗财团、韩国社会福祉协议会、国立中央医疗院、韩国保育振兴院、韩国健康增进财团、韩国医疗纷争调解仲裁院、韩国保健医疗研究院
环境部下属	首都圈埋立地管理公社
雇佣劳动部下属	学校法人韩国科技、劳资发展财团、韩国技术教育大学、韩国社会性企业振兴、韩国工作世界、建设勤劳者共济会
女性家族部下属	韩国两性平等教育振兴院、韩国健康家庭振兴院、韩国女性人权振兴院
国土交通部下属	水路+（株）、Korail Networks（株）、KORAIL LOGIS（株）、高丽亚流通（株）、高丽亚科技、高丽亚观光开发（株）、（株）韩国建设管理公社、住宅管理公团（株）、航空安全技术中心
海洋水产部下属	株式会社釜山港保安公社、株式会社仁川港保安公社、韩国渔村港协会、韩国海洋科学技术院、韩国海洋科学技术振兴院、港路标志技术协会
金融委员会下属	Koscom、韩国政策金融公社、韩国产业银行、中小企业银行、KDB 金融集团、
公正交易委员会下属	韩国公正交易调整院
原子力安全委员会下属	韩国原子力统制技术院
国家报勋处下属	88 观光开发（株）
食品医药品安全委员会下属	韩国稀贵医药品中心、韩国医药品安全管理院
防卫事业厅下属	国防科学研究所、国防技术品质院
文化遗产厅	韩国文化遗产保护财团
山林厅下属	绿色事业团
中小企业厅下属	信用保证财团中央会、中小企业流通中心、韩国风险投资公司、创业振兴院
专利厅下属	韩国发明振兴会、韩国专利情报院、韩国知识财产研究院、韩国知识财产保护协会

　　韩国的国有企业和很多国家的国有企业一样，也存在诸如效率低下、长期亏损等问题，主要问题在于，一是垄断和政府的过度保护导致企业的竞争意识不强；二是政府过度干预造成企业缺乏自主经营能力；三是国有企业的领导人

多是前将军、部长、高级官员、总统的关系户，管理的专业化不强等。历届总统都提出对国有企业进行改革的对策，采取的主要改革措施就是放松政府管制、扩大企业经营自主权、强化考核、引入竞争以及私有化。20世纪90年代末，东南亚金融危机时期，金大中政府为了获得国际货币基金组织（IMF）的资金援助，也为了给危难之中的国有企业注入资金支持，将大量的国有企业私有化，甚至放开外商投资国有企业，例如，将外国银行在有关韩国银行里的持股比例从4%提高到100%。卢武铉政府和李明博政府都提出过国有企业改革的政策措施。

2013年12月11日，朴槿惠政府公布了《公共机关正常化对策》，拉开了该届政府国有企业改革的序幕。这次改革包括变卖资产、缩小企业规模、加强企业业绩评估等。

对此，韩国舆论普遍认为，韩国的这一轮国有企业改革将"虎头蛇尾"，主要原因是，韩国国有企业存在的主要问题，如空降高管、人员冗余和效率低下等并未得到有效解决。比如，空降高管问题，韩国历任总统都论功行赏，将那些对总统当选有功的人士安排到国有企业当老总，这导致董事会的人事推荐流于形式。而这些有功人事大部分都是退休的公务员或政客，缺乏经营企业的专业经验，他们只求安稳工作，不愿意冒险进行改革。朴槿惠上台后已经任命的78名国有企业老总中，有45%属于"空降部队"，比李明博政府初期的32%还要高，这些人都是朴槿惠大选期间的功臣。

第二节 韩国国有企业高管薪酬监管

韩国国有企业负责人包括董事长、总经理和总会计师等，由总统根据主管部长的建议做出任免。董事的人数和任免的方式也由总统决定。董事会设立一个由外部董事组成的委员会向总统推荐一个候选人，然后由政府任命，见图8-1。

企划财政部负责确定国有企业下一年度的管理目标，在当年6月30日之前下达给国有企业总经理。各国有企业总经理在保证国有企业管理合理化和便于控制政府投资的前提下，结合企业实际，制定本企业的经营管理办法，并上报主管部门。主管部长检查和调整后，于当年9月30日前上报企划财政部长官，企划财政部在协调管理目标后，于当年10月31日之前将调整好的经营目

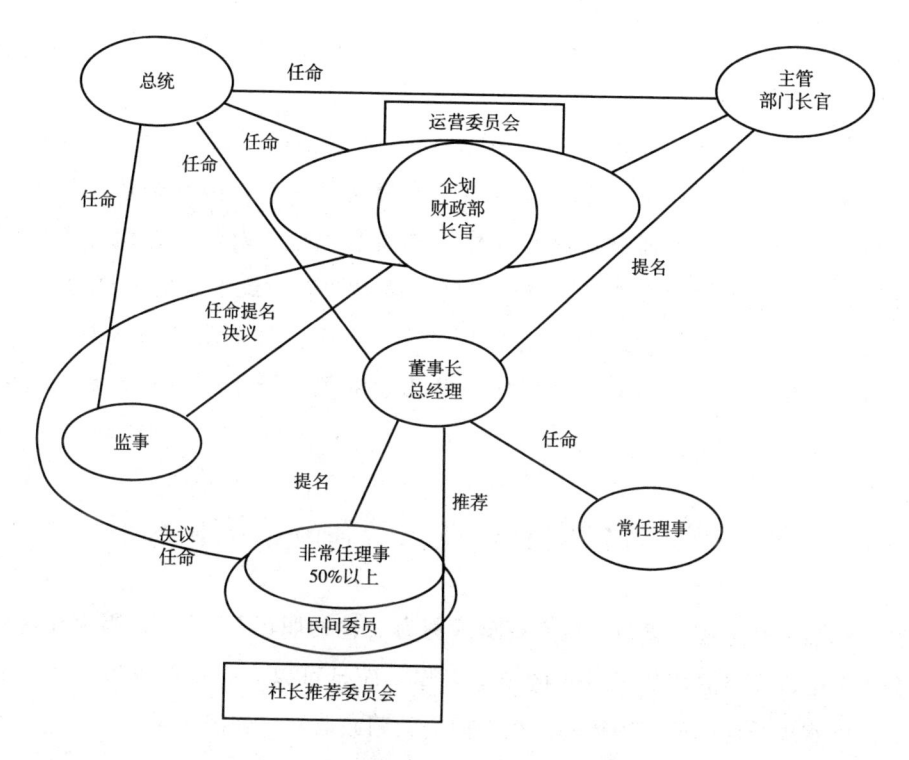

图 8-1　委员任免选任过程的相互关系

资料来源：鲜于石浩，2006：198。

标反馈给国有企业负责人。

在确认为必要的情况下，企划财政部负责人可以对国有企业的非常任理事和监察委员进行职务执行程度评价。企划财政部负责人有权通过运营委员会的审议、表决对职务执行程度评价结果不良的非常任理事和监察委员会的监察委员进行免职，或者向负责任免的人提出免职建议。

以经营目标和经营业绩报告为基础进行评价，但不对被指定（变更指定除外）国有企业当年的经营业绩进行评价。企划财政部负责人为了进行经营业绩评价，必要的情况下，可以向国企、准政府机关要求提供相关资料。对于不提供，或者提供虚假报告、经营业绩报告和附件材料的情况，企划财政部负责人经过运营委员会的审议、表决对经营业绩评价结果和定级进行修正，对相关机关采取提醒注意或警告的措施。监察或者监察委员会的监察委员不履行或者拖延履行相关职务的情况，企划财政部负责人通过运营委员会的审议、表决，有权对监察或者监察委员会的监察委员进行免职，或者向有任免权的人提出免职建议。为使经营评价得以有效执行,并具有专业性、技术性,可以组成国有企业经营评价团。

经过运营委员会的审议表决,企划财政部每年 6 月 20 日之前应完成国有企业的经营业绩评价,并向国会和总统提交结果。在国有企业负责人经营不善的情况下,企划财政部有权建议或要求免职。对经营业绩评价结果有误和存在过多编造人工成本这种违反经营方针而导致不诚信经营的国企,企划财政部负责人经过运营委员会的审议、表决,可采取必要的人事、预算措施。根据经营业绩评价的程序,经营业绩评价结果中的必要事项由总统决定。

第三节 韩国国有企业高管薪酬结构和水平

韩国国有企业一直被一般人羡慕地称为"神的职场",这不仅因为在这些企业中可以享受悠闲的无效率的稳定工作,而且可以在企业严重亏损的情况下,仍然享受优厚的福利待遇。根据国会的国政监察,韩国 295 家国有企业的负债率超过 200%,超过了韩国国家负债总额(443.7 万亿韩元),俨然成为威胁韩国经济的定时炸弹。尽管如此,这些国有企业还在每年涨工资,大发年终奖。统计显示,过去 5 年中韩国国有企业平均年薪上涨 22.6%,年终奖上涨 27.5%。与此同时,国有企业的干部职工还享受着名目繁多的福利,诸如安息年、[①] 特别退休金、最低 1% 的房贷利率、无偿支援子女的大学学费、家属免费医疗等,这些都成为企业沉重的负担。

企划财政部对部分市场型国有企业、准市场型国有企业(100 家)各级干部的业绩年薪制度实行现状进行了调查,截至 2011 年 3 月,共有 98 家机关单位依照政府提案(2011 年 6 月)进行了年薪制改革。[②] 其中有 15 家单位,以全体员工为对象实施了年薪制度改革,其年薪构成如图 8-2 所示。

2013 年 12 月 11 日,企划财政部对《公共机关高管薪酬方针》进行了修订,修订后韩国国有企业高管薪酬包括基本年薪、经营评价绩效工资以及职务

[①] 摩西律法下古代的以色列人的一种习俗,每隔 7 年会有一年的时间不从事工作、耕作、劳动等,这里指工作 7 年休息一年。

[②] 韩国企划财政部,《公共机关绩效年薪制度实施情况调查结果》,2011 年 3 月 24 日。

```
定岗工资制(前)        形式上的          年薪制度(调整后)

  基本工资                              
  固定奖金          基本年薪            基本年薪
  各种津贴
(家庭、工龄、技术、职位)
  春节返乡津贴      工资性福利费        (职称工资)
(冬季补助、其他)
  法定津贴          年薪外津贴          其他津贴
(年月休假、加班费)
  其他津贴                              绩效年薪
  绩效奖金          变动绩效奖金
```

图 8-2　年薪构成

资料来源：韩国企划财政部：《公共机关先进化白皮书（2008～2010）》，2011，p. 211。

履行实绩绩效工资。其中，"基本年薪"是指将基本工资和固定奖金、实际业绩奖金、薪酬型福利费合计后的金额；"经营评价绩效工资"是指根据《公共机关运营法》计算的经营实效评价的绩效工资。"职务履行实绩绩效工资"是指依据监察和监察委员评价的职务履行实绩评价结果支付的绩效工资。

大型国有企业负责人的基本年薪。职员人数超过 2 万名，资产规模达到 50 兆韩元的大型国有企业负责人的基本年薪，以当年度第二负责人年薪的 110% 为上限。

国有企业负责人的经营评价绩效工资根据经营实效评价的结果给予，以上一年度基本年薪的 120% 为上限，不发放内部评价奖金等经营评价绩效工资以外的奖金。

国有企业常任理事的经营评价绩效工资以上一年度的基本年薪为上限。

国有企业常任监察的职务履行实绩绩效工资以上一年度基本年薪为上限。详见本章附件。

国有企业职工薪酬结构见表 8-7。

表8-7　韩国国有企业职工薪酬结构

区分	定岗年薪	年薪制	
计算标准月薪所需的人工费	①基本工资	基本工资、原薪、标准工资	基本年薪
	②一般补贴	职务补贴、职责补贴、责任补贴、危险作业补贴等	—
	③奖金型福利费	节假日休假费、店铺支援费、体育训练费、尽孝休假费等	—
	④固定奖金	奖励津贴、基本奖金、定期奖金、出勤奖金、勤奋奖金	—
其他	⑤其他补贴	家庭补贴、通勤补贴、年月假补贴带薪休假补贴、午餐补贴等	—
	⑥其他福利费	子女学费补助、体检费、体育活动费等	—
	⑦超过补贴	加班补贴、超时工作补贴、夜间补贴、休息日出勤补贴等	—
	⑧成果奖金	经营成果分配金、褒奖金、成果金、生产奖励金等	成果年薪
法定负担金	⑨四大保险负担金	健康险、国民年金、灾害险、雇佣险	可变
	⑩退休准备金	退休准备金	可变

注：①奖金型福利费是指节假日休假费、店铺支援费等按基本工资的一定比例支付的具有实质性奖金性质的报酬。②固定奖金与业务成果无关，是指定期支付的奖金，成果奖金是指根据业务成果分等级支付的奖金（成果金、褒奖金等）。

根据企划财政部2014年度制定的《国有企业、准政府机关预算编制方针》对国企的总人工费，高管的奖金补贴、退休金、经营评价绩效工资和职务履行实际评价绩效工资、内部评价工资均等做出了详细规定。

其中关于"国企的总人工费"是这样规定的，2014年度总人工费预算增幅在2013年度总人工费预算的1.7%以内。但对于2013年度无限期合同工（包括转正员工）人均平均工资达不到正式新入职员工90%的机关，编制预算时的增幅为2.4%以内（只限于无限期合同工）。

"经营评价绩效工资"，国有企业为基本月薪的250%，准政府机关在基本月薪的100%以内，往期政府投资机关在基本月薪的300%以内。

"内部评价工资"是根据业绩、成果等方面分等级支付的成果奖金，国有企业为基本月薪的250%、准政府机关为基本月薪的100%、往期政府投资机关为基本月薪的200%。

表8-8至表8-12显示了韩国国有企业的人员及薪酬情况。

表8-8 国有企业人员数量及构成

单位：人

国有企业类型	现员工数	机关负责人	审计	理事	总计
国有企业（市场型）	48949	15	7	53	49024
国有企业（准市场型）	49327	16	9	59	49411
准政府机关（基金管理型）	19091	17	13	53	19174
准政府机关（委托执行型）	55876	71	20	126	56093
其他公共机关	93197	177	42	105	93521

表8-9 国有企业高管年薪

单位：千韩元

国有企业类型	机关负责人	审计	理事	总计
国有企业（市场型）	1689043	158007	1339386	4186436
国有企业（准市场型）	1788488	1141058	1424105	4353651
准政府机关（基金管理型）	2435118	1584876	1576302	5596296
准政府机关（委托执行型）	8911193	2091220	4400981	15403394
其他公共机关	22818864	4825655	6172539	33817058

表8-10 国有企业职员平均薪酬

单位：千韩元，人，年

国有企业类型	人均薪酬	日常员工数	平均工作年限
国有企业（市场型）	70706	49475	9
国有企业（准市场型）	63068	52255	10
准政府机关（基金管理型）	63386	19175	14
准政府机关（委托执行型）	59494	58664	10
其他公共机关	64526	95842	9

表8-11 国有企业业务推进费用

单位：千韩元

国有企业类型	机关负责人业务推进费
国有企业（市场型）	220
国有企业（准市场型）	237
准政府机关（基金管理型）	553
准政府机关（委托执行型）	1563
其他公共机关	3550

表 8-12 国有企业其他福利待遇

单位：千韩元

国有企业类型	学费	医疗费	慰问费	纪念品费
国有企业（市场型）	92893380	6641112	13784124	9079164
国有企业（准市场型）	44948762	14320497	6553295	4676969
准政府机关（基金管理型）	14402574	5534291	1319265	1366806
准政府机关（委托执行型）	45490864	13087749	1815872	7798886
其他公共机关	68741617	45509407	7961846	18144028

资料来源：公共机关经营信息，http://www.Alio.Go.Kr/alio/main/main.Jsp。

韩国私营企业高管薪酬在2011年比2010年增长了23.8%，其中三星电子高管薪酬最高，为109亿韩元，紧随其后的是三星集团SK集团的高管，其平均薪酬为46.47亿韩元。2014年，三星电子高管薪酬由基本月薪、奖金（包括春节和中秋奖金）、目标奖金、长期奖金等构成。其他劳动所得包括特别奖金、福利待遇等。由此可见，韩国国有企业和私营企业的高管薪酬无论从水平到结构差距都不大。

本章附件：韩国公共机关高管薪酬方针

韩国公共机关高管薪酬方针

企划财政部
2013 年 12 月 11 日

第一章 总则

第 1 条（目的）这项方针根据《公共机关运营法》第 33 条规定，以公共机关高管薪酬的事项作为目的。

第 2 条（定义）这项方针中使用的术语意义如下：

① 公共机关是指根据《公共机关运营法》第 4 条规定：以公共机关作指定的法人、团体和机关。

②"报酬"是指基本年薪和经营评价绩效工资以及职务履行实绩绩效工资合算的金额。

③"基本年薪"是指将基本工资和固定奖金、实际业绩奖金、薪酬型福利费合计后的金额。

④"经营评价绩效工资"是指根据《公共机关运营法》第 48 条计算的经营实效评价绩效工资。

⑤"职务履行实绩绩效工资"是指根据《公共机关运营法》第 33 条和第 36 条，依据监察和监察委员评价的职务履行实绩评价结果支付的绩效工资。

⑥"非常任监察和非常任理事的奖金"是指以非常任监察和非常任理事职务履行应得的金额和职务履行时所用经费而实报实销的金额。

第 3 条（适用范围）

①这项方针适用于公共机关的负责人、常任监察（包括常任监察委员，下同）、常任理事的薪酬以及非常任监察和非常任理事的奖金。

②基本年薪的规定适用于公共机关指定以后新任命的委员，公共机关指定以前任命的委员适用次年 1 月的薪酬。

③与经营评价绩效工资和职务履行实绩绩效工资有关的规定，根据上一年度的经营实绩评价结果制定，从该年度给予的绩效工资起适用。

第 4 条第 1 款（基本年薪的调整）

①与机关负责人的年薪和每年政务公务员中第二负责人的年薪挂钩制定。

②机关负责人的基本年薪如果超过该年度第二负责人的年薪时，和第二负责人的年薪同额。

③机关负责人的基本年薪少于该年度第二负责人年薪时，根据每年第二负责人年薪的上涨率提高负责人的基本年薪。

④常任监察和常任理事的基本年薪，以机关负责人基本年薪的 80% 为上限。

⑤常任监察和常任理事的基本年薪超过该年度机关负责人年薪 80% 时，和机关负责人年薪的 80% 同额。

⑥常任监察和常任理事的基本年薪少于该年度机关负责人年薪 80% 时，根据每年机关负责人的年薪上涨率提高常任监察和常任理事的基本年薪。

第 4 条第 2 款（非常任监察和非常任理事的薪酬）非常任监察和非常任理事的薪酬包括月定额和参加会议的报酬等，但年薪不超过 3000 万韩元。

第二章　国有企业高管的薪酬

第 5 条（大型国有企业负责人的基本年薪）职员人数超过 2 万名，资产规模达到 50 兆韩元的国营企业机关负责人的基本年薪，不考虑第 4 条的规定，以当年度第二负责人年薪的 110% 为上限。

第 6 条第 1 款（国有企业负责人的经营评价绩效工资）

①国有企业负责人的经营评价绩效工资根据经营实效评价的结果给予，以上一年度基本年薪的 120% 为上限。

②不得发放内部评价奖金等经营评价绩效工资以外的奖金。

第 6 条第 2 款（国有企业常任理事的经营评价绩效工资）国有企业常任理事的经营评价绩效工资，以上一年度的基本年薪为上限。

第 7 条（国有企业常任监察的职务履行实绩绩效工资）国有企业常任监察的职务履行实绩绩效工资以上一年度基本年薪为上限。

第三章 准政府机关高管薪酬

第 8 条（基金管理型准政府机关负责人的基本年薪）基金管理型准政府机关负责人的基本年薪不考虑第 4 条的规定，以当年度第二负责人基本年薪的 150% 为上限。基金管理型准政府机关如下：①信用保证基金；②技术信贷担保基金；③存款保险基金；④韩国贸易保险公司；⑤国有资产管理公司；⑥韩国住宅金融公司；⑦韩国证券决算院；⑧韩国交易所；⑨韩国奖学财团；⑩中小企业振兴工业园区。

第 9 条第 1 款（准政府机关负责人的经营评价绩效工资）

①准政府机关的经营评价绩效工资根据经营实效的评价结果给予，以上一年度基本年薪的 60% 为上限。

②不得发放内部评价奖金等经营评价绩效工资以外的奖金。

第 9 条第 2 款（准政府机关常任理事的经营评价绩效工资）准政府机关常任理事的经营评价绩效工资以当年度基本年薪的 60% 为上限。

第 10 条（准政府机关常任理事的职务履行实绩绩效工资）准政府机关常任理事的职务履行实绩绩效工资，以上一年度基本年薪的 60% 为上限。

第四章 其他公共机关高管薪酬

第 11 条（基金管理型其他公共机关负责人的基本年薪）基金管理型其他公共机关负责人的基本年薪可不考虑第 4 条规定，以该年度第二负责人年薪的 150% 为上限。基金管理型其他公共机关如下：①韩国进出口银行；②韩国投资公司；③韩国政策金融公司。

第 12 条第 1 款（其他公共机关负责人的经营评价绩效工资）

①其他公共机关负责人的经营评价绩效工资，根据主管机关干部负责下的自身评价结果发放。

②以下各单位的其他公共机关负责人的经营评价绩效工资适用第6条：韩国进出口银行；韩国投资公司；韩国政策金融公司。

③以下各单位的其他公共机关负责人的经营评价绩效工资适用第9条：首都圈填海地管理公司；韩国发明振兴会；韩国特许情报院；韩国渔村渔港协会。

④不得发放内部评价奖金等经营评价绩效工资以外的绩效工资。

第12条第2款（其他公共机关常任理事的经营评价绩效工资）

①第12条第1款第②项下的各单位其他公共机关常任理事的经营评价绩效工资适用第6条中的第②项。

②第12条第③项各单位其他公共机关常任理事的经营评价绩效工资适用第9条中的第2款。

第13条（其他公共机关常任监察的职务履行实绩绩效工资）

①第12条第1款第②项下的各其他公共机关常任监察的职务履行实绩绩效工资适用第7条。

②第12条第1款第③项下的各其他公共机关常任监察的职务履行实绩绩效工资适用第10条。

附　则

第1条（实施日）本方针自2014年1月1日开始实施。

第2条（临时措施）被指定为公共机关的海外机关负责人和常任监察以及常任理事的薪酬按照指定当时的法令发放。

作为基金管理型公共机关的负责人、监察、理事薪酬上调的情况，以3年作为一阶段均等调整。

第3条公共机关常任理事的经营评价绩效工资根据上一年度的基本年薪计算，当常任理事的上一年度基本年薪超过机关负责人上一年度基本年薪80%时，和机关负责人上一年度基本年薪的80%同额；当少于机关负责人上一年度基本年薪80%时，则不进行调整，以该金额计算。

第九章

日本国有企业高管薪酬

日本是一个以私营企业为主体的现代化市场经济国家，国有企业的数量较少，在整个国民经济中所占的比重不大。一般将国有企业称为"公企业"或"公营企业"。日本国民经济核算体系关于"公营企业"的定义是"为公共所有或支配，依据公司法及其他公法、特别立法、行政规定等拥有法人资格的公共性法人企业"。

第一节 日本国有企业

按照所有权和经营权划分，日本国有企业可分为政府企业和特殊法人企业。

其中政府企业又分为中央政府企业和地方政府企业，由官厅首长（大臣）或地方首长（知事、市长等）负经营管理责任、从事经营业务，又称"现业"，主要包括大藏省（财务省）的造币局、印刷局（只限于印刷银行券、纸币、邮票等），以及农林水产省负责的国有林事业，即所谓的"三现业"。原本"五现业"中的酒类已民营化，邮政省负责的邮政事业自 2003 年 4 月 1 日起，由日本邮政公社所代替，成为一个自负盈亏的国有公共公司，但职员仍维持国家公务员身份，实行独立核算制。

特殊法人企业又分为公共法人企业和股份公司企业。公共法人企业是根据特别法设立，由政府或地方公用团体出资，具有法人资格的企业。其经营管理委托给私人进行。股份公司企业一般为政府和地方公共团体共同出资的混合企业,如日本电信电话股份公司、电源开发股份公司等。

第二节 日本国有企业高管薪酬监管

日本国有企业按照上述类别不同,其高管薪酬的管控政策也不尽相同。

其中政府企业工作人员的薪酬由人事院按照日本《国家公务员法》有关条款及其他规则执行。

日本大型企业众多,企业高管薪酬标准主要依据日本董事协会制定的《经营者报酬指南》和各行业董事协会制定的《干部报酬规程》确定,平均年收入是普通员工的4.8倍,受股价和公司业绩波动影响不大。2010年起,日本金融厅开始推行行业高薪高管收入公开制度,不少企业因此削减了高管的薪酬。高管薪酬公开内容如表9-1所示。

表9-1 高管薪酬公开内容

公开项目	公开内容	公开项目	公开内容
薪酬的基本方针		确定薪酬水平的方法	
薪酬体系		奖金决定程序	
薪酬构成及比例		薪酬委员会活动报告	
绩效挂钩机制		其他	

注:来源于日本公司董事协会。

第三节 日本国有企业高管薪酬结构和水平

日本主要上市公司高管的薪酬一般由月度基本工资和奖金两个部分组成,部分企业高管还享有股票期权和离职补贴。据东京商工研究公司对东京证券交易所主板上市的1337家企业的高管薪酬所做的一份调查,2009~2010财年,在这些企业高管的收入中,基本工资占66.3%,奖金占13.9%,股票期权占7.3%,离职补贴占6.8%。

2011年,日本销售额在1万亿日元以上的企业高管基本报酬为7075万日元,占64%,与业绩相关的奖金为2195万日元,占20%,长期激励为1831万日元,占16%(见图9-1)。

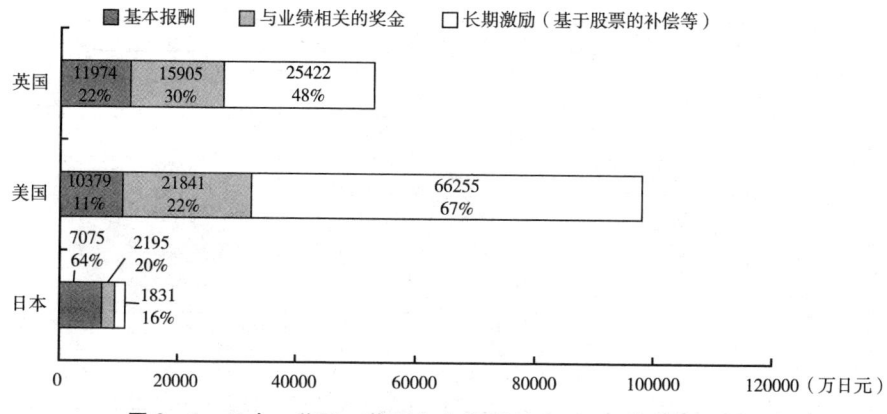

图9-1 日本、美国、英国大企业2011年CEO薪酬水平比较

国家	基本报酬	与业绩相关的奖金	长期激励（基于股票的补偿等）
英国	11974 (22%)	15905 (30%)	25422 (48%)
美国	10379 (11%)	21841 (22%)	66255 (67%)
日本	7075 (64%)	2195 (20%)	1831 (16%)

（单位：万日元）

美国：75家市值一万亿日元及以上公司中位数；数据来源：2012年代理说明书。
日本：72家市值一万亿日元及以上公司中位数；数据来源：证券研究报告。
英国：39家市值一万亿日元以上公司中位数；数据来源：公司年报。

日本董事协会根据政府的经济政策等确定发放高管薪酬的指导思路，如2013年4月修订公布的第三版《经营者报酬指南》提出，根据"安倍经济学"的理念，加强高管薪酬与业绩的联动性。计划用十年时间，改革CEO薪酬结构，将现在的基本报酬、奖金和长期激励比重由64%、20%和16%变到20%、40%和40%（见图9-2）。

在《经营者报酬指南》指导下，各行业董事协会分别制定《干部报酬规程》，按职位对高管薪酬做出大致的规定。例如，日本机械工业联合会制定的《干部报酬规程》要求，该行业企业将高管月薪控制在70万～120万日元范围内；日本电气通信振兴会则将董事长兼社长、专务董事、理事的月薪标准分别定为100万日元、91.7万日元和79.2万日元。部分行业董事协会制定的薪酬规程还对高管的奖金额度做出限制，但一般只针对以津贴形式发放的月度奖金，而不针对根据企业净利润情况发放的年度奖金。

日本各大企业根据以上标准确定本企业高管的薪酬水平。具体流程是：现任企业管理层在年度股东大会上提交高管薪酬总额申请，经股东大会审议通过后，授权董事会具体分配。一般来说，高管薪酬总额申请很少遭到股东大会推翻或随股价等业绩影响而变动，董事会的具体分配方案参照各行业董事协会制定的《干部报酬规程》已基本固定。

股权结构和融资方式决定基本薪酬占比大。从总体上来说，除大型跨国日

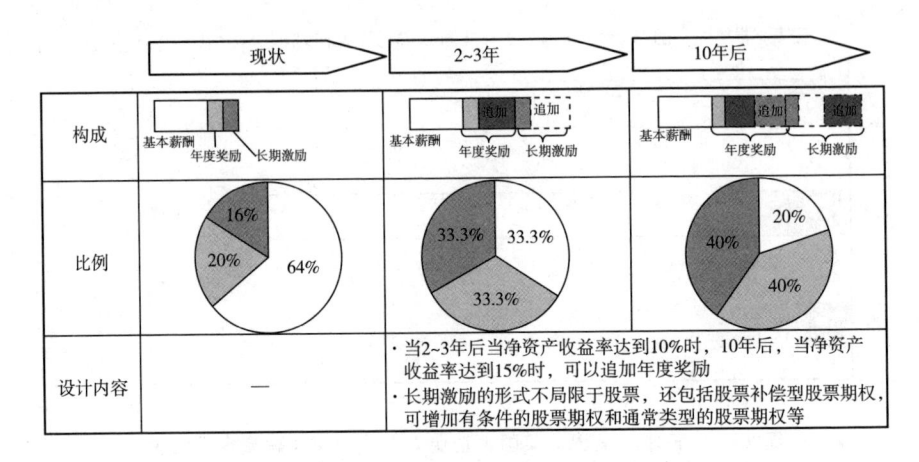

	现状	2~3年	10年后
构成	基本薪酬 年度奖励 长期激励	基本薪酬 年度奖励 追加 长期激励 追加	基本薪酬 年度奖励 追加 长期激励 追加
比例	16% 20% 64%	33.3% 33.3% 33.3%	40% 20% 40%
设计内容	—	·当2~3年后当净资产收益率达到10%时，10年后，当净资产收益率达到15%时，可以追加年度奖励 ·长期激励的形式不局限于股票，还包括股票补偿型股票期权，可增加有条件的股票期权和通常类型的股票期权等	

图9-2 日本CEO薪酬改革规划

注：以上补偿制度的设计内容是完全相同的，随着每个公司的管理策略、规模、产业全球化程度、企业文化不同，薪酬水平和结构的设计也应不同。

本企业（以下简称日企）聘用外籍高管的薪酬依据国际标准制定外，日本企业高管的薪酬水平普遍比较稳定，受股价和公司业绩波动影响不大。

日企高管薪酬标准严格，基本薪酬占比较大。日企高管总体薪酬低于西方企业高管，与企业普通职工的薪酬差距也不算大，也正因如此，日本金融厅在出台企业高管收入公开制度时，曾招致日本最大商业组织"经济团体联合会"（以下简称经团联）的反对，认为金融厅此项制度没有必要。

日企特有的股权结构和融资方式决定了股东大会对股价与高管薪酬的联动要求不如西方企业强烈。日本企业主要依靠关联持股银行进行贷款融资，在资本市场进行股权融资的比例低于西方企业，这就造成股票价格对公司融资等经营活动影响相对较小；同时，在日企股权结构中，特别是大型日企的股东中交叉持股现象严重，几大财阀几乎控制了大多数的大型日企，使得日本企业的股东结构相对稳定，主要为战略投资者，这些股东对公司股价波动不敏感。

独特的企业文化也是日企一直对加强高管薪酬与业绩联动持保留态度的重要原因。日企普遍更注重长期的技术和资金积累，特别是20世纪90年代经济泡沫破灭后，日企股东和管理层都更关心企业的可持续发展。

受"安倍经济学"影响，日本企业高管薪酬与业绩联动趋势显现。2010年日本金融厅出台规定，要求自当年开始，上市企业必须在"有价证券报告书"中公开企业董事及高管的收入明细、计算方法及年收入在1亿日元以上的董事会成员的信息，以提高企业运营透明度。

这一新规在一定程度上对上市日企的最高管理层形成了舆论压力。日本新生银行、索尼公司、日立公司、日本航空公司、日本麦当劳等在金融危机后业绩不佳的企业，迫于压力纷纷自降高管薪酬或控制涨幅。不过，企业高薪高管收入公开制度目前还只是起到工作施压、舆论监督和为投资者提供参考的作用，并未促成日企形成固定的高管薪酬与企业业绩联动的机制。

但值得一提的是，近年来，日本社会赞成对高管"赏罚分明"的声音日益高涨，尤其在"安倍经济学"大行其道之后，新版《经营者报酬指南》就明确指出，要提高企业高管薪酬中与业绩联动部分的比例，如奖金、股票期权等，并进行相应的税制改革；进一步加强公开高管薪酬以供投资者判断，提高资本市场的灵活性；增加高管持股比例，以激励高管对企业长期发展的责任感；考虑效仿欧美实行"薪酬发言权"，股东大会对高管进行不具法律效应的"忠告投票"等。

根据东京商工研究公司2013年7月12日公布的最新统计数据，2012财年共有175家日本上市公司的301名高管年收入超过1亿日元，上榜企业和高管数量较上一财年分别增加了3家和6人。这些高管的薪酬构成中，基本薪酬占62.4%，奖金和股票期权在日企高管薪酬中的比重有所上升。

有分析人士预测，在安倍政府推行急于见成效的刺激经济政策的大背景下，日企高管的薪酬在总体保持稳定的基础上，将逐步显现出向欧美企业靠拢、用业绩与薪酬联动方式刺激高管经营热情的趋势。

2012年，日本部分国有企业高管与职工工资差距如表9-2所示。

表9-2 日本部分国有企业高管与职工工资差距

项目	北海道铁路公司	日本烟草	日本电报电话公司	三井住友信托控股
高管薪酬（万日元/年）	4062	4930	4310	1433
普通职工平均（万日元/年）	400	584（30岁）	550（30岁）	522（30岁）
差距倍数	约10.0倍	约8.4倍	约7.8倍	约2.7倍

资料来源：日本职业论坛，http：//rank. In. Coocan. Jp/salary/yakuin. Html.

整体而言，日本高管薪酬约为普通员工的4.8倍。日本经济新闻社对433家主要上市公司进行的调查结果显示，2010财年日企高管人均收入为3484万日元，约是普通职工人均年收入的4.8倍。

案例

日本邮政集团高管薪酬相关公开事项（2012）

日本邮政集团的业务涉及邮局、银行和保险业务。2010年美国《财富》期刊世界500强居第9名，营业收入202196.1万美元，2013年世界500强居第13名。近年来，日本邮政集团不断推行私有化改革。

一 2012年，日本邮政集团"对象管理人员"的薪酬相关事项公开如下。

1. "对象管理人员"的范围

根据银行法实施规则第19条之2之第1项第6号等的规定，关于薪酬等相关事项，规定对银行等的业务运营或财产状况产生重要影响的人员"对象决策人"及"对象从业者等"（以下合并称为"对象管理人员"），是薪酬公开的对象，其范围如下。

(1) "对象决策人"的范围

对象决策人指本集团的董事及执行者，集团外董事除外。

(2) "对象从业者等"的范围

在本集团，对象决策人以外的本集团决策人和从业者以及主要的合并分公司法人等的管理人员中，"享受高额薪酬等的人员"且对本集团及其主要合并分公司法人等的业务运营或财产状况产生重要影响的人员等。日本邮递株式会社、株式会社邮政银行和株式会社简保生命保险（以下称为"3个事业分公司"）的决策人及执行决策人相当于"对象从业者等"。

① "主要合并分公司法人等"的范围

主要合并分公司法人等是指对集团经营产生重要影响的合并分公司法人等，具体指3个事业分公司。

② "享受高额薪酬等的人员"的范围

"享受高额薪酬等的人员"是指本集团及主要合并分公司法人等中享受标准额以上薪酬等的人员，本集团共同标准额设定为1800万日元。该标准额以本集团及株式会社邮政银行的决策人在过去的3年中基本薪酬额的平均值（每年的中途就任者和中途离职者除外）为基础设定，是集团的共同标准额。由于本公司的主要合并分公司法人等的薪酬体系和水准没有太大差异，因此集团的共同标准额也适用于主要合并分公司法人等。

另外，涉及一次性退休慰劳金的情况时，从薪酬额中扣除一次性退休慰劳金后的金额加上一次性退休慰劳金除以工作年数后的金额后所得金额被视为该人员的薪酬额，对其实施享受高额薪酬等的人员的判定。

③"对集团的业务运营或财产状况产生重要影响的人员"的范围

"对集团的业务运营或财产状况产生重要影响的人员"是指其通常所进行的贸易或管理事项对本集团、日本邮政集团、主要合并分公司法人等的业务运营具有相当程度的影响，或者因贸易等过程中产生的损失对财产状况产生重要影响的人员。具体来说是指主要合并分公司法人等的决策人及根据董事会议具有部门等业务执行权限的执行者。

2. 关于对象管理人员的薪酬等的决定

（1）关于"对象决策人"的薪酬等的决定

本集团设置薪酬委员会作为决定本集团决策人的薪酬体系、薪酬等内容的机构。薪酬委员会对关于决定本集团董事及执行者的薪酬等内容的方针以及个人薪酬等内容做出决策。薪酬委员会以公司法为基础，多半人员由集团外董事构成，独立于业务推进部门，具有制定薪酬决定方针及个人薪酬等的权限。

（2）关于"对象从业者等"的薪酬等的决定

相当于对象从业者等的主要合并分公司法人等的决策人，关于其薪酬的决定如下。

①日本邮递株式会社

决策人的薪酬等，由股东大会决定总额等。

股东大会上决议的董事薪酬等的个人分配，按照董事会的决议决定。审计机构薪酬等的个人分配，按照审计机构的协商决定。

另外，执行者的薪酬等，按照董事会的决议决定。

②株式会社邮政银行及株式会社简保生命保险

设置薪酬委员会作为决策人的薪酬体系、薪酬等内容的决定机构。薪酬委员会对关于决定本集团的董事及执行者的薪酬等内容的方针以及个人薪酬等内容做出决策。薪酬委员会以公司法为基础，多半人员由集团外董事构成，独立于业务推进部门，具有制定薪酬决定方针及个人薪酬等的权限。

3. 关于风险管理部门、从属部门的职员薪酬等的决定

风险管理部门、从属部门的职员薪酬等，按照支付规程决定，具体的支付额由该部门的部长作为最终决定者，根据人事考核来确定，因此薪酬等的决定独

立于业务推进部门。

对薪酬委员会等的成员支付薪酬等的总额及薪酬委员会等的会议召开次数如表9-3所示。

表9-3 高管薪酬相关会议召开次数

公司名称	会议主体	召开次数(2012年4月至2013年3月)
日本邮政集团	薪酬委员会	5次
日本邮递株式会社	股东大会	3次[2]
	董事会[1]	8次[2]
	审计会议[1]	1次
株式会社邮政银行	薪酬委员会	4次
株式会社简保生命保险	薪酬委员会	4次

注：[1]日本邮递株式会社于2012年9月3日召开的原邮递事业株式会社的股东大会上决定了决策人薪酬的总额（上限）。
[2]日本邮递株式会社的会议召开次数包括原邮递事业株式会社召开的会议次数。

二 对本集团对象管理人员薪酬体系的设计及运用的适当性评价的相关事项

1."对象决策人"的薪酬等的相关方针

本集团所设计的薪酬制度为董事的薪酬等，以经营等相应的责任范围、大小为根据，制定与职责对应的薪酬等；执行者的薪酬等，综合考虑执行者的职务内容、人物评价、业务实绩等。具体的决策人薪酬由以下部分构成：基本薪酬；退休慰劳金。

(2)"对象从业者等"的薪酬等的相关方针

在本集团对象从业者等的薪酬决定中，设计的薪酬制度为，董事及审计机构的薪酬等，以经营等相应的责任范围、大小为根据，制定与职责对应的薪酬等；执行者及执行决策人的薪酬等，综合考虑执行者及执行决策人的职务内容、人物评价、业务实绩等。具体的决策人薪酬由以下部分构成：基本薪酬；退休慰劳金。

另外，关于职员的薪酬决定，为了能够反映出目标完成度及职务执行度，根据人事考核来决定。具体的职员薪酬制度依据支付规程来制定。

三 本集团对象管理人员薪酬等的体系和风险管理综合性及薪酬等与业绩联动的相关事项

关于对象决策人的薪酬等的决定，在薪酬委员会制定关于薪酬等内容相关决定方针的基础上,决定个人薪酬等内容。

另外,关于对象从业者等的薪酬等的决定,日本邮递株式会社的董事及审计机构的薪酬根据股东大会的决议决定,执行决策人的薪酬根据董事会的决议决定。株式会社邮政银行及株式会社简保生命保险的决策人的薪酬,在薪酬委员会内制定有关薪酬等内容的决定方针的基础上,决定个人的薪酬等内容。职员薪酬制度依据支付规程来制定。

四 本集团的对象管理人员的薪酬等种类、支付总额及支付方法的相关事项

表9-4 管理人员的薪酬等总额(2012年4月1日至2013年3月31日)

单位:百万日元

项目	人数	薪酬等总额	基本薪酬	退休慰劳金	其他
对象决策人(除集团外决策人)	26	625	550	74	0
对象从业者等	28	644	565	78	0

注:①对象决策人的薪酬等包括主要合并分公司法人等的决策人的薪酬等。另外,对象从业者等的薪酬等中包含在原邮递事业株式会社任职期间的薪酬等。②绩效薪酬(包括奖金)不在此列。③股票薪酬型的优先认股权不在此列。

五 本集团的对象管理人员的薪酬等体系的其他参考事项

除前项所述事项之外,无其他特别事项。

本章附件 1：

2013 年度
经营者薪酬指南（第三版）

法规、税制改革期望

2013 年 4 月 12 日

对话投资家委员会
日本董事协会

虽然经济已出现逐渐回暖的迹象，但与全球相比，日本企业的业绩仍然处于较低的水平，还有进一步成长的空间。例如，美国上市企业的 ROE 平均达到 15%，而日本企业的 ROE 只有 5%。企业管理的重要目的在于监管企业经营者不断取得高业绩（如 ROE15%）的经营活动，也就是说，在经营者取得高业绩时，支付给他们丰厚的薪酬，而没达到目标时，就大力削减金额，以这种薪酬制度的设计与运用来强化监管。日本企业还要特别意识到机构投资家对所投资企业的经营者薪酬制度所实施的监管正在逐年加强。

此次对话投资家委员会所修改《经营者薪酬指南》之际，明确了日本经营者薪酬水准和混合薪酬的全球基准；实施以企业为对象的"经营者薪酬制度实况调查"并进行定点观测；同时对于投资家以及经营者薪酬举办了听证会。

据调查结果显示，日本企业经营者薪酬在发达国家中是最低的，而且固定薪酬相对于绩效薪酬的比例也是最低的，可以明显看出，第二版发表之后，薪酬制度和薪酬委员会的运营等并没有很大改变。另外，对话投资家委员会指出，有利于投资判断的薪酬信息公开程度不够。

鉴于此现状，委员会以加强经营者薪酬管理为目的，提出以下三点建议。①修改《经营者薪酬指南》，将扩大绩效薪酬作为重点；②期望统一修改公司法、金融商品交易法、上市规则中的薪酬公开规章制度，从而使公开程度达到欧美国家（或地区）水平，为投资家提供有利于行使决议权的信息，并且期望引入对于薪酬方针及薪酬额度的发言权（薪酬股东大会的劝告性决议）；③期望实施税制改革，以促进董事持有所在公司股份并使具有转让限制的股权成为可能，以刺激股价长期上涨。

同时实施以上三条措施，进一步发展经营者薪酬管理，从而监督并鼓励经营者提高企业业绩，相信这种经营行为可以使股价上涨，甚至可以为日本经济的复苏助一臂之力。为尽早使该指南适用于各企业，委员会希望实施相关规制、税制的改革来支持该指南。

I 经营者薪酬现状

自第二版指导方针发表到 2013 年，日本经营者薪酬在这 6 年的变化，以及与世界各国相比较，具有以下特点。

（1）过去 6 年总体薪酬水准没有变化，与世界发达国家相比处于最低水准。

（2）整体薪酬中绩效薪酬所占的比例低，并且无变化，与发达国家相比，固定薪酬比例居第一位。

（3）设置薪酬委员会的企业数量有所增加。

（4）有个别薪酬超过 1 亿日元的董事开始公开薪酬，但是薪酬方针和类别的公开仍达不到有利于投资家参考的级别，与全球相比仍处于劣势。

对话投资家委员会于 2007 年继续委托研究者进行"经营者薪酬制度实况调查"。本调查包括各企业经营者薪酬制度问卷调查，以及经营者薪酬与企业价值的相关实证研究分析调查。此外首次以投资家为对象进行了关于经营者薪酬的问卷调查。

根据薪酬制度问卷调查，得出以下显著结果。

①多数企业制定了薪酬方针，考虑了薪酬水准和薪酬要素（固定薪酬、绩效奖金、股票薪酬、退休慰劳金）的组合。

②有超过一半的企业设有薪酬委员会或代替机关。

③许多企业对规定、权限、目的等做了明文规定。

④约 8 成企业的薪酬委员会或其代替机关的人员构成中公司外部委员（公司外部董事等）占一半以上。

⑤任命公司外部委员（公司外部董事等）为委员长的企业约占 7 成。

⑥多数企业废除了退休慰劳金。

⑦几乎所有问题项目中薪酬公开的只有少数。

⑧约 6 成企业绩效奖金的 80% 以上与业绩挂钩。

⑨约 8 成企业的薪酬与以财务指标为中心的企业业绩联动。

⑩约 8 成企业的代表董事（或 CEO）的总薪酬中绩效薪酬所占的比例不到 40%。

——约 6 成企业引入与中长期股价相关联的长期激励薪酬体系。

——多半企业的代表董事（或 CEO）的总薪酬中股票薪酬比例不到 20%。

如上所述，2007 年协会发表的《经营者薪酬指南》中所提到的内容，虽不能说充分，却在一定程度上反映出各企业的经营者薪酬制度，并且与前次调查相比，日本经营者薪酬制度在管理方面有所改善。

同时从实证研究中可以确定，经营者薪酬极有可能对企业价值产生影响。

在对投资家所做的进一步调查中，多半投资家认为日本企业的经营者薪酬制度存在问题，尤其是对日本企业经营者薪酬的公开程度不够充分。另外，许多投资家提议希望提高实施薪酬发言权（在股东大会上就经营者薪酬问题实行不具有法律效力的建议性投票）的必要性和绩效薪酬在整体薪酬中的比例。

II 经营者薪酬指南和法规、税制改革期望的主旨

2013年度《经营者薪酬指南和法规、税制改革期望》（以下简称指导方针）以此次"经营者薪酬调查"的调查结果为基础来推进经营者薪酬的改革，其主旨如下。

【应及早改善绩效薪酬与全球相比较低的情况，扩大短期、长期的激励薪酬】

本委员会认为对于认真努力经营企业、承担风险、创造成果、回报股东的经营者，应该为他们构建评价体系，当他们提高了业绩时，要给他们支付相应的薪酬。从国际水平来看，日本经营者的薪酬水准仍持续处于较低水平，考虑到提高薪酬的紧迫性，通过改变这一现状来回报被认为能提高企业业绩的国家资源的经营者，这对于企业的发展，甚至是经济社会的发展都是十分必要的。指导方针的目的在于，通过提高绩效薪酬，使经营者的注意力转移到提高业绩上来。扩大短期、长期的激励薪酬，将欧美水准作为目标，使业绩水准达到ROE为15%的国际水平。

【加强薪酬公开的内容】

迄今为止，在实行指导方针的同时，还期望进行法规、税制改革，以推进经营者薪酬管理，并且其中的几项已经付诸实践。此次，为了进一步促进发展，要统一事业报告、有价证券报告书、企业管理报告书的薪酬公开的基本样式；充实其中薪酬公开的内容：①增加制定、公开薪酬方针的义务，②增加个别公开经营高层领导人等的薪酬的义务，③增加公开薪酬决定过程的义务，④改善个别种类的公开薪酬；提议讨论引入薪酬发言权（股东大户关于薪酬的建议）。

【期望针对解禁具有转让限制的股票实行法规、税制改革】

为促进上述绩效薪酬的进展，为不使激励薪酬受到法规制度的阻碍，期望对限制转让的股票进行解禁和税制优惠（将课税延期至商品销售完），缓和对不易使用的绩效工资的课税规定。

III 经营者薪酬指南（第三版）

本委员会经仔细考虑日本经营者薪酬的变化和课题，提出2013年度《经

营者薪酬指南》（第三版），具体如下。本《指南》虽以公开企业为主要对象，但对除此之外的企业和团体也绝对有效。

本委员会在广泛听取国内外相关机构的意见后，对本《指南》的内容做了适当的修改。

《经营者薪酬指南》

（1）各企业要按照短期及中长期的企业价值创造，从企业和经营者两个角度来独自构建经营者薪酬方针（以下简称为"薪酬方针"）。

（2）经营者薪酬的制定要牢牢抓住与执行业务者所担当的职务等价的原则，考虑全球性竞争，薪酬水准要充分反映经营者的资质、能力、业绩。

（3）扩大年度激励薪酬（绩效奖金）及长期激励薪酬，不论是短期还是长期，都是通过使薪酬与企业业绩相连，来确保经营者的责任感。在制定制度给予高业绩者奖励的同时，也应充分实行低业绩者减薪的政策，防止与股东利益相悖。

与欧美企业相比，CEO的平均薪酬［若整体定为100%，则基本薪酬为64%，年度激励薪酬（绩效奖金）为20%，长期激励薪酬为16%］中，年度激励薪酬和长期激励薪酬所占的比例偏低。通过进一步提高CEO平均总薪酬中的年度激励薪酬（绩效奖金）和长期激励薪酬的比例，从对股东的负责感和对经营者的业绩达成两个角度来进一步加强风险和薪酬的关系。关于CEO以下经营者，也应参照CEO的薪酬比例，提高绩效薪酬的比例。

短期（2~3年）目标为，除去基本薪酬水准极高的情况外，在维持现行基本薪酬水准的基础上，基本薪酬：年度激励薪酬（绩效奖励）：长期激励薪酬=1：1：1，长期目标为1：2~3：2~3。但是，在向上述比例过渡时，企业规模、利润（率）、效率性、股东收益率等业绩最好要达到与全球相同的水平。

另外，上述比例为示例，每家企业应根据各自的经营战略、产业特性等设定自己的比例。

各企业的薪酬委员会应根据各自公司的经营战略等，探讨出适当的薪酬水准、薪酬构成比例，并将其内容公开。另外，薪酬委员会每年应对薪酬制度的实际运用是否按照目标方向进行做出评论。

（4）对于非执行董事的职务来说，原则上不提供绩效奖金，以固定薪酬为中心。但是，股票薪酬（尤其是后面将要提到的限制转让股票[*]）的支付是有效的。另外，兼任业务执行和董事的人员，应以业务执行等价为中心提供薪酬。

＊限制转让股票是指在支付过后的一段时间内具有不可转让（售卖）限制的股票。

（5）所有公开企业要制定"薪酬方针"，就事业报告、有价证券报告书、企业管理报告书中的以下内容进行公开。

①关于董事或执行人薪酬水准（固定薪酬、绩效奖金、股票薪酬、退休慰劳金等）的目的和水准的想法。

②薪酬的总额（统一决算额）。

③基本薪酬、年度激励薪酬（绩效奖励）、长期激励薪酬、退休慰劳金等各要素的组合比例以及对此比例的想法。

④年度激励薪酬（绩效奖金）的业绩评价指标的种类和业绩目标水准以及支付的联动幅度。另外包括到期末时初期设定的业绩目标水准的达成程度。

⑤关于长期激励薪酬的种类和个人支付额的想法。有业绩达成条件时，条件的内容（业绩评价指标的种类、变动幅度等）。

⑥关于退休慰劳金的支付决定公式和个人支付金额的想法。

⑦薪酬决定阶段，薪酬委员会明文规定的、详细的委员会权限和章程、当年度该委员会的活动报告（何时、如何、做了怎样的决定）。

⑧为方便投资家客观地调查，股票市场指数以及与同行企业群等1年、5年、10年业绩的比较。

□解读

"经营者薪酬方针"指各公司决定经营者薪酬的以下原则。

·企业各自的薪酬制度的目的

·对薪酬的水准和组合的期望

·对于年度激励和长期激励的组合的看法

·经营者薪酬决定过程

"薪酬方针"应以企业价值和经营者两个视角为中心，反映各企业的使命、经营战略等，与各公司的中长期绩效联动。同时，应考虑反映出各公司的国际化、产业、地域、规模、成长度和团队合作的日本式经营优点或长期目标。

虽说已经规定薪酬超过1亿日元要单独公开，但是除部分企业之外，薪酬方针的公开并不充分。单纯公开薪酬数额对投资家、股东来说毫无意义。因此本指导方针提议继续加强薪酬方针的公开。另外，虽然已经要求设置委员会的公司公开"薪酬方针",但对于设置监察职务的公司来说薪酬方针在确立薪酬管理中也是极其有效的,为使投资家理解各公司的经营者薪酬方针,期望可以将公开的规定更加细化。

年度激励薪酬方针

(1) 业绩的评价指标反映出企业战略,是不定性的,以财务指标为中心。采用定性评价的时候,要经过具有高度独立性的薪酬委员会的审议,确保决定过程的透明性。

(2) 初期设定目标,末期时除去特殊情况,不根据事后的裁度进行调整,支付额以事前决定的金额为中心。业绩目标的制定要以达成能够反映企业竞争和投资家期望的业绩为前提来进行考虑。

(3) 当取得业绩远超过目标时,所支付的薪酬应为目标绩效奖金的 2~3 倍,在确保对股东负责的同时,要增加对经营者的激励。从避免为达成目标承担过度风险的角度出发,建议不设定上限。

(4) 当取得业绩达不到目标时,应大幅度减少支付金额或不予支付,与股东共同承担亏损。

(5) 事业部门执行者的薪酬不仅要和全公司的业绩相连,而且要和该部门的业绩联动。

(6) 为避免只关注短期业绩的达成、损害企业的长期业绩,应将后文将要提到的股票薪酬这一长期激励和现金这一中期绩效奖金组合协调来提供年度激励薪酬(绩效奖金)薪酬。

(7) 为将用以实现对股东负责的业绩联动明确化,应将固定薪酬和绩效薪酬明确分类支付(不要在确定金额的框架内,将绩效薪酬和固定薪酬合并支付)。

(8) 初期的目标设定,末期的业绩评价以及决定支付额时,必须要得到薪酬委员会的承认。另外,作为评价基础的财务数值要使用经过审计后的数值。

(9) 为方便计算企业中绩效薪酬、奖金在法人税法上所损失的金额,应再度修改税制。

□ 解读

一般情况下,即使在业绩良好的时候,执行者的年度激励薪酬(绩效奖金)占总薪酬的 12%,并且上升潜力受到限制。业绩评价指标也模糊不清,评价以裁度和定性为中心,即使在业绩不佳的时候,并没有事前制定制度,从降低风险的角度,采取酌情削减薪酬的2成等措施,来确保对股东负责。

有人批评"在日本激励不会是高额奖金",但事实上,长期实行现行薪酬制度的结果即累积获得薪酬,薪酬体系中负责制不明确。因此,应对年度激励薪酬实施上述改革,在变动性强的经营环境下,使经营者的薪酬背负上与股东所背负的投资损失同等的风险,并在业绩提高的情况下,通过扩大年度激励薪酬,使股东获得利益得以提升,实现股东和经营者双赢的目标。

也有人说"成熟的企业不存在绩效",但对于公开企业来说,扩大规模并不是唯一的任务。通过在统一基础上设计与中长期的盈利率等联动的薪酬,也可以设计出适应成熟企业的、具有负责制的年度激励制度。

同时,通过薪酬委员会监督目标设定、评价的过程,加强对年度激励负面影响的应对也是十分重要的。

另外,根据修改过的税制制定出的年度激励薪酬(绩效奖金)的损失计算规则不易于使用,引入企业极少。因此,期望再次修改以便于企业可以根据各自公司的制度做出实际性的应对。

长期激励薪酬方针

(1) 引入与中长期的股东价值相关联的长期激励薪酬制度(以下称为股票薪酬)。根据各企业的状况及各自的长期激励薪酬的特点,配合引入多种长期激励薪酬。

①优先认股权(新股份预约权)。

②具有转让限制的股票(由于无法与日本的法制及税制相适应,由行使价格为1日元的新股份预约权派生而出的形式,被股票薪酬优先认股权所代替)。

③以3~4年的中长期作为业绩评价期的现金绩效奖金。

④未来提高长期激励薪酬所占的比例时,为实行进一步激励,对股票薪酬优先认股权的转让设定一定的业绩条件(如3年后使业绩远超同辈企业的业绩等条件)。

(2) 设定强制执行者持有所属公司股份的方针,将"CEO持有固定薪酬(年薪)的2~3倍的股份"作为努力目标。届时,上述限制转让的股票也计入持有量中并可削减。CEO以下的经营者应持有超过固定薪酬(年薪)的股份。

(3) 为在企业中可以支付限制转让型股票，实行公司法、税制的改革。

■解读

股票薪酬属于中长期激励薪酬，采用通常的股票进行支付。要将限制转让型股份、优先认股权、执行计划进行重新组合。另外，考虑到日本股票市场的不合理性和经济成熟度，存在"优先认股权难以实行"的意见。

作为上市企业重要任务的股东价值创造是从市场的角度，通过股价的上涨和盈利率的提高来评价，但事实上，现行的日本经营者薪酬，股票薪酬占总薪酬比例较低，不论是上涨还是降低，都与股东价值无关。因此，为确保对股东负责，股票薪酬与绩效薪酬同等重要。在优先认股权上增加采用限制转让型股票（也可采用行使价格为1日元的选择权），既可降低亏损，又可有效地以现金或股票的形式支付中长期的绩效工资。换言之，既没有中长期激励效果又欠缺负责制的重视固定薪酬的薪酬体系已经没有必要继续维持了。

而且，与欧美国家相比，执行者持有股份显著低下的现状也应及早改变。让执行者持有一定数量的股份，与股东共同享受盈利、共同承担亏损的手段通常是极其有效的。为促进经营者持有股份，我们提议缓和限制转让型股票的规定。

退休后薪酬（顾问、咨询职位的薪酬）方针

在任时的薪酬水准提升到具有国际竞争力的水平后，退休之后将不再以顾问或咨询的名义支付薪酬，即使需要就任顾问或咨询的岗位，所支付薪酬也不能高于现任业务执行者的薪酬水准。

■解读

日本企业中，执行者退休后就任顾问、咨询，领取顾问、咨询岗位工资的情况随处可见。任职时间由退休后的几年到终身不等。顾问、咨询职位的工资并不是经过股东大会的决议后支付的，并且不在执行者薪酬公开规定的范围之内，与其他薪酬相比透明度较低。

正如本指导方针的"经营者薪酬方针"中所述，业绩处于国际水平，通过提高激励薪酬水准的形式将薪酬水准提升到国际水准的情况下，建议废除日本特有的、透明度低的顾问、咨询职位薪酬。

虽然为防止执行者退休后立即进入竞争企业任职，而使其在退休后的几年里就任顾问、咨询，但基本上，人们仍希望退休后的执行者可以利用担任经营者的经验，就任其他企业的外部董事等职位。

薪酬委员会

（1）不论是设置了委员会的公司，还是设置了审计机构的公司，所有的公开企业都要设置薪酬委员会。

（2）设有审计机构的公司的薪酬委员会也需要招聘公司外部委员和独立董事。委员长应从担任委员多年的独立董事中选出（成立之初除外）；由委员不得长期任职（如4年以上）。5年之内只能由独立董事构成。

（3）公司外部委员要为薪酬的决定提供公司内外的客观信息。

（4）CEO的薪酬由公司外部委员讨论商定，CEO不得参与。

（5）明文规定薪酬委员会的目的、权利、规章。

（6）薪酬委员会应参照本薪酬指导方针，决定与企业中长期的创造价值一致并与高业绩相应的经营者薪酬。

（7）向董事会（设有审计机构公司内的审计会）提交当年的委员会活动报告书。同时与年度报告书格式统一，在事业报告、有价证券报告书、东京证券交易所的管理报告书内公开以下条目：委员会的具体成员；委员会的权利和规章；活动报告（何时、以何种方式、讨论做出了何种决定）。

□解读

薪酬委员会的职责在于，在防止经营者利益受到侵害时，监督是否给予了经营者充分的创造企业价值的激励。薪酬委员会决议时最应重视创造的中长期企业价值是否与经营者的薪酬相符。如今许多企业都正在设置薪酬委员会，本指导方针建议，即使在设置了审计机构的公司里，薪酬委员会也应重新招聘独立董事。同时，委员长从任职委员多年的独立董事中选出（成立之初除外），并且由兼任业务执行的董事任职的情况下，不过半数不给予决议权。未来要达到委员会只由独立董事构成的目标。在保证独立性的基础上，提供客观信息、明文规定权利、规章、向董事会提交报告书等十分重要，同时，通过公开报告书，确保经营者薪酬决定的独立性、客观性和透明性。

Ⅳ 法规、税制改革期望

在之前的《经营者薪酬指南》（2005年）和《经营者薪酬指导方针》（2007年）中，日本董事会一直期望改革与薪酬相关的法规、税制，其中的几项已经付诸实践。本协会试图继续加强通过薪酬的企业管理，提出以下几点改革法规、税制的期望。以下期望主要适用于上市公司。

期望1

应统一事业报告、有价证券报告书、企业管理报告书中薪酬公开的基本格式。

□解读

如今已要求上市公司在事业报告（公司法）、有价证券报告书（金融商品交易法）、企业管理报告书（证券交易所规定）等中公开经营者等的薪酬。但是，其公开格式并没有统一，因此，对于公司来说，增加了事务应对负担，对股东、投资者来说也难以理解。因此，应按照附录资料（略）中的形式统一规定事业报告、有价证券报告书、企业管理报告书中薪酬公开的基本格式。

期望2

应进一步充实薪酬公开的内容。特别是①增加制定和公开薪酬方针的义务，②增加个别公开经营高层领导人等的薪酬的义务，③增加公开薪酬决定过程的义务，④应及早改善公开薪酬的类别等。

□解读

与英、美国家的薪酬公开相比，日本的薪酬公开不够充分必须与资本市场的国际化相对应，进一步充实薪酬公开的内容。特别应及早改善以下几点。

第一，增加制定和公开薪酬方针的义务。现在，只有设有委员会的企业有制定和公开薪酬方针的义务。薪酬方针是构筑具有实现董事责任和义务的动机的薪酬制度的基础，其重要性不会随着企业管理形态的变化而改变，尤其是，经营者的业绩目标是什么，这一目标与薪酬制度有何关联等信息，对于股东、投资者来说是非常重要的信息。因此，设有委员会的公司之外的公司也应有义务制定和公开薪酬方针。

第二，增加个别公开经营高层领导人等的薪酬的义务。如今，要求统一薪酬等总额在1亿日元以上的董事公开个别薪酬。提到薪酬公开，很容易将关注点集中在金额的多少上，但真正重要的是要让股东、投资者能够判断经营者取得了怎样的成果从而领取这个金额的薪酬（按照薪酬方针，这个金额是否适当）。特别是经营高层领导人，作为公司经营的最高负责人，应该服从股东、投资者的评价，即使薪酬未满1亿日元，也应该进行薪酬的个别公开。另外，执行者的薪酬超过经营高层领导人的薪酬的情况，可以说是股东、投资者十分关心的事情。因此对经营高层领导人以及领取超过经营高层领导人薪酬金额的执行人要实行薪酬个别公开。

第三，增加公开薪酬决定过程的义务。在设有委员会的公司里，由薪酬委员会决定执行者等的薪酬，但薪酬委员会实际做了哪些工作是非常重要的。另外，在设有审计机构的公司，一般由股东大会决定全部董事的薪酬总额上限（即薪酬范围），但实际的支付金额是通过怎样的过程决定的，这是一项重要的信息。因此，设有委员会的公司应公开薪酬委员会的活动状况，而设有审计机构的公司应该公开是否设有与薪酬委员会相当的组织，如果有的话是什么样的组织，活动状况是怎样的，如果没有的话，其理由是什么。

第四，改善公开薪酬的类别。现有的有价证券报告书中，将薪酬界定为"基本薪酬、优先认股权、奖金及退休慰劳金等"。但是，并没有保证优先认股权今后会继续成为股票薪酬或中长期激励薪酬的代表。因此今后有可能要增加优先认股权之外的股票薪酬或中长期激励薪酬。关于薪酬种类的区分，应不断改善使其可以切实反映实际动向。

期望3
应讨论引入薪酬发言权（股东大会关于薪酬的建议性决议）。
□解读

在设有委员会的公司，执行者等的薪酬不是由股东大会决定，而是由薪酬委员会决定。在设有审计机构的公司，虽由股东大会决定章程或董事的薪酬，但通常情况下，股东大会只是决定董事薪酬的范围，实际支付金额不由股东大会决定。关于股东大会权力的基本观点是，只增加股东大会的决议事项而不改变企业管理，因此股东大会不应决定经营者等的具体薪酬金额。但是，关于所公开的经营者等的薪酬（不仅是薪酬金额，而且包括薪酬方针），股东大会也可以拥有提出建议性想法的机会。因为对于公司来说，这是重新考虑薪酬制度形式的一个契机。

期望4
应该使日本的法规和税制等不再是利用限制转让型股票等国际性薪酬制度的障碍。
□解读

股票薪酬中，除了优先认股权之外，还有支付实际股票、支付与股票联动的现金等各种类型。近年来，在美国使用限制性股票（支付具有转让限制期限股票作为薪酬）和绩效配股（在一定期限内达到预定业绩目标时支付的股票薪酬）等的例子逐渐增加，不只有优先认股权是股票薪酬的代表。

在日本，作为股票薪酬，设有 1 日元优先认股权和利用执行者持股或信托的薪酬类型，但是实际上存在，想要使用可以由自己处理、一定时间后可以转换为普通股票的转让限制型股票（因此希望发行此类股票的时候，不需要经过股东大会的特别决议的呼声）。然而，也有意见指出，希望改革法规，使该类股票只能支付于执行者或重要使用人（包括分公司的人）的期限从一年变为十年。

另外，关于这一点，还有意见认为，若在上市公司中引入限制性股票，则不应该以股票类型的形式，而应使用公司、执行者（股东）间的股票转让限制契约。关于授予公司同意权的股票转让限制契约的效力虽存在争议，但为引入限制性股票的股票转让限制契约是以使董事持有股票勤于职务为目的，其积极合理性得到认可，因此被认为是有效的［参考江头宪治郎《股份公司法（第 4 版）》(2011) 第 235 页］。此外，由于违反股票转让限制契约的上市股票的转让本身是有效的，为了防止转让，可以设置如具有优先认股权的执行者户头等专有户头，在转让限制到期之前，不允许此户头进行存取。具体方法是，某执行者有 A（此户头内的证券可以进行买卖）和 B（此户头内的证券不可进行买卖）两个户头，股票转让限制契约的对象股票存入 B 户头，当该契约的条件期满时（即没有转让限制时）对象股票可以转入 A 户头。当对象股票存入 B 户头时，由于不用课税，对象股票在 B 户头期间，即使是分红，该执行者也不可以自由支配，当该条件期满时，分红最好进入 A 户头。另外，决议权的处理也需要商讨。

日本现行的税法中，关于股票型薪酬的法人亏损金额计算和征收个人所得税的时间等存在许多模糊点。

个人所得税的征收原则上是在确定股票型薪酬的权利时进行，但是关于转让限制型股票，现行税法中没有明确征税时间。假如在支付时征收所得税的话，由于具有转让限制，无法确保销售和纳税资金，作为薪酬工具，不适合承担税务。在欧美国家或地区（如德国、英国、美国等），税法中对于转让限制型股票设定了详细的必要条件，对应薪酬计划的具体状况，如支付时决议权和分红权的状况，限制转让期间没收的可能性等，并制定了征税的时间。

另外有的国家纳税人可以选择不在转让限制解除时，而在支付时纳税（对于具有承担税务能力的个人，若股价处于上升阶段，则早期纳税是有利的。但是，若选择支付时纳税，即使限制解除时股价比支付时的价格低，也不能进行调整)。在日本,为了使转让限制型股票作为薪酬工具而发挥作用,就应从税法上具备所得确定的具体必要条件。

不管采用何种方式,为了使日本的法规和税制等不再是利用限制转让型股票等国际性薪酬制度的障碍,希望有关当局可以制定适当的应对措施。

期望5

提议改革绩效薪酬(利益联动工资)的法人税法中的亏损金额计算。

□解读

①通过与重视团队经营、统一经营的趋势相符合的形式,在设置薪酬(咨询)委员会的情况下,期望完善以上市企业的持股公司旗下的子公司及上市企业的统一子公司为对象的法律。

②全部董事的薪酬适用于同一算式操作起来十分困难,鉴于各个董事的任务不同,希望完善关于按照同一薪酬方针(关于薪酬的基本想法和计划)进行决算的相关法律。

③希望通过记录薪酬委员会的认可和对于薪酬方针的想法以确保客观性的方法,完善法律以认可定性的评价指标等。

④希望完善相关法律,不用按照职位公开薪酬的金额,而以公开薪酬方针为基础,公开在确定的上限范围内的决算。

与②③④相关,关于绩效薪酬的决算方法、指标、公开,期望完善相关法律,对管理总额设定必要的原则。

⑤期望完善法律,使现阶段设有审计机关的公司里的薪酬咨询委员会中非业务执行者要超过半数,设有委员会的公司里的薪酬委员会中,公司外部委员要超过半数。

⑥将几年(如2~5年)作为检测期限的制度同样作为损失金额计算的对象。

本章附件2：

干部报酬规程
——日本机械工业联合会

（目的）

第一条 本规程适用于日本机械工业联合会所有全职干部（以下简称干部）的薪酬必要事项。

（报酬体系）

第二条 干部的报酬，分为月度薪酬和奖金。

（月度报酬）

第三条 干部每月报酬，按照职位每年在70万日元到120万日元，最终由会长裁决。

（奖金支付决定）

第四条 干部的奖金，由月度报酬乘以一定的支付率算出，其中，支付率按照会员企业经营状况、社会经济状况综合考虑，由会长裁决。

（报酬的支付日）

第五条 干部报酬支付日规定如下，如遇节假日，则提前至放假前一天。

（1）月度报酬支付日为每月25日。

（2）奖金的支付日为每年的6月15日和12月10日，当然，奖金支付对象为当年5月最后一天和11月底所有在籍者。

（3）如遇干部死亡、退任及其他特别的情况，前项支付日前的某个星期日有可能作为支付日。

（报酬的按日计算）

第六条 月度薪酬支付期间的当月、奖金支付期间，干部死亡或退任，当期月度薪酬和奖金照发。干部新上任的当月，月度薪酬按日计算；干部新上任的奖金支付期间，奖金按月和日进行细算。

（其他福利）

第七条 除了享受月度薪酬和奖金外，还享受通勤津贴。

此规程自2007年5月1日起生效。

本章附件 3：

干部报酬规程
——建筑环境与节能机构

（目的）

第一条　这个规定适用于普通财团法人建筑环境和节能机构（以下简称本财团。）根据章程第 14 条、第 29 条，规定干部和评议员有关费用和报酬等事项。

（定义等）

第二条　各条款设计定义如下：

（1）理事及监事称为干部。

（2）执行董事，指每周一天以上定期从事财团职务的董事。

（3）非执行董事，指专职以外的其他董事。

（报酬支付）

第三条　本财团董事及评议员是无报酬的。但是专职董事可以支付报酬。专职董事报酬金额范围由评议员会规定。

（报酬的支付方法）

第四条　专职董事报酬，每月在一定日期支付（附则第 2 项规定的年薪除以 12 的额度，以下称"月工资"）。

报酬的支付，根据相关法令扣除应扣除金额后，以汇入本人在金融机关的户头的方式支付。

（退职慰劳金）

第五条　退职慰劳金在专职干部退职时支付。但根据专职干部第 1 号章程第 28 条规定的理由被解除了任务时不支付。

退职慰劳金的金额，与在职期间的报酬额相同或加 10% 支付（不满 1 年的零数按规定换算为那个期间的金额）。

专职干部在职期间死亡的，为其遗属支付退职慰劳金。

（福利费用）

第六条 专职干部的福利费用，按照本财团适用于全职人员的福利卫生费用等规定执行。

（讲师、委员的稿费执行）

第七条 财团非正式人员以及评议员、研讨会或研究会等讲师，根据规定支付稿费。

（费用报销）

第八条 管理人员在履行职务等负担的费用，可申请予以提前预付；专职干部，上下班需要的交通津贴，按照"职员工资规定"执行。

（改革和废除）

第九条 这个规定的改革和废除，须经过评议员会议通过。

"专职干部报酬规定"和干部退职慰劳金规定"同时废止。

（附则）

第十条 本规则自2012年5月30日开始实行。

附录

董事长每年1700万日元；

执行董事每年1550万日元；

常务理事每年1450万日元；

其他理事每年1350万日元；

监事每年1350万日元。

本章附件 4：

干部报酬规程
——日本缆车运输协会

（目的）

第一条　本规程适用于日本缆车运输协会所有全职干部（以下简称干部）的薪酬必要事项。

（报酬的决定等）

第二条　可以支付给常勤董事每年的报酬范围为 800 万日元，由会长理事会批准规定。

报酬须在固定日期支付。

除此之外，常勤董事视上班情况，给付通勤津贴。

（董事退休慰劳金）

第三条　退休福利：在支付时，如果在前文中所提到的全职人员已经退休，干部退休慰劳金的金额，以在任期间的薪酬为上限，乘以工资支付率，参考企业收支情况，经会长理事会批准执行。

工资支付率为：10%。

在任期间薪酬的计算，自就任的月起至卸任的月止，不足 1 年的按月计算。

（干部在任年龄）

第四条　董事任期年龄，原则上以满 70 岁为限。然而，在特殊情况下，企业总裁、副总裁等，如果有董事会批准，不受此限。

（修订）

第五条　这个规则的修订，须经理事会及评议员会决议后进行。

（补充规则）

第六条　本规则的实施有关必要事项，另行规定。

以上规定，自 2012 年 4 月 1 日生效，补充规定自 2012 年 6 月 13 日生效。

第十章

俄罗斯国有企业高管薪酬

2008年金融危机后，政府成为俄罗斯的主要商业经营者，俄罗斯的国有企业在经济复苏中起了非常重要的作用，普京在总统第二任期内强化了大型国有企业联合，特别是加强了国家对战略性行业的控制，并同时确定涉及国防、石油、天然气、运输、电力、外贸、银行、渔业、钢铁制造业等领域的1063家大中型企业为国有战略企业，规定政府无权对这些战略企业实行私有化。2004~2007年，国有股在俄罗斯资本市场中的比例从24%升至40%，2009年达到50%。1997~2009年，国有经济比重从30%升至67%。

第一节 俄罗斯国有企业

俄罗斯的国有企业形式主要有单一制国有企业（俄罗斯语：унитарное предприятие）和国家公司（俄罗斯语：государственная корпорация）。单一制国有企业的资产属于联邦政府，比如俄罗斯的某个地区或者某个市，根据经济管理（对于国有及市政拥有的国有企业）或者操作管理（只是对于国家所有的国有企业）的权力拥有其资产，这类资产不可以在参与者之间进行分配，也不可以进行分割。单一制国有企业在经济事务中是独立的，有义务将其利润上交给国家。单一制国有企业没有权利建立子公司，但是，在所有人同意的情况下，可以开立分支机构或者代表办公室。

俄罗斯单一制国有企业包括俄罗斯铁路股份公司（ojsc Russian Railways,

国家100%全资拥有）、俄罗斯国际航空公司（ojsc Aeroflot – Russian Airlines，国家控股51%）、俄罗斯水电公司（ojsc Rus Hydro，国家控股65%）、Sberbank银行（国家控股51%）、俄罗斯石油公司（ojsc Rosneft，国家控股75%）、俄罗斯天然气工业股份公司（ojsc Gazprom，国家控股51%）等。

相比之下，国家公司是非营利组织，是按照其公司章程中所描述的方式来管理其资产的。国家公司没有义务向公共机构提交其活动的有关文件（除了很多向俄罗斯政府提交的文件之外），通常也不从属于政府，而是从属于俄罗斯总统，是用来完成某些重要目标的。政府的控制也是在一定的基础之上实施的，如年度的公司会议，对账目及财务报告（会计）审核观点的年度报告，以及审核委员会对财务（会计）报告查证结果的结论及其他的公司文件等。任何其他的联邦政府部门、俄罗斯联邦的国家权力机构，以及当地的政府都没有权力干涉国家公司的活动。

2007年组建的国家公司包括外经银行、俄罗斯纳米公司、住房公用事业改革促进基金会、奥林匹克建设公司、俄罗斯技术公司和俄罗斯原子能公司等。国家公司的建立和发展，为俄罗斯的经济发展提供了机会和支撑。

俄罗斯科学院世界经济、国际关系研究所前所长，西莫尼亚院士说："俄重新国有化的主要目的：一是增强国家对经济的主导作用，特别是对影响国家重要经济战略利益的领域加大调控力度；二是进一步打击与削弱寡头势力，防止国家政权寡头化，剥离寡头与政治的关系；三是在一些重要经济部门培植大型国有控股企业，目的是保证国家重要的产业政策得以实现。"普京现在很有底气地实施全民免费医疗，财力就来自这些国企，它们不但能上缴税金，而且利润也全部是国家的。

第二节　俄罗斯国有企业高管薪酬监管

仅在数年前，政府部门收入丰厚的高薪工作还仅限于最高级别的长官。但这种情况有所改变，现在的政府部门也在就业市场上积极竞争，提供有竞争力的薪酬，希望从私营企业吸引精英人才加入。

在俄罗斯，与欧洲或美国不同，即使是上市公司也不需要披露其高管薪酬计划，企业高管薪酬仅依据本公司相关法令制定。

前任总统与现任总理的确为提高国企的透明度做了许多努力。德米特里·

梅德韦杰夫于2013年7月签署立法文件，列出了本应在多年前公布，但因某种原因从未公布相关信息的企业名称。所以2014年的排行榜中可能会出现养老保险金、强制医疗保险金和住房公积金。

在德米特里·梅德韦杰夫所列出的名单中，明确提到了俄罗斯石油运输公司和俄罗斯天然气工业股份公司，因为在个人资料隐私的保护背后，隐藏的是石油垄断。例如，公司规定，"企业员工（包括董事会成员及各部门负责人）工资信息"在法律上"不应告知第三方，或未经该员工的书面同意擅自传播"。但事实上，俄罗斯天然气工业股份公司的高管由于入股关联公司——如俄气银行或俄罗斯天然气工业股份公司——获得了一笔数额不少的收入。

第三节　俄罗斯国有企业高管薪酬水平

俄罗斯国有企业高管薪酬水平较高。2012年底，福布斯的俄罗斯最高薪首席执行官排名，前五名均为国有企业高管。排行榜要依据2012年董事会薪酬数据，该数据包含在公司2013年第一季度上市公司报表、公司年度报告及国有企业高管收入申报单中。此排行榜中的国有企业是指俄罗斯联邦主体的联邦政府或政权机关持有超过50%股份的企业，或由它们直接控制的企业（如阿尔巴克斯银行）。如果薪酬的一部分为企业股金，则排名时会考虑股东采取相关决议时的价格及最近一次交易评估。由于公务员不能入股董事会获得薪酬，在计算平均数值时他们不予考虑。薪酬不包括差旅费用。2012年俄罗斯最富CEO排名如表10-1所示。

表10-1　2012年俄罗斯最富CEO排名

序号	CEO	企业	董事会成员平均月薪（百万卢布）
1	格里夫	俄罗斯联邦储蓄银行	11.7
2	安德烈·科斯京	俄罗斯外贸银行	10.0
3	弗拉基米尔·雅库宁	俄罗斯铁路公司	6.1
4	安德烈·阿肯姆	俄气银行	6.1
5	叶夫根尼·多德	俄罗斯水力发电公司	5.9
6	亚历山大·德育空	西伯利亚石油公司	5.5
7	阿列克谢·米勒	俄罗斯天然气工业股份公司	5.2
8	鲍里斯·科瓦楚克	俄罗斯同一电力团体	5.1
9	米哈伊尔·扎德诺夫	俄罗斯外贸银行	3.8
10	费奥尔多·安德列耶夫	阿尔罗萨公司	3.5

同一时期，俄罗斯总统普京年收入为 579 万卢布，总理梅德韦杰夫年收入为 581 万卢布。

2011 年，居榜首的是安德烈·科斯京（俄罗斯外贸银行的 CEO），年薪近 3000 万美元，接近摩根大通首席执行官杰米·戴蒙 4200 万美元的年薪。但值得注意的是，摩根大通规模为科斯京所在银行的 10 倍。据悉，俄罗斯之所以为这些高管提供如此有竞争力的薪酬，主要是希望从私营企业吸引精英人才加入。①

与此呼应的是俄罗斯的媒体行业，俄罗斯今日频道就是这种状况，该国有电视频道成立于 2005 年，专门帮助俄罗斯建立在海外树立正面形象。政府一直给这些媒体公司巨额补贴，给予来自知名私营媒体公司的新闻工作者更多薪酬并保证稳定性，反过来这些人让俄罗斯今日频道及其他国有媒体更加信誉卓著。

与此同时，国有企业也开始给中层管理人员支付大大高于平均水平的丰厚薪酬。2010 年底，俄罗斯天然气工业股份公司的平均薪酬（不包括高层管理者）为每月 3000 美元左右，是莫斯科平均工资的三倍以上。其他国有企业支付给中层员工的薪酬甚至更丰厚。

俄罗斯国有企业高管的高薪酬引起了不满，俄罗斯期刊《首席执行官》指出"这些高智商人的价值是多少？"领英公司的首席执行官康斯坦丁·鲍里索夫也指出："俄罗斯高层管理者经常说'其他国家类似职位高管薪酬都很高'，以此来捍卫自己的高薪。但是，首先，他们没有考虑公司的竞争力，俄罗斯企业的竞争力一般远低于西方企业。其次，西方经理人往往比俄罗斯经理人经验丰富得多——西方经理人在接管一家公司之前，通常需要在这家公司工作 20 年；而在俄罗斯，前一分钟你还是议会成员，下一分钟你就可能成为一家国有公司的掌舵人。这是一个很大的问题，不论这些经营者是否明白其中的差异。"

令民众不满的另一个原因是，大型国有企业高管薪酬与私营企业高管薪酬的比较是同一层次领导竞争的必然结果，但这种与业绩挂钩的薪酬并没有有效的信息公开。如果俄罗斯外贸银行、俄罗斯石油公司、国际化俄罗斯统一电力公司企业业务量或市场资本总额翻倍，那么给予奖励便不会受到指责。但是这

---

① http://www.Kommersant.com。

些公司在财务报表和股票价格中没有体现其业务状况。俄罗斯石油公司酬金与红利的增长则更显著——仅在3年内就提高了三倍,可非常遗憾的是,石油公司的三位董事长,包括现任的伊戈尔·谢钦都不曾公开自己和董事会其他成员的工资,我们所知道的只有这一控股公司所有领导成员的总工资数额。

Derek Jones(2001)使用俄罗斯主要高管薪酬数据进行研究,得出了1993~1997年俄罗斯高管薪酬的主要特点。这一时期CEO薪酬增长了大概640%,为了检验这些CEO薪酬水平的决定因素,建立了弹性模型,发现基于传统方法(扩大至虚拟产权)的研究,CEO的薪酬:①与公司规模正相关(以总资产、雇佣人数或销售收入为标准结论均相同);②常常与绩效相关(以资产回报或生产力作为测量工具),而不是与利润率相关;③与公司的所有权弱相关。国有企业的CEO往往不能得到比私有企业更多的薪酬,但是,有25%的私有企业CEO薪酬低于国有企业。

案例

俄罗斯石油公司董事会成员和管理层的薪酬情况

1995年9月29日,俄罗斯联邦政府决定成立国有的开放式股份企业——俄罗斯石油公司。成立之初的几年,俄罗斯石油公司遇到了极大的困难,公司在很长时间内无法适应新的市场条件。1998年俄罗斯金融危机期间,俄罗斯石油公司面临是否继续存在下去的痛苦抉择。金融危机使俄罗斯石油公司财政状况严重恶化,公司对所属企业的资产失去控制。1998年末,由30个大企业组成的俄罗斯石油公司的总资产不足5亿美元。当时,俄罗斯石油公司新领导集体走马上任,提出了改变现状、恢复失去的市场份额和使公司步入持续发展轨道的任务。当时公司面临的最迫切任务是认真弄清形势和完善公司管理。公司用了将近一年的时间稽核资产和消除公司内部的离心倾向,到1999年末成功恢复了对主要资产的控制,统一的生产和经济政策得以在公司范围内实施。1999年俄罗斯石油公司扭亏为盈,从此该公司步入稳定发展轨道。

2000年,俄罗斯石油公司各项生产和经营指标均取得了大幅度增长,甚至在2001年俄国内外石油市场行情走低的情况下,公司生产指标没有降低,反而持续增长。2002年公司生产指标达到1995年成立以来的最高水平。2003年公司资产显著增长。2004年公司生产经营实现质的飞跃。俄罗斯石油公司新管理层确定的目标不仅是恢复失去的市场份额，而且是在现有资源的基础上建立有效的生产链条。公司改革的主要目标是成为强大的和平衡发展的世界能源集团。

一 董事会的人员构成

按照俄罗斯石油公司的行为准则和国际公司治理实践标准，俄罗斯石油公司组建董事会，截至2010年12月31日，所有的9名成员都是非执行董事，其中3人是独立董事。董事全部为男性，最年轻董事50岁，最年长董事70岁，平均年龄57.55岁。

二 董事会成员的薪酬

按国际惯例和俄罗斯法律规定，制定薪酬水平以及向董事会成员和管理层支付薪酬的程序。

（一）董事会成员的薪酬

联邦法律有关合资企业的规定要求，通过股东大会的决定，可向董事会成员支付薪酬和/或对他们的花费进行补偿，并且该花费是他们在职期间内形式职能产生的。这些薪酬和补偿的范围由股东大会的决策确立。

（二）薪酬水平的标准

设置董事会成员薪酬水平的标准由一定的法规确定。该法规规定了计算薪酬和向董事会成员支付薪酬及其费用补偿的程序。该标准由俄罗斯石油公司董事会在2009年4月28日批准通过（会议纪要No.4），其修正案在2012年4月27日由董事会通过（会议纪要No.19）。

根据该规定，除了向同是州官员和俄罗斯石油公司CEO的董事支付薪酬以外，还要向有独立地位的董事会成员以及被授权为董事会中俄罗斯联邦的利益代表人的董事会成员支付薪酬。

在申报期间为董事会成员设置了最可能的薪酬水平，并且该水平被董事会批准通过。在申报期设定最终的工作薪酬数量所需要考虑的因素如下：作为董事会主席和董事会成员，实际参与到工作中；作为委员会的主席和成员，实际参与到董事会委员会的工作中。

俄罗斯石油公司的董事会可以在考虑公司的财政状况后，提议降低董事会成员的薪酬最终数量。董事会也可以提议薪酬形式是现金还是俄罗斯石油公司股份。

俄罗斯石油公司会对董事会成员为行使其职能而产生的所有花费进行补贴[食宿、差旅、包括贵宾休息室服务和其他航空和（或）铁路服务所产生的费用和关税]。当董事会成员参与第三方诉讼时，如果引起诉讼的行为是董事会成员站在公司立场上做事而产生的，该行为是董事会成员的行为结果，那么与此有关的费用（包括庭上抗辩等费用）也能得到补偿。作为董事会成员，若其活动导致行政诉讼、犯罪诉讼或其他法庭行为，与之行为有关的董事会成员的花费公司也会给予补偿。

根据俄罗斯石油公司董事会在 2012 年 4 月 27 日的提议（会议纪要 No.19），2012 年 6 月的股东大会批准通过向以下董事会成员在其任职期间通过转移俄罗斯石油公司股份的方式支付薪酬。

（1）亚历山大·内基皮楼弗（Alexander Nekipelov）：28944 股（计算期间从 2011.06.10 到 2011.09.13 以及从 2011.09.13 到 2012.06.20）；

（2）安德烈·科斯京（Andrey Kostin）：26925 股（计算期间从 2011.06.10 到 2011.09.13 以及从 2011.09.13 到 2012.06.20）；

（3）鲁德洛夫（Hans-Joerg Rudloff）：269255 股（计算期间从 2011.06.10 到 2011.09.13 以及从 2011.09.13 到 2012.06.20）；

（4）谢尔盖·时新（Sergey Shishin）：24906 股（计算期间从 2011.06.10 到 2011.09.13 以及从 2011.09.13 到 2012.06.20）；

（5）尼古拉·托卡列夫（Nikolay Tokarev）：22213 股（计算期间从 2011.06.10 到 2011.09.13 以及从 2011.09.13 到 2012.06.20）；

（6）德米特里·苏格福（Dmitry Shugaev）：22213 股（计算期间从 2011.06.10 到 2011.09.13 以及从 2011.09.13 到 2012.06.20）；

（7）弗拉基米尔·勃格丹诺夫（Vladimir Bogdanov）：17408 股（计算期间从 2011.06.10 到 2011.09.13 以及从 2011.09.13 到 2012.06.20）；

（8）马塞尔斯·瓦尔尼格（Matthias Warnig）：16260 股（计算期间从 2011.09.13 到 2012.06.20）。

股东大会还确定了向董事会成员产生的花费补偿进行支付，其花费的产生与他们行使职能有关，尤其是在这些方面的花费：食宿、差旅，包括贵宾休息室服务和其他航空和（或）铁路服务所产生的费用和关税。

（三）管理层薪酬

支付给高管层（董事长、第一副董事长、副董事长和平级的职员）和俄罗斯石油公司独立分支机构领导的薪酬由月薪和年保险金构成。

对于在俄罗斯石油公司或其分部和子公司的管理机构工作的公司管理人员（俄罗斯石油公司管理层、分部的董事会），无须再发放其他薪酬。

在管理人员签署的劳动合同中规定了月薪酬水平。

向管理人员发放年终奖的前提是，在报告年度中董事会基于企业业绩而做出的相关决策已经董事会批准通过。奖金由两个部分构成：一部分参考管理人员的个人工作结果，另一部分参考团队工作结果（在管理人员的商务范围内并以其为企业所做的工作为整体）。公司董事长的年终奖根据其个人业绩指标的工作成绩确定，与公司业绩的关键指标相对应。批准关键业绩指标和审核管理人员工作的方法如下。

（1）业绩标准按照报告年度的公司发展战略和任务进行编制。

（2）高级管理人员的个人业绩标准和集体业绩指标须经过俄罗斯石油公司批准通过。

（3）独立分支机构管理人员的个人业绩标准须经过俄罗斯石油公司管理委员会批准通过。

（4）在报告年年终，使用审计后的合并财务账目和管理账目，企业内的适当的工作组会评估关键业绩成绩的标准（集体和个人的）。

（5）高级管理人员的奖金数量须经过俄罗斯石油公司批准通过，独立分部的管理人员的奖金数量须经过管理委员会批准通过。

管理层的薪酬结构（固定薪酬和变动部分的比例）通常与公认的国际惯例一致。

如果高级管理人员或其他人员在该报告年度为公司的发展做出了卓越的贡献，可以向其支付奖金。

本章附件 1

俄罗斯联邦政府 1994 年 3 月 21 日第 210 号决议关于与国有企业负责人签署劳动合同（协议）时的薪酬制度

为了规范国有企业负责人薪酬，俄罗斯联邦政府规定如下：

1. 制定《关于与国有企业负责人签署劳动合同（协议）时的薪酬制度条例》，以下简称《条例》。

2. 如果之前与国有企业负责人签订的劳动合同（协议）与本决议案规定的《条例》不符，则须重新修改。

3. 国有企业负责人的薪酬由权力执行机构确定，权力执行机构对相关部门的活动进行协调和监管，行使企业资产所有者权利，其授权机构有权与国有企业负责人签订劳动合同（协议）。

与股份所有权归国家的股份制企业负责人签署劳动合同（协议）时应以《条例》为依据。

4. 地方自治机关领导与市政企业负责人签署劳动合同（协议）时，根据本决议案规定的《条例》确定薪酬。

5. 俄罗斯联邦国家统计委员会制定国有企业和股份所有权归国家的股份制企业负责人的薪酬统计报表。

俄罗斯联邦政府总理

切尔诺梅尔

俄罗斯联邦政府1994年3月21日第210号决议批准关于与国有企业负责人签署劳动合同（协议）时的薪酬制度条例

1. 本条例规范了与国有企业负责人签署劳动合同（协议）时的薪酬。
2. 国有企业负责人薪酬包括岗位工资和绩效工资。
3. 国有企业负责人的岗位工资取决于该企业基于以下指标制定的集体合同内所确定的基本职位中一类员工的工资数额。

在册人数	企业工资率的倍数（企业主要职业中员工工资倍数）
小于200	小于10
200~1500	小于12
1500~10000	小于14
高于10000	小于16

规定一定范围内的岗位工资数额时应考虑企业管理的难易度、技术装备程度和产品生产规模。

国有企业负责人的岗位工资随该企业员工工资率的增加而增长，工资变更的同时应修改合同（协议）中的相应条款。

4. 绩效工资在利润支付中支付，余下的利润扣除用于消费的资本后归企业所有。绩效工资的数额由12个月里每月的岗位工资与去年利润的比值确定。

5. 国有企业负责人薪酬（岗位工资数额，从利润中扣除的绩效工资数额）由权利执行机构确定，权利执行机构对相关部门的活动进行协调和监管，行使企业资产所有者权利，其授权机构有权与国有企业负责人签订劳动合同（协议）。

薪酬支付周期由企业自行决定。

6. 本条例在个别部门的应用应征求俄罗斯联邦劳动部的同意。

文稿按1994年3月28日俄罗斯联邦总统和政府法令汇编第13号法令校对。

本章附件 2

俄罗斯联邦政府命令
2015 年 1 月 2 日，第 2 号
莫斯科

关于联邦国家单一制企业负责人薪酬

俄罗斯联邦政府兹规定：

1. 批准通过随附的《关于联邦国家单一制企业负责人薪酬的决议》（以下简称《决议》）。

2. 履行同联邦国家单一制国有企业领导签订和解除劳动合同职权的联邦执行机关、组织：

在同联邦国家单一制企业负责人签订劳动合同时，遵循本《决议》的规定；

按法定程序在 6 个月内，完成对与联邦国家单一制企业负责人所签订劳动合同的变更，使得劳动合同符合本《决议》的规定。

3. 自本《决议》生效之日起 3 个月内，俄罗斯联邦经济发展部须修改其法规使其符合本《决议》的规定。

4. 认定俄罗斯联邦政府 1994 年 3 月 21 日第 210 号《关于签订劳动合同（协议）时国家企业负责人薪酬的决议》（见《俄罗斯联邦总统及政府规定汇编》，1994 年，No.13，第 991 条）失效。

俄罗斯联邦政府主席　Д. 梅德韦杰夫

经俄罗斯联邦政府 2015 年 1 月 2 日第 2 号命令批准

关于联邦国家单一制企业负责人薪酬的决议

1. 本决议规定在签订劳动合同时联邦国家单一制企业（以下简称"企业"）负责人的薪酬，以及企业负责人、负责人副手、总会计师平均薪酬与企业其他职工平均薪酬之间的极限比例。

2. 企业负责人薪酬包括岗位工资、津贴和绩效奖励。

3. 企业负责人的岗位工资额，由联邦权力执行机关或实施同企业负责人签订和解除劳动合同的创立者（以下简称"创立者"）职能和权利的组织加以确定，将取决于其劳动复杂程度、管理规模、业务特点及企业的重要程度。

4. 企业负责人津贴，按俄罗斯联邦劳动法典和内容涵盖劳动法规范的俄罗斯联邦其他法规规定程序和数额确定。

5. 为激励企业负责人，设置绩效奖励。绩效奖励将根据企业在相应期间内，依据企业负责人对实施企业章程内所规定的主要任务和职能而做出的个人贡献所达到的经创立者批准的活动经济效益指标情况计算。

绩效奖励额度及周期性，由创立者结合企业活动经济效益指标达到情况加以确定。

6. 企业负责人、负责人副手、总会计师平均薪酬与企业其他职工（不含负责人、负责人副手、总会计师）平均薪酬之间的极限比例，由创立者在1~8倍范围内确定。

企业负责人、负责人副手、总会计师平均薪酬与企业其他职工平均薪酬之间的比例，在一个自然年内进行计算。企业内的平均薪酬，通过将一个自然年内企业职工（不含负责人、负责人副手、总会计师）的累计薪酬总数，除以职工平均人数计算得出。

针对被列入经俄罗斯联邦政府批准清单的企业，按本协议确定的极限比例，可以由创立者决定提高。

该清单内包括所生产产品（完成工作、提供服务）具有特殊重要性、独一无二性和特殊战略意义的企业。

7. 由俄罗斯联邦总统事务管理局管辖的企业，企业负责人、负责人副手、总会计师平均薪酬与其他职工平均薪酬之间的极限比例，由俄罗斯联邦总统事务管理局规定。

8. 如果由负责人副手或该企业其他职工负担企业负责人义务时，补加工资额度按劳动合同双方协议规定执行。

第十一章

印度国有企业高管薪酬

不同于欧美发达国家和地区，印度与中国同属于发展中大国，同时，印度是非社会主义国家中国家对于经济干预和管制最严格的国家之一，因此，印度的国有企业也是其国民经济的中流砥柱，在最初印度摆脱英国殖民统治、走上独立发展道路，到目前支撑国家经济发展、抗衡跨国公司竞争和出口创汇等方面都发挥了重要的作用。

第一节　印度国有企业

在印度，国有企业被称为公共部门事业部（Public Sector Undertakings，PSU）或者公共部门企业（Public Sector Enterprise，PSEs）。这些国有企业或者是由印度联邦政府拥有，或者是由一个或多个国家或地区政府所有，或两者兼而有之。

1947年，印度摆脱了英国的殖民统治，百废待兴，印度通过对外国和民营资本的国有化，建立了大批的国有企业，这些国有企业主要涉及的行业包括工业、金融、能源等。1956年，印度政府的专营权已经扩展到了17种产业，渗透整个国民经济。20世纪80年代中期，大规模垄断和专营的弊端越来越显露出来，已经不能适应经济发展的要求。长期以来，印度国有企业受到诸如经营效率低、服务质量差、人员冗余、长期亏损等问题的困扰，不断探索和推进国有企业改革和私有化。

目前，联邦所属国有企业被称为中央公共部门企业（Central Public Sector Enterprises，CPSEs），由重工业和公共企业部中的公共企业部（Department of Public Enterprises，DPE）进行管理。

根据重工业和公共企业部 2012~2013 年度年报，2011 年 3 月 31 日前，共有 248 家中央公共部门企业（不包括银行、保险公司和新成立的中央公共部门企业）在中央政府的管理控制之下，雇用约 144.4 万名工人、办事人员和管理人员。

根据维基百科，2012 年印度大部分股权归政府所有的公共部门企业共有 251 家。比较典型的国有企业包括：印度航空、巴拉特电子有限公司、巴拉特重型电力有限公司、巴拉特石油有限公司、印度银行、生物技术协会（印度）有限公司、印度煤炭有限公司、印度棉花公司、印度化肥公司、印度食品公司、重型工程公司、印度斯坦航空有限公司、印度石油公司、印度电话实业有限公司、智能通信系统（印度）有限公司、现代食品工业、印度有限公司的核电公司、石油和天然气公司印度钢铁管理局等。

第二节 印度国有企业高管薪酬监管

印度国有企业的主管部门主要为重工业和公共企业部中的公共企业部，其他还包括行政部、行业管理部门和审计部门。公共企业部的前身是公共企业局，成立于 1965 年，旨在为中央公共部门企业提供政策和全面指导，并作为一个中央协调单位促进中央公共部门企业的持续评估。1990 年 5 月，公共企业局已发展成熟，成为重工业和公共企业部中的一个部门。公共企业部负责为中央公共部门企业绩效提升及评估、财务管理、人事管理、董事会结构、工资结算、培训、劳资关系、安保、绩效考核等领域制定相关政策准则。

主管部门对中央公共部门企业发布指令的方式是通过总统指令及行政部或公共企业部发布指南给中央公共部门企业。当指令属强制性质时，总统指令由行政部发布给相关中央公共部门企业。为保证一致性，如果这些指令涉及单个中央公共部门企业，须经与公共企业部协商发布，若该指令可应用到一个以上中央公共部门企业，须在公共企业部同意下发布。根据具体情况和公告性质，指南既可由行政部，也能通过公共企业部发布。中央公共部门企业的董事会有自由裁量权不采纳这些指南，但必须将原因记录在案。董事会决议关于该问题给出的原因要转发给行政相关部门以及公共企业部。

虽然企业管治的准则同样适用于公共和私营部门，就具有庞大的公共资金投入的中央公共部门企业来说，有必要继续采取和运用良好的企业管治条例。考虑到企业管治原则在确保透明度和加强利益相关者信任方面的重要性，政府在 2007 年批准了中央公共部门企业管治准则。此准则是公共企业部在考虑到相关法律、指令和规程后制定的。经内阁批准，此准则由当时的财政部部长于 2007 年 6 月 22 日发布。在批准此准则要经历的一年试行期间，内阁指出：①在试行期间，本准则所需要的任何调整须经主管部门批准；②年中进度报告由中央公共部门企业提交。这些准则适用于所有中央公共部门企业，并且具有强制性。该准则涉及中央公共部门企业董事会的组成、审计委员会、薪酬委员会、子公司、信息披露、行为准则和道德规范、风险管理和报告等问题。据从周期为一年的试行期间所获得的经验，对该准则进行了修改和改进，增加了和监督中央公共部门企业遵守该准则有关的附加条款及薪酬委员会的形成过程，相关规定如下。

（一）关于中央公共部门企业董事会

关于董事会的组成，这些准则规定，其功能董事人数不得超过董事会人员的 50%；政府提名的董事人数最多为两个。对于有执行主席的上市中央公共部门企业，非官方董事人数应至少为董事会成员的 50%。对于没有执行主席的上市和未上市中央公共部门企业，至少 1/3 的董事会成员应为非官方董事。非官方董事的委任，政府也在学历、年龄和经验方面制定出预定义标准。这些准则已纳入相关条款，以确保非官方董事"独立"，并避免潜在的利益冲突。由公共金融机构之外的任何机构提名的董事将被视为非官方董事。

据进一步规定，董事会会议每 3 个月至少召开一次，每年至少举办 4 次这样的会议，并且须将所有相关信息提供给董事会。此外，董事会应为所有成员和高管人员制定行为准则。在此方面，一种标准准则已被纳入该准则以协助中央公共部门企业。该准则特别规定，董事会应确保风险管理体系的整合和一致性，公司应对新的董事会成员制定适当的培训方案。

至于中央公共部门企业董事会非官方董事的选拔和任用，有如下资格和标准规定。

1. 经验条件

（1）在联合秘书级或以上职位具有至少 10 年经验的退休政府官员。

（2）从中央公共部门企业中退休的董事长或首席执行官及中央公共部门企业"A"级功能董事。中央公共部门企业的前任行政总裁及前任功能董事从某中央公共部门企业退休，将不被考虑任命为其非官方董事。例如，正担任中央公共部门企业的首席执行官或董事，将没有资格被任命为任何中央公共部门企业董事会的非官方董事。

（3）具有管理、财务、营销、技术、人力资源或法律相关领域10年以上教学或研究经验的学院院士和董事，学院领导和教授。

（4）拥有在公司运营领域超过15年相关经验的知名专业人士。

（5）私营公司的前任首席执行官，如果公司在证券交易会上市，或者未上市，但正在赢利且年销售额至少为25亿卢比。

（6）在工业、商业、农业或管理方面被证实具有工作业绩的名人。

（7）担任在证券交易会上市的私人公司的首席执行官或董事，在特殊情况下，也可以考虑任命为中央公共部门企业董事会的兼职非官方董事。

2. 教育资格标准

最少具有公认大学的硕士学位。

3. 年龄标准

年龄应介于45~65岁。但杰出的专业人士的年龄可以放宽至70岁，其原因将备案。

对非官方董事的任命由相关行政部提出。所有中央公共部门企业的非官方董事的选拔都由遴选委员会进行，此委员会现由董事长、秘书、中央公共部门企业的行政部秘书和2名非官方成员组成。相关行政部根据遴选委员会的建议，获得主管部门的批准后任命非官方董事。

在2012年（至2012年10月），对76家中央公共部门企业的董事会担任151个非官方董事的提案进行了审议，并向相关行政部给出了恰当的提议。

公共企业部已主动发挥中央公共部门企业董事会任命的非官方董事的作用和责任，并且将此任务委托给"印度特许会计师（ICAI）"。已收到来自印度特许会计师的报告草案，也正在获得来自股东就此问题的评论。

（二）关于中央公共部门企业审计委员会

和审计委员会相关的规定是需要一个由至少有3名董事成员的中央公共部门企业创立且有资质的独立的审计委员会。此外，该委员会的2/3成员应为独立董事，并且有1名独立董事为董事长。审计委员会在公司的财务事项上被赋予广泛的权利，并且每年至少会面 4 次。

（三）关于中央公共部门企业子公司

对于子公司，规定指出，至少 1 名控股公司的独立董事将成为子公司董事会的董事，控股公司的审计委员会将审查子公司的财务报表。所有子公司的重要事务及安排，需要告知控股公司董事会。

（四）关于中央公共部门企业的信息披露

就信息披露而言，规定要求所有的事务都受到审计委员会的监督。该准则要求，在准备财务报表时，处理问题应按照会计准则，如有任何偏差，处理办法将会被明确提及。此外，董事会将被告知风险评估和风险最小化程序，高级管理人员将向董事会披露其可能有个人利益或潜在冲突的所有金融和商业交易。

该准则同时规定，公司的年度报告应包含针对企业管治、具有合规细节的单独章节。中央公共部门企业将必须从审计师或公司秘书处获取一张证明遵守这些准则的证书。主席在周年大会上的讲话也将包含关于遵守企业管治准则的一个章节，并作为公司年度报告的一部分。中央公共部门企业需要向行政部提交规范形式的季度达标/分级报告，行政部将向公共企业部提交年度综合报告。

2012 年，公共企业部和所有中央公共部门企业的秘书组织了一个互动环节，以讨论和中央公共部门企业遵守管治准则有关的问题。此后，公共企业部挑选了一些中央公共部门企业的秘书成立了公司秘书委员会，并根据中央公共部门企业遵守管治准则情况来检查中央公共部门企业的等级形式，中央公共部门企业的等级形式会依据此委员会的提议在年内进行修改，在 2011～2012 年度最终确定新的等级形式。

2011～2012 年，从公共企业部对中央公共部门企业的审计结果来看，共有 27 家中央公共部门企业违反该指令，在审计报告中予以公开。其中包括以下几个方面。

超额津贴。18 家中央公共部门企业违反了"所有津贴/补贴上限为基本工资的 50%"这一规定，违规的额外津贴税高达 36.338 亿卢比。此准则规定给予员工的津贴和补贴（不包含不同的奖金、食堂补贴、纳税和住房补贴、教育机构补贴）上限是基本工资的 50%。以上准则同时规定，超过基本工资 50% 的薪酬须具有绩效性质，相关薪酬和准则进一步提出了上限为一家企业分配的利润份额的 5%，并且此企业须有权利使用此种薪酬制度。审计发现，一家中央公共部门企业违反以上有关高管和非工会监事特殊待遇和津贴准则，发生了35.955亿卢比的超额开支。这家中央公共部门企业在审计结束后未进行付款。

房租津贴超支。根据公共企业部1999年6月①的准则，房租津贴作为基本工资的一部分，是中央公共部门企业根据由政府重新分类的城市名单，按照适用于中央政府雇员的税率付给员工的津贴。在2011年1月，公共企业部明确指出允许中央公共部门企业员工按照新的城市分类，在房租补贴低于先前补贴比例时，领取之前按调整后的薪酬制度的房租津贴比例增加的部分。4家中央公共部门企业违反了这些准则，非常规金额达3.068亿卢比。审计发现，这4家中央公共部门企业在审计结束后都停止了违规行为，金额达3.068亿卢比。

超额抚恤金。公共企业部在1997年11月②发出指令，获得超过3500卢比/月（2006年4月后增至1万卢比/月）工资的员工将不可获得抚恤金、酬劳金、奖励等，除非得到符合规定的激励机制的正式批准。审计发现，有一家中央公共部门企业在以现金给予抚恤金1.861亿卢比时违反了以上公共企业部准则。从此，这家中央公共部门企业停止了非常规薪酬行为，但未对非常规薪酬做出任何弥补。

超发佳节奖励。有一家中央公共部门企业直接向每位员工发放了5万卢比的金色佳节奖励奖，总额达17.37亿卢比。这种奖励在1997年11月③的公共企业部准则中针对抚恤金、酬劳金、奖励等，及1999年6月④公共企业部准则中针对相关薪酬绩效中都没有相符的规定。此中央公共部门企业未进行任何弥补，但由于是一次性事件，在此后未有非常规薪酬行为。

超额假期薪酬。据1987年4月⑤公共企业部的指令，单个中央公共部门企业可为员工制定休假制度，员工须遵守由印度政府在这方面所制定的政策指南的主要规定。审计发现，两家中央公共部门企业为假期薪酬的兑现把26天当作30天作为1个月来计算，但在中央行政部门休假条例（1972）中无此规

---

① 公共企业部OM2号（49）/98-公共企业部（WC），1999年6月25日起。
② 公共企业部OM2号（22）/97-公共企业部（WC），1997年11月20日起。
③ 公共企业部OM2号（22）/97-公共企业部（WC），1997年11月20日起。
④ 公共企业部OM2号（49）/98-公共企业部（WC），1999年6月25日起。
⑤ 公共企业部OM2号（27）/85-公共企业部（WC），1987年4月24日起。

定。这种行为导致两家中央公共部门企业对其员工超额支付590万卢比。两家中央公共部门企业未就审计参数采取纠正行动提供任何信息。

公共企业部虽然会监督中央公共部门企业董事会采纳其准则，并且监督其改正违规行为，但仍有其局限性，为了公司的良好管理，应该有一个合适的机制来加强管理部门和中央公共部门企业遵守这些准则。

工业部门议会常设委员会在2010年4月19日议会上做的第216次报告中提议，"为了使中央公共部门企业在履行政策和准则方面发挥有意义和有效的作用，公共企业部应要求中央公共部门企业针对其制定的政策和准则的履行不时提交合规报告，并在之后将报告短评纳入公共企业部的年度报告中"。

因此，在2010年7月和2011年6月，公共企业部要求行政部在每年6月前就中央公共部门企业遵守其准则方面提交报告。公共企业部把遵守少数准则作为2012~2013年度谅解备忘录的参数之一，强制性等级为5。然而，据2013~2014年度谅解备忘录准则，服从不再是一项强制性参数，但专案组可依据违规的程度和严重性自由施加最高为5级的负分惩罚。

第三节　印度国有企业高管薪酬结构和水平

根据公共企业部的规定，印度国有企业高管薪酬的结构包括固定薪酬、物价津贴、房租津贴、运输工具津贴（报销/预付款）、子女教育津贴、休假旅行特权、企业医疗福利、绩效相关激励、产能激励、退休福利等。

大部分情况下，中央公共部门企业固定薪酬依照的是工业物价津贴的津贴等级模式。在某些情况下，依据的是中央物价津贴的津贴等级模式。约96%的工人和管理人员的工资采取的都是工业物价津贴模式和相关薪酬等级制度。其余的员工采取的是中央物价津贴薪酬模式、委任代理模式等。公共企业部还向享有工业物价津贴的员工发布季度物价津贴决议，针对享有中央物价津贴的员工的物价津贴决议周期为6个月。

随着先前的薪酬周期性调整的结束，最高法院退休法官M. Jagannadha Rao先生创立了为董事会级别及其以下级别，包括自2007年1月1日起采取工业物价津贴等级模式的中央公共部门企业的非工会监督员在内的高管的二次薪酬调整委员会，此委员会由印度决议政府在2006年11月30日宣布成立。二次薪酬调整委员会于2008年5月30日向政府提交了报告。在适度考虑二次薪酬调整委员会的建议后，政府在2008年11月26日和2009年2月9日发布了决议。这些决议的主要特征如下。

（1）薪酬等级从0级E等的126000~325000卢比到中央公共部门企业主管的A等的80000~125000卢比不等。

（2）自2007年1月1日起，统一的附加工资为基本工资的30%加上物价津贴的68.8%。

（3）增长速度是基本工资的3%。

（4）在提供饮食的情况下，津贴和补贴最多是基本工资的50%。

（5）绩效工资为基本工资的40%~200%不等。

（6）养老金收益高达基本工资的30%。

（7）自2007年1月1日起，高管和非工会监事的薪酬上限提升到100万卢比。

（8）薪酬调整的实施和中央公共部门企业的承受能力有关。

（9）相关中央公共部门企业须自负薪酬调整经费，并且无预算支持。

（10）对于在政府对二次薪酬调整委员会提议的决议过程中可能出现的更具体的问题，由公共企业部、支出部门和人事培训部门的秘书组成的特殊委员会进行研究。

（11）如有需要，在薪酬调整决议实施过程中，公共企业部将会进行必要的说明和澄清。

随后，以当时的内政部部长为首的部长委员会调查了石油和电力行业的中央公共部门企业高管的需求。根据部长委员会的建议，政府在2009年4月2日发布决议以增加以下额外福利。

（1）物价补贴和基本工资合并，目的是把附加收益从68.8%提升到78.2%。

（2）养老金收益不再只是基本工资的30%，而是高达基本工资加上物价补贴的30%。

（3）运行基础设施的经常性支出的上限为基本工资的10%。

（4）只要总统指令是在2009年4月2日前一个月内发布，津贴增加将不是从总统指令发布之日起，而是可自2008年11月26日生效。

（5）这些福利扩延至所有中央公共部门企业。

根据报道，2011年至2012年末，印度所有企业的CEO的平均薪酬为

2600万卢比，平均比上一年上涨了30%，是公司下一级高层行政人员薪酬的2.6倍。各公司的CEO薪酬各有不同，主要取决于公司规模以及他们是不是行业领先者。机构投资人的咨询服务在2013年的一份报告中表明，在2011~2012年，30家印度孟买指数公司的常务董事的平均薪酬达到1.9亿卢比，而对于BSE 100和500强企业，这一数字分别为6200万卢比和3600万卢比。

由于印度国有企业高管薪酬奉行与私营企业相适应原则，并且应成为私营企业的表率，因此，印度国有企业高管薪酬水平也居高不下。但就具体数字来看，印度国有企业高管的薪酬仍低于所有企业CEO的平均水平。

由人力资源咨询公司怡安翰威特（Aon Hewitt）进行的一项研究表明，印度的CEO薪酬非常接近全球的行政人员薪酬。2011年在印度，在一些销售收入超过20亿美元的公司里，一名首席执行官的薪酬中间值接近350万美元。该薪酬包括固定收入、变动工资、福利和长期激励，比如股票期权。从全球范围内看，该数据接近600万美元。该项研究覆盖了全国160多家组织机构，其中49家公司的销售收入超过20亿美元。如果对比一下公司的规模和收入，每多一美元的收入，印度的CEO薪酬就比美国的CEO薪酬高一点，研究还发现领先企业的薪酬会更高。印度公司法对CEO薪酬做出了一些法定限制，但条款过于灵活，依然会导致巨额薪酬的产生。

本章附表

表11-1 石油和电力部门公共部门企业工资标准

公共部门企业名称	执行管理者工资标准(卢比)	工人工资标准(卢比)
印度石油公司	董事会级别以下 I:23750~28550 H:20500~26500 G:19500~25600 F:19000~24750 E:18500~23900 D:17500~22300 C:16000~20800 B:13750~18700 A:12000~17500 (年增薪额为基本工资的4%)	工人 VIII:7400~14750(年增薪额为基本工资的3%) VII:6700~13700(年增薪额为基本工资的3%) VI:6300~13000(年增薪额为基本工资的3%) V:5800~11800(年增薪额为基本工资的3.5%) IV:5400~10850(年增薪额为基本工资的3.5%) III:5000~9800(年增薪额为基本工资的4%) II:4800~8900(年增薪额为基本工资的4%)
印度石油天然气公司	执行管理者 E9:23750~28550 E7/E8:20500~26500 E6:19500~25600 E5:18500~23900 E4:17500~22300 E3:16000~20800 E2:13750~18700 E1:12000~17500 E0:10750~16750 S级别雇员 SI:10220 SII:11400 SIII:13070 SIV:15200	工人 WI:4300 WII:4500 WIII/A~I:4700 WIV/A~II:5100 WV/A~III:5800 WVI/A~IV:6500 WVII:10220
IBP有限公司	高级管理人员 H:20500~26500 G:19500~25600 F:19000~24750 E:18500~23900 D:17500~22300 C:16000~20800 B:13750~18700\ A:12000~17500 02:10750~16750 01:6550~11350	工人 VI:7400~14750 V:6300~13200 IV:5800~11500 III:5400~10500 II:5000~9400 I:4600~8400

续表

公共部门企业名称	执行管理者工资标准(卢比)	工人工资标准(卢比)
巴拉特石油有限公司	管理职员 I:23750~28550 H:20500~26500 G:19500~25600 F:19000~24750 E:18500~23900 D:17500~22300 C:16000~20800 B:13750~18700 A:12000~17500 (年增薪额——基本工资的4%； 晋升增薪额——基本工资的6%)	非管理职员 标准为开放性,任何级别均无最高值。 XI级:6000~15000 X级:5800~14300 IX级:5600~13700 VIII级:5400~13100 VII级:5250~11600 VI级:5100~11100 V级:4950~10600 IV级:4800~10100 III级:4650~9600 II级:4500~9300 I级:4350~9000 (年增薪额——基本工资的4%； 晋升增薪额——基本工资的5.5%)
印度石油有限公司	执行管理者 H:20500~26500 G:19500~25600 F:18500~23900 E:17500~22300 D:16000~20800 C/C1:13750~18700 B:12000~17500 A:10750~16750	
印度工程师有限公司	12级及以上高级管理人员 20级:23750~28550 19级:20500~26500 18级:19500~25600 17级:19000~24750 16级:18500~23900 15级:17500~22300 14级:16000~20800 13级:13750~18700 12级:12000~17500	1~9级雇员 9级:7400~14750 8级:6700~13700 7级:6300~13000 6级:5800~11800 5级:5400~10850 4级:5000~9800 3级:4800~8900 2级:4600~8400 1级:4300~7500
金奈石油	管理雇员 H/1:20500~26500 G:19500~25600 F:19000~24750 E:18500~23900 D:17500~22300 C:16000~20800 B:13750~18700 A1:2000~17500 (年增薪额:基本工资的4%； 晋升增薪额:基本工资的6%)	非管理雇员 V:8400~15300 IV:6900~12900 III:5800~11100 II:5100~9500 I:4700~8500 IA:4500~6800 (年增薪额 IA和I:-3%,II和III:-3.5%,IV和V:-4%)

续表

公共部门企业名称	执行管理者工资标准（卢比）	工人工资标准（卢比）
BalmerLawrie&Co. Ltd.	执行管理者 H：20500~26500 G：19500~26500 F：19000~24750 E：18500~23900 D：17500~22300 C：16000~20800 B：13750~18700 A：12000~17500 O2：8600~14600 （年增薪额：本级别最低增薪额为基本工资的4%）	非管理者 S2：6400~10000（年增薪额：180卢比） S1：6000~9200（年增薪额：160卢比）
Biecco Lawrie Ltd.	高级管理人员 H：20500~26500 G：18500~23900 F：17500~22300 E：16000~20800 D：14500~18700 C：13000~18250 B：10750~16750 A：8600~14600 O2：6550~11350 文书职员 Ⅰ级：2559~6707	工人 Ⅰ级：2486~4416 Ⅱ级：2498~4436 Ⅲ级：2531~4497 Ⅳ级：2565~4555 Ⅴ级：2668~4739
Biecco LawrieLtd.	Ⅱ级：2614~6850 Ⅲ级：2669~6994 Ⅳ级：2724~7136 Ⅴ级：2779~7283	
MangaloreRefinery & PetroChemicals Ltd.	执行管理者 M2级：28100（最低基本） M3级：24200（最低基本） M4级：22900（最低基本） M5级：21300（最低基本） M6级：18500（最低基本） M7级：16200（最低基本） M8级：14400（最低基本） M9级：12100（最低基本）	工人 JM1：10150（最低基本） JM2：8930（最低基本） JM3：7680（最低基本） JM4：6560（最低基本） JM5：5290（最低基本） JM6：4570（最低基本）

续表

公共部门企业名称	执行管理者工资标准（卢比）	工人工资标准（卢比）
农村电气化有限公司	执行管理者 执行董事：23750~28550 总经理：20500~26500 首席执行官及同等职位：19000~24750 联合首席执行官及同等职位：18500~23900 副首席执行官及同等职位/FE-Ⅰ及同等职位：17500~22300 DPE/DD/ACAO/FE-Ⅱ及同等职位：13750~18700 APE/AD/高级AO/FE-Ⅲ及同等职位：11225~17250 AO/SO/PS及同等职位：10750~16750	非执行管理者 高级助理/会计师/高级注册会计师及同等职位：10000~16000 助理/助理（会计师）/联络助理及同等职位：8600~14920 UDC/会计师记账员/计算机操作员及同等职位：7300~12660 LDC/SCD/电工/空调工/DMO（SG）：5800~10790 日工（SG）（Ⅳ类）：5000~9590 日工（Ⅳ类）：4400~8430
印度国家火电公司	E9：23750~28550 E8：20500~26500 E7A：19500~25600 E7：19000~24750 E6：18500~23900	SG：10000~16000 W11/S4：9300~15590 W10/S3：8600~14920 W9/S2：7900~13700 W8/S1：7300~12660
印度国家火电公司	E5：17500~22300 E4：16000~20800 E3：13750~18700 E2A：12000~17500 E-2：11225~17250 E-1：10750~16750	W7：6700~11750 W6：6200~11200 W5：5800~10790 W4：5400~10350 W3：5000~9590 W2：4700~9010 W1：4400~8430 W0：3750~5450
印度国家水电公司	执行管理者 E：18000~13400 E：28600~14600 E：2A10750~16750 E：313750~18700 E：416000~20800 E：517500~22300 E：618500~23900 E：719500~25600 E：820500~26500 E：923750~28550 主管 S：17900~13700 S：28600~14920 S：39300~15550 特级：10000~16000	工人 W：03750~5450 W：14400~8430 W：24700~9010 W：35000~9590 W：45800~10790 W：56700~12500 W：67200~13100 W：77900~13700 W：88550~14850 W：99000~15100

续表

公共部门企业名称	执行管理者工资标准(卢比)	工人工资标准(卢比)
SatlujJalVidyut Nigam Ltd.	W11:9300~15590 W10:8600~14920 W9:7900~13700 W8:7300~12660 W7:6700~11750 W6:6200~11200 W5:5800~10790 W4:5400~10350 W3:5000~9580 W2:4700~9010 W1:4400~8430 S4:9300~15590 S3:6600~14920 S2:7900~13700 S1:7300~12660 (年增薪额 W1~W7:3% W8~W11:13.5% S1~S4:3.5%)	

表11-2 石油和电力部门公共部门企业房租津贴

公共部门企业名称	执行管理者房租津贴(卢比)	工人房租津贴(卢比)
印度石油公司	公司自置住处设在镇区。住处类型因职员级别和资历而不同。在自有房产居住的雇员可利用规定租金上限范围内的自租设施。公司自置住处和租用住处，根据室内面积和位置，每月提供补偿。在租用住处居住的雇员根据政府通知的城市类别获得房租津贴的补偿	
印度石油天然气公司	房租津贴的变化范围为基本工资的15%~30%	
IBP有限公司	高级管理人员和工人，例如，在孟买、新德里、加尔各答和金奈任职，房租津贴为基本工资的30%；在其他A类城市任职，为基本工资的25%；在B-1类城市任职，为基本工资的2%；在B-2类城市任职，为基本工资的2%；在C类和未分类城市任职，为基本工资的15%	

续表

公共部门企业名称	执行管理者房租津贴(卢比)	工人房租津贴(卢比)
巴拉特石油有限公司	管理职员和非管理职员 房租津贴: 最大城市:为基本工资的30%;A类:为基本工资的25%;B-1类:为基本工资的22.5%;B-2类:为基本工资的17.5%;C类及其他:为基本工资的15% 自租租金: 对于根据方案以租借的方式购置房产的职员,应付租金限于居住者所在地适用的房租津贴率 自租维修费报销: 本人提供证明后,维修费将报销。最大城市允许的维修费最高金额范围为17880卢比至24840卢比/年(非管理职员为7302卢比至13571卢比),因职员级别而不同 以上费率将根据城市类别的不同而变化。对于其他城市而言,维修费的范围为以上费率的63%至88% 住处: 公司为职员提供自置或租借的住处。住处类型因职员级别和资历而不同。在自有房产居住的雇员可利用规定租金上限范围内的自租设施。补偿以标准租金补偿的形式,根据公寓室内面积,每月提供。但是,在自租的情况下,租金补偿标准根据职员级别不同而不同	
印度工程师有限公司	12~20级高级管理人员 ①房租津贴按照基本工资的15%至30%,因城市类别而不同。 ②对于小型维修而言,每年提供2个月的租金	1~9级雇员 ①房租津贴按照基本工资的15%至30%,因城市类别而不同。 ②对于小型维修而言,每年提供2个月的租金
金奈石油	管理雇员: 房租津贴无 自租(租金): 最高工资标准 A:6315卢比 B:6795卢比 C:7530卢比 D:8055卢比 E:8595卢比 F:8880卢比 G:9145卢比 H:9505卢比 自租(维修费): A:1490卢比 B:1697卢比 C:1728卢比 D:1782卢比 E:1809卢比 F:1854卢比 G:1890卢比 H:2070卢比	非管理雇员: 房租津贴无 自租(租金): 最高工资标准 IA:2425卢比 I:3030卢比 Ⅱ:3385卢比 Ⅲ:3950卢比 Ⅳ:4580卢比 Ⅴ:5435卢比 自租(维修费): IA:517卢比 I:578卢比 Ⅱ:637卢比 Ⅲ:706卢比 Ⅳ:793卢比 Ⅴ:1035卢比

续表

公共部门企业名称	执行管理者房租津贴(卢比)	工人房租津贴(卢比)
BalmerLawrie &Co. Ltd.	房租津贴按照中央政府规定	房租津贴按照中央政府规定
MangaloreRefinery & PetroChemicalsLtd.	执行管理者 最大城市:基本工资的 30%,A 类:基本工资的 25%,B-1 类:基本工资的 22.5%,B-2 类:基本工资的 17.5%,C 类及未分类:基本工资的 15%	工人 最大城市:基本工资的 30%,A 类:基本工资的 25%,B-1 类:基本工资的 22.5%,B-2 类:基本工资的 17.5%,C 类及未分类:基本工资的 15%
农村电气化有限公司	房租补偿 基于城市的镇区 (包括 BTPS) A 类型住处:280 卢比/月 B 类型住处:710 卢比/月 C 类型住处:870 卢比/月 D 类型住处:1080 卢比/月 项目/Stn. 镇区 A. 类型住处:140 卢比/月 B 类型住处:355 卢比/月 C 类型住处:435 卢比/月 D 类型住处:540 卢比/月	非执行管理者 W8/S1~W11/S4 和 SG A 类型住处 城市:220 卢比/月 项目 Stn. :110 卢比/月 B 类型住处 城市:570 卢比/月 项目 Stn. :285 卢比/月 W7 及以下 A 类型住处:160 卢比/月 B 类型住处:220 卢比/月
印度国家火电公司	A1:基本工资的 30% A-B-1,B-2:基本工资的 15% C:基本工资的 7.5% 未分类:基本工资的 5%	
印度国家水电公司	A-1:基本工资的 30% A:基本工资的 25% B-1,B-2 和 C:基本工资的 15% 其他未分类:基本工资的 10%	
Satluj Jal Vidyut Nigam Limited	A-1:基本工资的 30% A:基本工资的 25% B-1,B-2 和 C:基本工资的 15% 其他未分类:基本工资的 10%	

表11-3 石油和电力部门公共部门企业运输工具津贴/报销/预付款

公共部门企业名称	执行管理者运输工具津贴/报销/预付款(卢比)	工人运输工具津贴/报销/预付款(卢比)
印度石油公司	运输工具报销 拥有汽车并为公职使用同一辆汽车的高级管理人员可按照7.41卢比/公里的费率在各级别规定的年度公里上限范围内获得费用的报销。每月申领金额可不同,但年度申领金额不得超过上限 同样,使用两轮车的高级管理人员也可获得报销,小轮摩托车每月报销1327卢比,机动脚踏两用车每月报销715卢比。工人根据级别报销,小轮摩托车每月报销990/887卢比,机动脚踏两用车每月报销543/485卢比 未利用运输工具预付款且未申领运输工具运转与维修费用报销的高级管理人员,根据级别有权获得每月1000卢比至2000卢比的交通援助。类似福利作为交通补贴向工人提供,最大城市按照715卢比,其他城市按照500卢比	
印度石油天然气公司	执行管理者 运输工具报销 E0:2915卢比 E1/E2:最低2915卢比,最高4740卢比 E3至E9:4740卢比 S级别雇员 运输工具报销 SⅠ和SⅡ:1510卢比 SⅢ和SⅣ:2915卢比	工人 运输工具报销 1510卢比/月
IBP有限公司	高级管理人员 01和02级:500卢比 A级:700卢比 B和C级:1000卢比 D和E级:1400卢比 F及以上级别:1400卢比 所有级别机动脚踏两用车1400卢比 小轮摩托车/电单车1400卢比	工人 Ⅰ至Ⅴ级:机动脚踏两用车448卢比;小轮摩托车/电单车819卢比 Ⅵ级:机动脚踏两用车501卢比;小轮摩托车/电单车914卢比 交通援助-未取得运输工具运转费用的人员将获得支付,机动脚踏两用车(所有最大城市)500卢比,其他车辆350卢比
巴拉特石油有限公司	管理职员 运输工具报销 只授予拥有车辆用于公务的高级管理人员。根据级别,权利范围在4000公里至9500公里 报销率: 汽车:7.41卢比/公里 只授予未利用公司运输工具或运输工具报销的高级管理人员。根据职员级别,支付范围在每月700卢比至1400卢比 管理职员 无车辆人员的运输工具/交通津贴 最大城市及A类城市:620卢比/月 其他城市:470卢比/月拥有两轮车或四轮车的人员:900卢比/月	

续表

公共部门企业名称	执行管理者运输工具津贴/报销/预付款(卢比)	工人运输工具津贴/报销/预付款(卢比)
印度石油有限公司	执行管理者 800 卢比/月	
印度工程师有限公司	12 级及以上级别高级管理人员 12 级:3090 卢比/月,13 级:3780 卢比/月, 14 级:3780 卢比/月,15 级:4460 卢比/月, 16 级:4460 卢比/月,17 级:5150 卢比/月, 18 级:5150 卢比/月,19 级:不适用, 20 级:不适用	1-9 级雇员 1 至 6 级:650 卢比/月 7 级:900 卢比/月 8 级:1080 卢比/月 9 级:1270 卢比/月
金奈石油	管理雇员 运输工具最高标准 A:1670 卢比,B:3214 卢比 C:3214 卢比,D:4140 卢比,E:4140 卢比,F:5066 卢比,G:5066 卢比,H:- 交通津贴 800 卢比/月 为总经理提供汽车 22820 卢比	非管理雇员 运输工具最高标准 IA 至 IV::405 卢比/月 V:1229 卢比/月 交通津贴 500 卢比/月
Balmer Lawrie &Co. Ltd.	执行管理者 运输工具报销: H:供个人使用公司汽车 500 公里/月 G:12200 公里/年,6.71 卢比/公里 F:6200 公里/年,6.71 卢比/公里 E 和 D:最高 5400 公里/年,6.71 卢比/公里	非管理者 S2:450 卢比 S1:450 卢比
Balmer Lawrie &Co. Ltd.	C 和 B:1000 卢比,A:700 卢比,02:500 卢比	
Biecco Lawrie Ltd.	高级管理人员 每月交通补贴 D 级至 H 级:540 卢比 B 和 C 级:410 卢比 A 级:275 卢比 02 级:210 卢比 报销—— 小轮摩托车(每月)所有级别:529 卢比 报销——汽车: H:8934 卢比,G:7362 卢比,F:2217 卢比,E:1931 卢比,D:1931 卢比,C:1645 卢比,B:1645 卢比 职员 300 卢比/月	工人 182 卢比/月

续表

公共部门企业名称	执行管理者运输工具 津贴/报销/预付款(卢比)	工人运输工具津贴/报销/预付款(卢比)
Mangalore Refinery & Petro Chemicals Ltd.	执行管理者 运输工具 M2:公司汽车 M3:5700 卢比,M4:5500 卢比,M5:5400 卢比,M6:4700 卢比,M7:3700 卢比,M8:3200 卢比,M9:2300 卢比	工人 JM1:1200 卢比 JM2 至 JM6:800 卢比
农村电气化有限公司	交通补贴 所有执行管理者:570 卢比/月,所有非执行管理者:350 卢比/月 运输工具报销(汽车) 首席执行官及以上:3950 卢比/月 副首席执行官、联合副首席执行官及同等职位:3610 卢比/月,AD/DD 及同等职位:3250 卢比/月 小轮摩托车/电单车 所有执行管理者:1230 卢比/月,所有非执行管理者-3 非执行管理者-6(LDC 至高级助理):800 卢比/月,日工、日工(SG)及同等职位:700/卢比/月 机动脚踏两用车 所有执行管理者:570 卢比/月,所有非执行管理者:350 卢比/月 交通补贴 盲人和残疾职员-交通补贴权利的两倍	
印度国家火电公司	交通津贴(每月) 汽车 E7 及以上:800 卢比,E5~E6:800 卢比,E2A~E4:800 卢比,E1~E2:800 卢比 小轮摩托车/电单车 执行管理者 800 卢比,特定级别 800 卢比,W8~W11/S1~S4:800 卢比	
印度国家火电公司	W1-W7:585 卢比 机动脚踏两用车 所有执行管理者:645 卢比,特定级别:510 卢比,W8~W11/S1-S4:480 卢比 W0~W7:400 卢比 不拥有任何车辆 执行管理者和 SG500 卢比/月,W8~W11 和 S1~S4 400 卢比/月 W0~W7:325 卢比/月 盲人及残疾雇员的交通津贴执行管理者和 SG:1000 卢比/月,W8 至 W11/S1 至 S4:800 卢比/月,W0 至 W7:650 卢比/月 运输工具报销(每月)汽车。 E7 及以上:3035 卢比,E5-E6:2690 卢比,E2A~E4:350 卢比 E1~E2:1640 卢比 小轮摩托车/电单车 执行管理者:385 卢比,特定级别:385 卢比,W8~W11/S1~S4:80 卢比 运输工具预付款 汽车、小轮摩托车、电单车、机动脚踏两用车:成本的 90%	

续表

公共部门企业名称	执行管理者运输工具 津贴/报销/预付款（卢比）	工人运输工具津贴/报销/预付款（卢比）
印度国家水电公司	交通津贴 汽车/小轮摩托车/电单车:800卢比,机动脚踏两用车:645卢比,特级(S-4) 小轮摩托车/电单车:800卢比,机动脚踏两用车:510卢比,S-1至S-3 小轮摩托车/电单车:800卢比,机动脚踏两用车:400卢比,W-6至W-9 小轮摩托车/电单车:800卢比,机动脚踏两用车:400卢比,W-1至W-5 小轮摩托车/电单车:585卢比,机动脚踏两用车:400卢比 运输工具报销（公用）汽车 E-1和E-2:1640/卢比,E-2A至E-4:2350卢比,E-5和E-6:2690卢比 E-7及以上:3035卢比 小轮摩托车/电单车 所有执行管理者:385卢比,S-1至S-3:80卢比,特级(S-4):385卢比 W-6至W-9:80卢比 机动脚踏两用车 W-1至W-5:235卢比,W-6及以上:280卢比 不维修自有车辆的雇员 所有执行管理者:500卢比,S-1至S-3:400卢比,特级:500卢比 W-1至W-5:Rs.325,W-6及以上:Rs.400	
Satluj Jal Vidyut Nigam Ltd.	运输工具 报销汽车 E7及以上:3452,E5和E6:3147,E2至E4:2836 小轮摩托车/电单车 所有执行管理者:1065,主管:776,工人:528 机动脚踏两用车 所有执行管理者:573,主管:431,工人:359	

表11-4　石油和电力部门公共部门企业子女教育津贴

公共部门企业名称	执行管理者子女教育津贴（卢比）	工人子女教育津贴（卢比）
印度石油公司	如雇员子女正在就读X年级及以下,则向其支付200卢比/月;X年级以上,为250卢比/月。招待所补贴按照625卢比/月支付。该项福利仅限2名子女。	
印度石油天然气公司	执行管理者 E0至E3:1800卢比/月 E4至E9:2400卢比/月 此外,满足规定的相关条款和条件后,符合条件的雇员还有权获得优秀学生奖学金、子女交通补贴、招待所补贴	S级别雇员和工人:1800卢比/月 此外,满足规定的相关条款和条件后,符合条件的雇员还有权获得优秀学生奖学金、子女交通补贴、招待所补贴
IBP有限公司	高级管理人员和工人 每名X年级及以下符合条件的子女200卢比/月;X年级以上为250卢比/月。对于子女在招待所居住并参加专业/非专业课程学习的高级管理人员,还按照625卢比/月支付招待所补贴	

续表

公共部门企业名称	执行管理者(卢比)	工人(卢比)
巴拉特石油有限公司	管理职员和非管理职员 标准 X 及以下的每名子女 150 卢比。 从标准 XI 至毕业/ PG 的子女每名 200 卢比。 任何时间补贴仅限 2 名子女。	
印度石油有限公司	执行管理者 子女教育按照 750 卢比/月进行报销	
印度工程师有限公司	12~20 级高级管理人员 子女教育津贴为每名子女 150 卢比。 最多 2 名子女。	1-9 级雇员 子女教育津贴为每名子女 150 卢比。 最多 2 名子女。
Bongaingon Refinery & Petro Chemicals Ltd.	高级管理人员和工人 每名子女 200 卢比/月,直到大学录取。 每名大学录取后子女 250 卢比/月。 在寄宿学校/大学/公用机构学习的每名子女 625 卢比/月招待所补贴。子女优秀学生奖(80%)2000 卢比,专业学位 4500 卢比,体育运动名次保持者 10 枚金币	
金奈石油	管理雇员和非管理雇员 400 卢比/月	
Balmer Lawrie & Co. Ltd.	执行管理者 每名 X 年级及以下的子女 150 卢比。 XI 年级以上为 200 卢比	非管理者 每名 X 年级及以下的子女 125 卢比。 XI 年级以上为 150 卢比。
Biecco Lawrie Ltd.	高级管理人员 子女教育津贴每名子女每月 100 卢比 (最多 2 名子女)	
Mangalore Refinery & Petro Chemicals Ltd.	执行管理者 M2:1000 卢比,M3:800 卢比,M4:700 卢比,M5:700 卢比,M6:450 卢比,M7:400 卢比,M8:400 卢比,M9:400 卢比	工人 JM1:350 卢比,JM2:270 卢比,JM3:270 卢比,JM4:270 卢比,JM5:270 卢比,JM6:270 卢比
农村电气化有限公司	I 至 X 年级,每名子女 40 卢比/月;年级 XI 和 XII 年级及以上,每名子女 50 卢比/月 IX 至 XII 年级 10 卢比/月作为科学费(最多 2 名子女)。 身体残疾和智力障碍子女,XII 年级及以下 100 卢比/月。 I 至 XII 年级每名子女 300 卢比/月招待所补贴(最多 2 名子女)	
印度国家火电公司	每名子女报销 75 卢比以上/月(如须支付 CCA,每名子女 225 卢比/月)。 每名子女报销 75 卢比以上/月(如须支付 CCA,每名子女 340 卢比/月)。 招待所补贴每名子女 675 卢比/月	
印度国家水电公司	每名子女 250 卢比/月 招待所补贴每名子女 1500 卢比/月	
Satluj Jal Vidyut Nigam Ltd.	学费(如无须支付 CCA)每名子女 225 卢比/月 学费(如须支付 CCA)每名子女 340 卢比/月 招待所补贴每名子女 675 卢比/月	

表 11-5　石油和电力部门公共部门企业休假旅行特权

公共部门企业名称	执行管理者休假旅行特权	工人休假旅行特权
印度石油公司	雇员每 2 年可享有一次探亲或在家乡以外印度其他地方旅行的待遇。该等旅行按照正常旅费报销。在参观家乡以外的地方期间,如未使用宾馆/度假设施,则津贴按照适用费率最多报销 10 晚的租用住处费用。	
印度石油天然气公司	执行管理者 E0/E1/E2:最低 720 卢比/月,最高 7178 卢比/月 E3 至 E9:7178 卢比/月 S 级别雇员 720 卢比/月	工人 WI 至 WV/A-Ⅲ:233 卢比/月 WVI/A-Ⅳ 和 WVII:720 卢比/月
IBP 有限公司	高级管理人员 对于本人和受供养家属参观印度任何地方,根据高级管理人员的权利,休假旅行援助两年支付一次	工人 对于本人及其家属参观印度任何地方,根据工人的权利,休假旅行援助两年支付一次
巴拉特石油有限公司	管理职员 本人、配偶、受抚养子女和受供养父母的实际旅行费用,但他们必须与职员共同居住。 A 至 C:火车头等硬座/二等 A/C 卧铺,航空旅行至指定地点。 D 及以上:火车头等空调硬座/飞机(经济舱)	非管理职员 本人、与雇员共同居住的配偶、受抚养子女和受供养父母的实际旅行费用。 基本工资 8700 及以上/月的工人:火车二等空调/头等硬座。 基本工资 8699 及以下/月的工人:火车二等硬座
印度工程师有限公司	1-9 级雇员和 12-20 级高级管理人员 休假旅行特权: i. 如享用,则两个会计年度内乘火车去往印度任何地方/家乡的最短路线的有权享受的等级的车票。 ii. 如兑现,则成人/未成年受抚养成员有权享受的等级的 5000 公里车票的 100%/50%。 iii. 代替度假住宅的报销: 5 天现金+住宿津贴,最多 4 名成员	
金奈石油	休假旅行特权福利按照规定享受	休假旅行特权福利按照规定享受
Balmer Lawrie & Co. Ltd.	执行管理者 休假旅行津贴 D,E,F,G 和 H: 实际每两年一次本人和家属乘飞机经济舱;可选择兑现 10556 卢比/人。 02,A,B,C: 实际每两年一次本人和家属乘空调二等;可选择兑现 5032 卢比/人	非管理者 S1 和 S2 每两年一个月基本工资+津贴

续表

公共部门企业名称	执行管理者休假旅行特权(卢比)	工人休假旅行特权(卢比)
Biecco Lawrie Ltd.	高级管理人员 (目前不适用)每两年一次本人和家属。 职员 休假旅行津贴 700 卢比/年	工人 休假旅行津贴 600 卢比/年
Mangalore Refinery & Petro Chemicals Ltd.	执行管理者和工人 休假旅行津贴 1.5 个月基本工资	
农村电气化有限公司	(1800 公里/ 兑现 1400 公里) GM 及以上(J 等/2 年)一次付款 6000； DC 至首席执行官(Y 等/2 年)一次付款 5000；SO 至 DD(二等空调－火车/2 年)一次付款 4000； UDC 至高级助理(二等空调－火车/2 年)一次付款 3500； 日工(SG)至 LDC(三等空调－火车/2 年)一次付款 2500； 日工－AC－火车/2 年)一次付款 2000	
印度国家水电公司	现金一次付款(1800 公里) E1－E3：4000 卢比 E4－E6：5000 卢比 E7 及以上：6000 卢比 S1－S3：3500 卢比 特级：3750 卢比 W1－W2：2000 卢比 W3－W5：2500 卢比 W6－W7：3000 卢比 W8－W9：3500 卢比	

表 11-6　石油和电力部门公共部门企业医疗福利

公共部门企业名称	执行管理者医疗福利	工人医疗福利
印度石油公司	公司在炼油厂所在的镇区设有自己的医院，职员在这里可接受医疗服务。在其他地方，费用按照规定报销。住院治疗，可在各种医院进行	在炼油厂所在地，公司在隶属各炼油厂的镇区设有自己的医院，在这里可接受医疗。在其他地方，费用按照规定报销。住院治疗，可在各种医院进行
印度石油天然气公司	执行管理者 1500 卢比/月	S 级别雇员和工人 1000 卢比/月
IBP 有限公司	高级管理人员和工人 雇员接受授权医疗护理人员的对抗疗法或顺势疗法医疗。雇员和符合条件的家属可在住处获得医疗，也可在任何疗养院/医院进行住院治疗或由其选择专门医师进行治疗，但不得超过报销上限。不过，公司已在不同地点指定了一些医院/疗养院。与雇员级别和城市类别对应的床位津贴已在医疗规章项下做了规定。住院治疗产生的费用的报销仅限于与雇员的房间津贴相关的治疗费用。	

续表

公共部门企业名称	执行管理者医疗福利	工人医疗福利
巴拉特石油有限公司	管理职员 本人、配偶、受抚养子女和受供养父母的实际费用须遵守政策项下规定的相关项目的限额	非管理职员 本人、配偶、受抚养子女和受供养父母、寡居姐妹、与雇员共同居住的寡居姐妹的子女在住处治疗的费用的医疗报销每年不超过基本工资的两倍 报销按照医疗计划中的费率表进行。重大疾病/手术住院治疗产生的医疗费用可在"特惠医疗援助计划"项下的单独计划中获得补偿
印度石油有限公司	执行管理者 保健医疗报销的范围为 500 卢比(最低)至 800 卢比(最高)	
印度工程师有限公司	1~9 级雇员和 12~20 级高级管理人员医疗费用报销： 按照公司分担医疗计划进行	
金奈石油	管理雇员和非管理雇员 医疗福利报销按照规定进行	
Balmer Lawrie & Co. Ltd.	执行管理者 个人测试/会诊等实际费用不得超过上限	非管理者 每年 1 个月基本工资＋津贴＋住院治疗医疗保险 50000 卢比
Biecco Lawrie Ltd.	高级管理人员 《高级管理人员服务条款与条件手册》中所列的规定上限。 住院治疗(理疗保险)至最高额。 02 级和 A 级：8000 卢比/年	工人 1200 卢比/年
Balmer Lawrie & Co. Ltd.	B 级至 D 级：12000 卢比 E 级至 H 级：16000 卢比 职员 1400 卢比/年	
Mangalore Refinery & Petro Chemicals Ltd.	执行管理者和工人 1 个月基本工资	
印度国家火电公司	在 NTPC 医院/防治所/公司医院免费治疗/在通知或定点医院全额报销/在非定点医院报销限于规定通知的限额	
印度国家水电公司	室外：一月基本工资＋DA 或 15000 卢比/年，以最高者为准 室内：在政府/定点医院产生的实际支出不得超过权利限额	
Satluj Jal Vidyut Nigam Ltd.	A 类：100% 圣家医院 B1 和 B2 类：80% 圣家医院 C 类/未分类：60% 圣家医院	

表 11-7　石油和电力部门公共部门企业绩效相关激励

公共部门企业名称	执行管理者绩效相关激励	工人绩效相关激励
印度石油公司	绩效相关激励计划与政府之间的谅解备忘录中规定的公司业绩和利润率挂钩；同时与雇员的基本工资+津贴挂钩。2005~2006年度，绩效相关激励已按照基本工资的9.45%向年度绩效符合最低要求的雇员分配。被认为不符合要求的雇员全年获得最高6000卢比的支付	
印度石油天然气公司	执行管理者 激励/奖励：按照过去6年最高级别25%的平均支付标准计算。 E0:4188 卢比,E1:4375 卢比,E2:4675 卢比,E3:5200 卢比,E4:5575 卢比,E5:5975 卢比,E6:6400 卢比,E7/E8:6625 卢比,E9:7138 卢比 S 级别雇员 激励/奖励：过去6年的平均支付标准为25%，以最低基本工资增长40%的方式支付。 SI:3577 卢比, SII:3990 卢比, SIII:4575 卢比, SIV:5320 卢比	工人 激励/奖励 WI:1505 卢比,WII:1575 卢比, WⅢ/A-I:1645 卢比,WIV/A-Ⅱ:1785 卢比 WV/A-Ⅲ:2030 卢比,WVI/A-IV:2275 卢比,WVⅡ:3577 卢比
巴拉特石油有限公司	管理职员 绩效相关激励计划（PLISM）： 考虑资历按照级别最低的20%计算。这包括特惠（取代奖金）。最高6000卢比/年 绩效相关激励计划（PRISM）： 在进行支付时考虑个人绩效和团队绩效。该计划在2003~2004年度引入，取代了至多支付工资15%的激励产能激励计划	非管理职员 绩效相关激励计划： 考虑资历按照级别最低的20%计算。这包括特惠（取代奖金）。最高6000卢比/年 产能激励计划： 根据营销和炼油厂分别规定的参数，按照基本工资15%+津贴计算
印度石油有限公司	执行管理者 i. 绩效相关激励按照1243卢比（最低）和3038卢比（最高）支付 ii. REH 为500卢比 iii. 绩效工资为2800卢比（最低）和7100卢比（最高）	
金奈石油	管理雇员和非管理雇员 产能相关激励福利按照规定提供。	

续表

公共部门企业名称	执行管理者绩效相关激励	工人绩效相关激励
Balmer Lawrie & Co. Ltd.	执行管理者和非管理者 绩效报酬 无资格取得奖金的人员在达到谅解备忘录等级 1 至 2.49 后,可按照 2500 卢比的可计算工资获得绩效报酬	
Mangalore Refinery & Petro Chemicals Ltd.	执行管理者和工人 绩效相关激励为基本工资的 15%	
Satluj Jal Vidyut Nigam Ltd.	发电奖励 实现目标 100% ~ 114% 操作人员:10% 维修人员:7% 实现目标 115% ~ 129% 操作人员:11% 维修人员:8% 实现目标 130% ~ 144% 操作人员:12% 维修人员:9% 实现目标 145% ~ 159% 操作人员:13% 维修人员:10% 实现目标 160% ~ 174% 操作人员:14% 维修人员:10% 实现目标 175% 或以上 操作人员:15% 维修人员:10%	

表 11 - 8 石油和电力部门公共部门企业产能激励方案

公共部门企业名称	执行管理者产能激励方案	工人产能激励方案
印度石油公司	年度产能激励允许根据团队和个人绩效向高级管理人员支付。支付比例每年不同。团队绩效取决于列表参数的实现情况。个人绩效取决于事先与主管高级管理人员共同确定的目标分数的取得情况。例如,对工人,激励只需就团队绩效支付并且仅限于基本工资 + DA 的 15%。一年中支付的包括 PLI 在内的全部激励不超过可分配利润的 5%。	
印度石油天然气公司	S 级别雇员 产能津贴按照 825 卢比/月支付	工人 产能津贴根据工资级别按照 575 ~ 675 卢比/月支付

续表

公共部门企业名称	执行管理者产能激励方案	工人产能激励方案
金奈石油	管理雇员和非管理雇员 产能激励计划福利按规定提供	
Balmer Lawrie & Co. Ltd.	执行管理者和非管理者 ①产能相关激励 达到要求的产能水平后,最多支付3500卢比,可计算工资的12% ②利润分享激励 给予可分配利润的5%	

表 11-9 石油和电力部门公共部门企业退休福利

公共部门企业名称	执行管理者退休福利	工人退休福利
印度石油公司	福利基金(PF)和EPS95 公司拥有自己的通过PF信托管理的福利基金。雇员必须支付工资的12%和DA作为供款,公司支付余下供款。在公司对PF的供款中,6500卢比的8.33%转入DPS 95计划。雇员和公司对PF的供款以及利息,在退休时退还 退职金 退职金按照《1972年退职金支付法》实行。离职时每整年服务或超过6个月部分应付的退职金为每月报酬的15/26,最高金额为350000卢比 退休后医疗计划 退休雇员加入一次性自愿供款计划。各级别退休雇员有权接受年度上限范围内的在住处和住院的医疗治疗。例如,住院治疗在政府/定点医院获得,则指定疾病的费用全部报销;指定疾病以外的疾病,至多为退休高级管理人员/工人报销85%/75%的费用	
印度石油天然气公司	福利基金(PF)和EPS95 执行管理者 E0:最低1590卢比,最高2779卢比 E1:最低1637卢比,最高2928卢比 E2:最低2184卢比,最高3166卢比 E3:最低2630卢比,最高3582卢比 E4:最低2928卢比,最高3879卢比 E5:最低3126卢比,最高4196卢比 E6:最低3324卢比,最高4533卢比 E7/E8:最低3522卢比,最高4712卢比 E9:最低4167卢比,最高5118卢比 S级别雇员 SI:1485卢比,SII:1718卢比 SIII:2050卢比,SIV:2472卢比 退职金 执行管理者	福利基金(PF)和EPS95 工人 WI:卢比311,WⅡ:351卢比,WⅢ/A-I:390卢比,WIV/A-Ⅱ:470卢比,WV/A-Ⅲ:608卢比,WVI/A-Ⅳ:747卢比,WVII:1485卢比 退职金 工人 WI:342卢比,WII:357卢比,WIII/A-I:373卢比,WIV/A-Ⅱ:405卢比,WV/A-Ⅲ:461卢比,WVI/A-Ⅳ:516卢比, WVⅡ:812卢比 退休后医疗计划 工人:1000卢比/月 休假兑现

续表

公共部门企业名称	执行管理者退休福利(卢比)	工人退休福利(卢比)
印度石油天然气公司	E0:最低 854 卢比,最高 1330 卢比 E1:最低 953 卢比,最高 1390 卢比 E2:最低 1092 卢比,最高 1485 卢比 E3:最低 1271 卢比,最高 1652 卢比 E4:最低 1390 卢比,最高 1771 卢比 E5:最低 1469 卢比,最高 1898 卢比 E6:最低 1549 卢比,最高 2033 卢比 E7/E8:最低 1628 卢比,最高 2105 卢比 E9:最低 1886 卢比,最高 2268 卢比 S 级别雇员 SI:812 卢比,SII:905 卢比 SIII:1036 卢比,SIV:1207 卢比 退休后医疗计划 执行管理者:1500 卢比/月 S 级别雇员:1000 卢比/月 休假兑现 执行管理者 E0:1085~1691 卢比,E1:1211~1787 卢比,E2:1388~1888 卢比,E3:1615~2100 卢比,E4:1767~2251 卢比,E5:1868~2413 卢比,E6:1969~2584 卢比,E7/E8:2070~2675 卢比,E9:2398~2882 卢比 公司对养老金供款 执行管理者、S 级别雇员和工人: 541 卢比/月(按照 6500 卢比的 8.33% 计算)	工人 WI:434 卢比,WⅡ:454 卢比,WⅢ/A-I:474 卢比,WIV/A-Ⅱ:515 卢比,WV/A-Ⅲ:586 卢比,WVI/A-IV:656 卢比,WVⅡ:1032 卢比
IBP 有限公司	福利基金(PF)和 EPS95 高级管理人员和工人: 福利基金项下的福利按照《福利基金法》的规定实施 退职金 高级管理人员和工人: 退职金的支付按照《退职金法》的规定实行。 退休后医疗计划 高级管理人员和工人: 本人、配偶和受供养父母退休后的医疗福利	

续表

公共部门企业名称	执行管理者退休福利(卢比)	工人退休福利(卢比)
IBP 有限公司	休假兑现 高级管理人员和工人： 未利用的特权休假和病假兑现。 公司对养老金供款 《1995 年雇员家庭养老金计划》规定项下的福利。 退休后重新安置福利 高级管理人员： 在最后职位地点以外地点安置的重新安置福利 ①旅行津贴 ②安置津贴 ③过境津贴 ④置换津贴 ⑤交通安排等	
巴拉特石油有限公司	福利基金(PF)和 EPS95 管理职员和非管理职员 按照基本工资＋DA 的 12% 向基金供款。 退职金 管理职员和非管理职员 退职金按照《退职金支付法》的规定支付。 退休后医疗计划 管理职员和非管理职员： 在住处治疗和住院治疗的费用通过现有计划补偿。 公司对养老金供款 管理职员和非管理职员养老金计划(1995) 公司对福利基金供款的 8.33% 由公司按照计划的规定向 EPS95 计划支付。雇员退休/死亡时获得养老金	
印度工程师有限公司	福利基金(PF)和 EPS95 1～9 级雇员和 12～20 级高级管理人员： (基本工资＋DA)的 10% 退职金 1～9 级雇员和 12～20 级高级管理人员： 按照《退职金法》的规定实行。 退休后医疗计划	

续表

公共部门企业名称	执行管理者退休福利(卢比)	工人退休福利(卢比)
印度工程师有限公司	1~9级雇员和12~20级高级管理人员： 医疗福利/设施按照公司供款退休后医疗计划实行。 休假兑现 1~9级雇员和12~20级高级管理人员： 一个会计年度雇员允许将已赚取的可享用休假的至多50%兑现一次。	
金奈石油	福利基金(PF)和EPS95 管理雇员和非管理雇员： 福利基金按照规定实行 退职金 管理雇员和非管理雇员： 退职金按照规定实行	
Balmer Lawrie & Co. Ltd.	福利基金(PF)和EPS95 执行管理者和非管理者： 按照《EPF与MP法》：基本工资+DA的12% 退职金 执行管理者和非管理者： 按照《1972年退职金支付法》实行 休假兑现 执行管理者和非管理者： 未利用的特权休假可按照5倍兑现 公司对养老金供款 执行管理者： 自行供款基金	
Biecco Lawrie Ltd.	退职金 高级管理人员、职员和工人： 按照《退职金法》实行。	
Mangalore Refinery & Petro Chemicals Ltd.	福利基金(PF)和EPS95 执行管理者： M2：3372卢比，M3：2904卢比，M4：2748卢比，M5：2556卢比，M6：2220卢比，M7：1944卢比，M8：1728卢比，M9：1452卢比	福利基金(PF)和EPS95 工人 JM1：1218卢比，JM2：1072卢比，JM3：922卢比，JM4：787卢比，JM5：635卢比，JM6：548卢比
印度国家水电公司	福利基金(PF)和EPS95 基本工资+DA的12% 退休后医疗计划 雇员及其配偶退休后福利(室内和室外)	

第十二章

美国企业高管薪酬总体情况

国有企业高管薪酬的监管不仅与企业本身的性质有关,而且同国家对于企业管理的政策环境有关。美国公众对于企业高管人员的薪酬问题的争议由来已久,政府对企业高管薪酬问题高度重视,先后制定并采取相应措施加强监管,主要手段包括进一步加强信息披露、严格财务和税收政策、制定薪酬追回制度以及改进股票期权制度等,本章将分专题从美国企业特别是标准普尔500强高管薪酬演变历程、面临争议和实施效果角度,探索这些政策对我国可资借鉴的意义。

第一节 美国企业高管薪酬结构和水平

美国私营企业高管薪酬以高绩效相关性、高水平、高增长率而著称。根据 Martin J. Conyon, Nuno Fernandes, Miguel A. Ferreira, Pedro Matos, Kevin J. Murphy 等学者对于美国 CEO 们 1970~2009 年平均薪酬的研究来看,企业高管的平均薪酬从 1970 年的约 80 万欧元提高到 2009 年的 600 万欧元,最高值出现在 2000 年,为 1200 万欧元。CEO 薪酬的增长量已经远远超过生产工人的工资收入。1970 年,CEO 的平均薪酬是生产工人平均薪酬的 31 倍(CEO 薪酬中位数是其 26 倍多);2009 年,CEO 的平均薪酬是生产工人工资的 263 倍(CEO 薪酬中位数是其 219 倍多),如图 12-1 所示。其中,非股权薪酬包括基本工资、短期和长期奖金计划的红利、递延薪酬和福利。整体薪酬为非股权薪酬加上股权性薪酬,包括股票期权和限制性股票的授予日价值。

图 12-1 还显示，CEO 薪酬自 1990 年以来出现的增长大部分是因股票性薪酬的增长导致的。在 20 世纪 70 年代早期股票和期权只占了薪酬中微不足道的一小部分，但到 20 世纪 90 年代后期它们已成为薪酬的主要形式了。

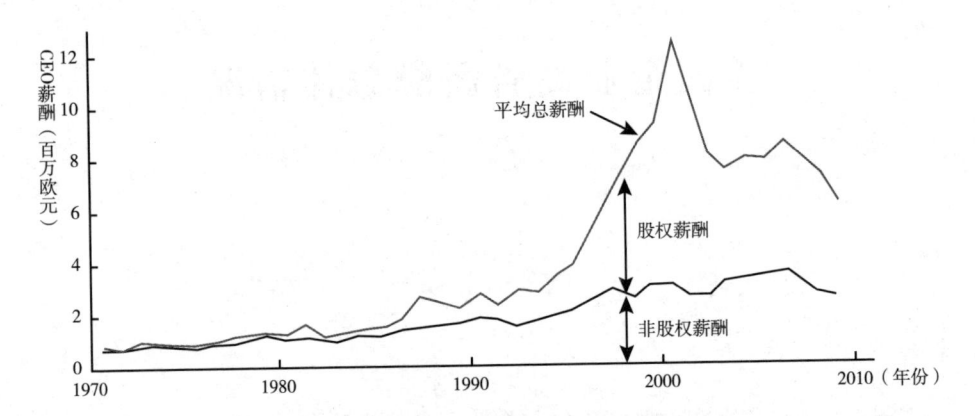

图 12-1　1970~2009 年美国标准普尔 500 强企业 CEO 平均的股权和非股权薪酬

注：薪酬数据基于美国标准普尔 500 强企业的所有 CEO，数据来自《福布斯》和 Execu Comp。CEO 的总薪酬包括现金工资、限制性股票、长期薪酬计划的薪酬红利和授予股票期权的价值（如适用，使用公司市场价值，否则使用 Execu Comp 修改过的毕苏期权定价模式方法）。1978 年之前的股权薪酬估计为总薪酬的 0~11.2%（基于墨菲），(1985)，1979~1991 年的股权薪酬估计为该年内股票期权的实现价值，而不是授予日价值。非股权激励薪酬的基础是实际红利而非目标红利，因为在 2006 年之前目标红利还不可用。货币量按消费者物价指数换算为 2008 年的定值美元，再按 2008 年末汇率换算为欧元。

图 12-2 展示了该时期薪酬的构成和水平是如何演变发展的。该数据首先考虑通货膨胀因素进行调整（按消费者物价指数），再按 2008 年末汇率换算为欧元。由于薪酬分配出现"倾斜度"（其中一小部分 CEO 的收入特别高），图 12-2 中每年薪酬的中位数比图 12-1 的平均薪酬要低。该图中的薪酬构成百分比首先按每位 CEO 的薪酬构成百分比计算得出，再按 CEO 们之间的平均薪酬构成百分比进行计算。

因此，美国 CEO 薪酬自 20 世纪 90 年代以来不断增长的基础是 1993~2001 年股票期权的增长，以及 2002~2009 年期权向限制性股票的急剧转化。1992 年，CEO 薪酬中位数 200 万欧元中有 41% 为基本工资，而股票期权（授予日价值）占其中的 23%。2001 年，薪酬中位数 640 万欧元中仅有 18% 为基本工资，而股票期权占了 50% 以上。到 2009 年，随着许多公司从授予

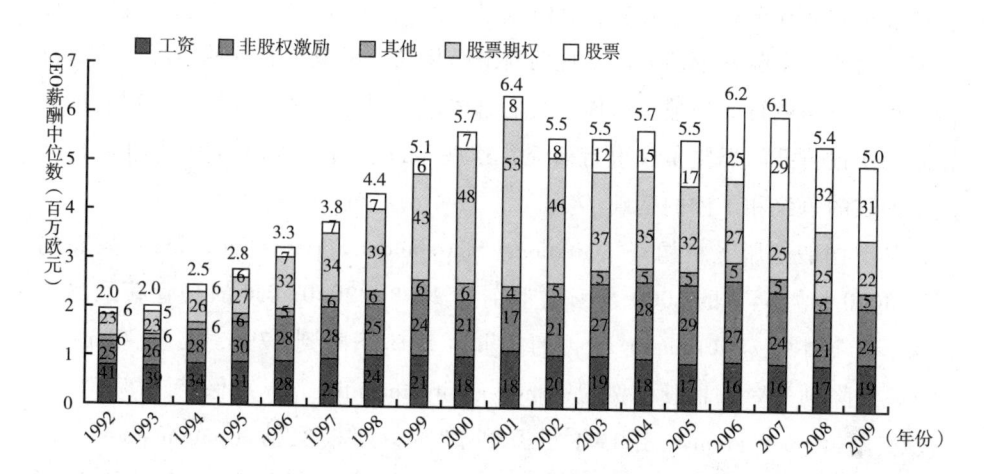

图 12-2　1992～2009 年美国标准普尔 500 强企业的
CEO 预期薪酬中位数

注：薪酬水平中位数基于标普 500 强企业 CEO 的 Execu Comp 数据。总薪酬（用柱状图表示）指工资、非股权激励（包括奖金）、福利、股票期权（如适用，按公司市值的授予日价值，否则使用 Execu Comp 修改过的毕苏期权定价模式方法）、股票津贴和其他薪酬。"其他薪酬"不包括与养老金相关的费用。薪酬构成百分比指管理人员之间的平均构成。货币量按消费者物价指数换算为 2008 年的定值美元，再按 2008 年末汇率换算为欧元。

股票期权转为授予限制性股票（占薪酬的 31%），股票期权降到了仅占薪酬的 22%。

19 世纪 90 年代，伴随着美国公司治理结构运动的兴盛，其高管薪酬也扶摇直上。1993～2003 年，标准普尔 500 强企业的 CEO 平均薪酬猛增了 146%。[①] CEO 薪酬水平的上涨按实际价格计算，大大超过了美国普通工人的工资增长额——CEO 薪酬增长了 46%，然而普通工人的工资增长只有 2.7%。[②] 2007 年前 15 强的美国公司的普通高管所赚的薪酬，大约超过了普通员工工资的 500 倍。美国 CEO 比其他地区的 CEO 往往可能得到更高水平的薪酬。

综合来看，管理人员薪酬的结构和水平变化具有复杂的经济和政治原因，与对高管薪酬信息披露要求、税收政策、会计法规、法律、企业管理、一般经

---

① 1993～2003 年，标准普尔 500 强企业 CEO 平均薪酬从 370 万美元增长到 910 万美元，五大高管的平均薪酬从 950 万美元到 2140 万美元。

② http：//www.llo.org.

济情况和政治环境有关。确实,薪酬水平和发放办法的很多演变趋势可以直接追溯到政府对实际发生的或可发现的薪酬滥用情况的反应,这些情况通常出自涉及单个公司或行业的独立事件。我们首先对20世纪30年代导致管理人员薪酬第一次被公开的那些争议进行研究,这些争议反过来也成为美国CEO薪酬后来面临的争议和干涉的基础。

从美国股东服务机构(Institutional Shareholder Services Inc,ISS)发布的罗素3000指数涵盖的2000余家上市企业2008~2010年度的高管薪酬的构成来看,基本工资(salary)所占的比重由23%下降到17%,奖金(bonus)由7%下降到5%,非股权激励(non-equity incentive pay)保持17%不变,股票奖励(stock grant)由19%上升到28%,期权奖励(option grant)由16%上涨到23%,其他补偿(all other pay,如额外补贴)由18%下降到10%(详见图12-3、图12-4)。通过以上措施,企业高管薪酬的构成有所改变。

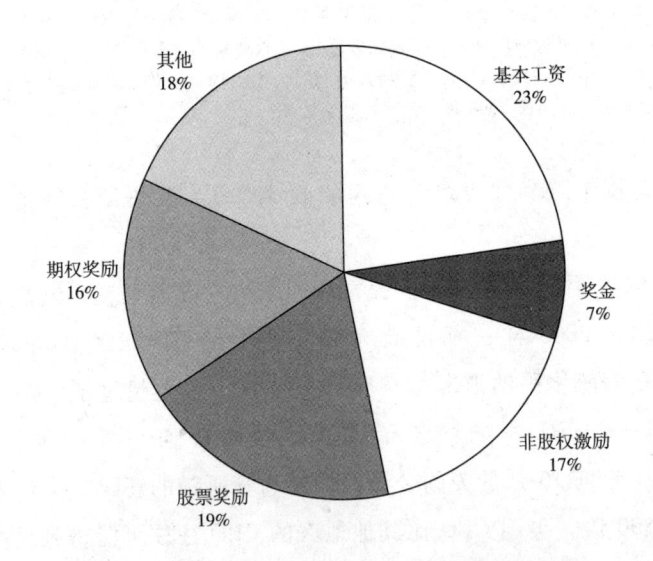

图12-3 2008年按照付薪要素划分的高管薪酬构成

资料来源:美国股东服务机构薪酬数据库。

2009年和2010年标准普尔500指数,市场绩效增长保持在23.5%和12.8%,两年累计增长39.2%。相比之下,其高管薪酬的增长却超过了市场绩效增长,如图12-5所示。

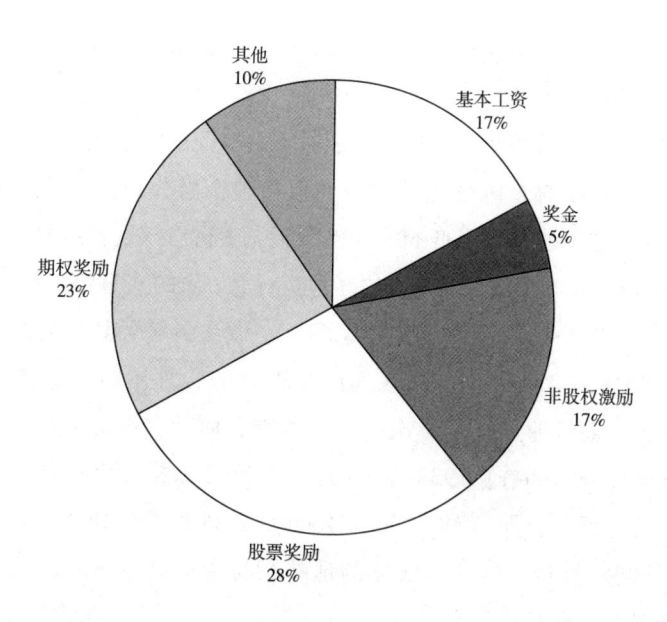

图 12-4　2010 年按照付薪要素划分的高管薪酬构成

资料来源：美国股东服务机构薪酬数据库。

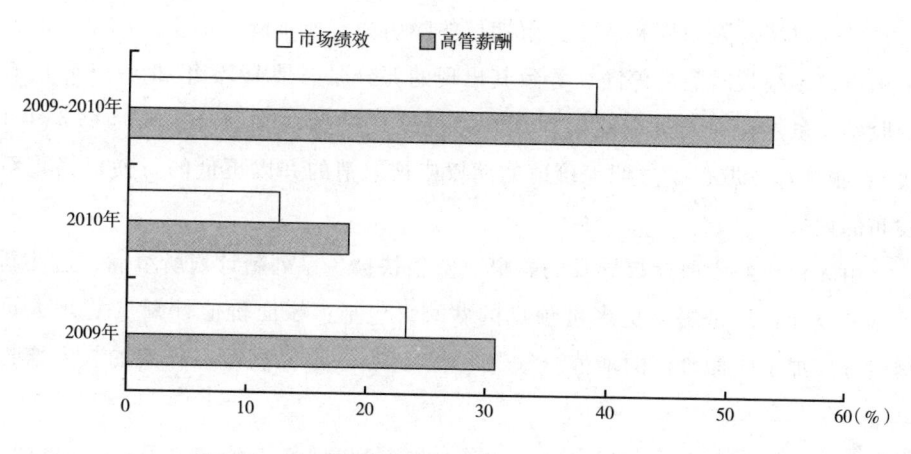

图 12-5　市场绩效增长与企业高管薪酬增长对比

资料来源：美国股东服务机构薪酬数据库。

第二节　信息披露制度

对于国有企业高管薪酬信息披露，最早可以追溯到 20 世纪二三十年代，

1932年大选前的4月至富兰克林·D. 罗斯福（Franklin D. Roosevelt）竞选总统时期，在面对提议性的政府重建金融公司（RFC）的救济贷款时——州际商业委员会要求所有的铁路公司公布年收入超过1万美元的管理人员，① 结果公布的薪酬水平激怒了新政府。1933年5月，政府重建金融公司要求接受政府救助的铁路公司将其管理层的薪酬降低60%。② 最后，美国参议院授权联邦交通协调署向所有铁路公司的董事长加以非正式的（但执行上一致的）每年6万美元的限制。

强制要求铁路公司管理人员公开薪酬这一做法引起了其他美国政府官员的兴趣。1933年中，美联储开始调查其成员银行的管理层薪酬，政府重建金融公司对其非成员银行业进行了一次相似的调查，而动力委员会对公共事业单位的薪酬情况也进行了调查。1933年10月，联邦贸易委员会要求资本和资产超过100万美元的所有企业（约2000家公司）公布其工资和奖金。③ 1934年的《证券管理条例》推行之后，新成立的证券交易委员会（SEC）负责对上市企业的高层管理人员薪酬进行公开。

当现金薪酬在20世纪70年代不断上涨（至少在票面上），股票期权却逐渐失去了活力。期权的普及度下降部分反映出上述税收政策的变化，因为正是那些税收政策使限制性和法定股票期权的吸引力有所下降。更重要的是，股票市场出现了很长时间的停滞，导致其出现的部分原因是1973年和1977年的有价股票。虽然管理人员在此期间还在接受定期的期权奖励（主要是每3年1次），很多津贴取代了过期无价值的期权或被取消的并以更低的行使价格重新发布的期权。

由无价值的股票期权导致的薪酬真空很快被一系列新计划所填满，这些新计划的设计目的是提供更多可预见的薪酬，包括：账面价值计划（管理人员接受分红加上账面价值的增值）、长期绩效计划（激励薪酬以长期的收入增长

---

① "Railroad Salary Report: I. C. C. Asks Class 1 Roads About Jobs Paying More Than MYM10000 a Year," *WallStreet Journal* (April 28, 1932), p. 2.

② 减少15%（年收入少于15000美元）至60%（年收入高于MYM100000美元）。"RFC Fixed Pay Limits: Cuts Required to Obtain Loans," *Los Angeles Times* (May 29, 1933), p. 1; "Cut High Salaries or Get No Loans, is RFC Warning," *New York Times* (May 29, 1933), p. 1.

③ "Inquiry into High Salaries Pressed by the Government," *New York Times* (October 29, 1933), p. 23 以及 "President Studies High Salary Curb: Tax Power is Urged as Means of Controlling Stipends in Big Industries," *New York Times* (October 23, 1933), p. 1. 除了调查高管薪酬外，还呼吁关注好莱坞的巨额酬劳，最终产生了"运动图像法案"（Moving-picture Code），要求支付不合理薪酬的公司支付巨额罚款。

目标为基础），以及保证性奖金（与绩效无关的保证薪酬）。① 此外，众多公司开始更加依赖股东资助的额外津贴或"额外收入"，如低息贷款、游艇、豪华轿车、企业飞机、俱乐部会员资格、打猎胜地和位于异国的企业休假地。

20 世纪 70 年代中期，高管的一些滥用行为激怒了一些股东活跃分子，如证券交易委员会（SEC）和美国国税局（IRS）。② 1975 年，美国国税局取消了对"薪酬收入最高的高管"才有的边缘福利的照顾性税收政策，试图减少额外津贴。1977 年，总统卡特尔（Carter）反对公司扣除费用用于"丰盛午餐"、供生意关系人娱乐的游艇和打猎胜地、头等舱航空旅行、支付给社交和运动俱乐部的费用以及花在运动比赛和剧院门票的花费，与此同时，额外津贴遭受的攻击也有所升级。③ 1977 年和 1978 年，美国证券交易委员会很大程度地提高了额外津贴的信息披露要求，要求企业提供关于福利、保险和其他形式的非工资薪酬的更清楚的信息。④ 1979 年，美国证券交易委员会实施了自 20 世纪 30 年代以来其在代理信息披露方面的第一次主要的修正，要求对所有超过 10000 美元的个人收益进行批注和描述。

美国证券交易委员会最新的重点目标是减少额外津贴的使用，因为"剩余额已刚好达到会引发丑闻的程度了。"⑤ 但是，没有证据表明提高强制性的

---

① Ricklefs, "Sweetening the Pot: Stock Options Allure Fades, So Firms Seek Different Incentives," *Wall Street Journal*, May 27, 1975, p. 1.
② Bender, "The Executive's Tax-free Perks: The IRS Looks Harder at the Array of Extras," *New York Times*, November 30, 1975a, p. 195; Bender, "Fringe Benefits at the Top: Shareholder Ire Focuses on Loan Systems," *New York Times*, April 13, 1975, p. 161; Blumenthal, "Misuse of Corporate Jets by Executives is Drawing More Fire," *New York Times*, May 19, 1977, p. 76; Schellhardt, "Perilous Perks: Those Business Payoffs Didn't All Go Abroad; Bosses Got Some, Too; IRS and SEC Investigating Loans and Lush Amenities Provided for Executitves; An Eye on Hunting Lodges," *Wall Street Journal*, May 2, 1977, p. 1.
③ Rankin, "Incentives for Business Spending Proposed in Corporate Package," *New York Times*, January 22, 1978, p. 32; "Excerpts From Carter Message to Congress on Proposals to Change Tax System," *New York Times*, January 22, 1978, p. 33.
④ "Personal-use Perks For Top Executives Are Termed Income: SEC Says Valuable Privileges Will Have to be Reported As Compensation by Firms," *Wall Street Journal*, August 22, 1977, p. 7.; "SEC Acts to Have More Corporate Aides Disclose Pay, Nonsalary Compensation," *Wall Street Journal*, July 27, 1978, p. 4.
⑤ Jensen, "Executives' Use of Perquisites Draws Scrutiny," *New York Times*, April 24, 1978, p. A. 1; Joseph, "U. S. Industries Faces Queries on its Perks At Annual Meeting," *Wall Street Journal*, April 20, 1978, p. 20; Metz, "Close Look Expected At Executive Perks in Proxy Material: SEC Stress on Disclosure Is Linked to Coming Tales of Holder-assisted Goodies," *Wall Streety Journal*, February 27, 1978, p. 14; Penn, "Ford Motor Covered Upkeep for Elegant Co-op of Chairman: Questions Arise on Personal vs. Business Use of Suite in Posh New York Hotel," *Wall Street Journal*, April 24, 1978, p. 20.

信息披露要求可以降低对额外津贴的使用。的确，由于滥用情况的持续出现，在 1992 年和 2006 年美国证券交易委员会再次拓宽了额外津贴的信息披露要求。

如同其他大型企业一样，安然（Enron）准许中级和高级管理人员通过公司的非法定递延薪酬计划递延其薪酬。2002 年 12 月，当安然申请联邦破产法第 11 章破产保护时，约 400 名高级和前任管理人员成了公司的无担保债权人，并且最终损失了他们账户中的大部分财产。[①] 但是，就在破产登记之前，安然还允许小部分管理人员从他们的递延薪酬账户中提取了上百万美元。这笔费用的公开引起了那些损失钱财的安然员工的极大愤怒（也引发了官司），并触怒了国会。

作为对安然事件的直接回应，国会在免税法案中增加了第 409 款（A），向递延薪酬安排征收较重的税务罚金；在此类递延薪酬安排中，员工可以自行决定何时将薪酬套现（除非他们在最初授予时就已做出选择）。这条新规定极大地延伸了递延薪酬的定义，递延薪酬包括（在某些情况下）年终奖或财政年结账后支付的费用偿还、附加的管理人员养老计划、影子股票奖励、股票增值权、生命保险分担安排和递延的遣散费奖励。虽然第 409 款（A）是作为对安然事件的回应，但它在期权倒填日期丑闻曝光之时才刚刚起稿。因此，国会将折扣期权（即行使价低于授予日市场价的期权）定义为第 409 款（A）中的递延薪酬。这条新规定被反过来应用到 2005 年前授予但到 2004 年 12 月 31 日为止未授予的期权上；其设计目的很明确，就是要对通过倒填日期的方法向高管授予的期权进行罚款。

2005 年，莱（Lie）进行的学术研究和《华尔街日报》进行的调查发现了一种"期权日期倒填"的行为。[②] 在这种惯例下，公司会故意篡改股票期权，这样一来，申报的期权授予日就可以被改到之前股价非常低的一段时间内——股价通常是当季度或当年中的最低价。因此，申报时声称按"平价"（即行使价相当于上报授予日的市场价）授予的期权实际上是按"赚钱价"（即行使价远低于实际授予日的市场价）授予的。这种做法违反了联邦信息披露法规、

[①] Barboza,"Enron's Many Strands:Executive Compensation. Enron paid some,Not All,Deferredcompensation," *New York Times*, February 13, 2002.

[②] Key, Heron, "Authoritiesprobe Improper Backdating of Options: Practice Allows Executives to Bolster Their Stock Gains; A Highly Beneficialpattern," *Wall Street Journal*, Nov. 11, 2005.

会计法和税法，也常常违背了企业自己的股票期权政策。

首先，从1993年开始生效的SEC法规规定，如果公司授予期权的行使价与授予日的公允市场价不同，那么该公司必须向其股东披露该信息。因此，倒填期权日期的公司应告知股东，发布期权的行使价实际上低于实际授予日的公允市场价。

其次，2005年前生效的FASB法规规定，只有在行使价低于授予日市场价的情况下，公司才会面临股票期权需要交纳会计费用的问题。因此，倒填实际发生会计费用却申报无会计费用的期权日期的公司则成了市场价和行使价之间"价差"的制造者。这样，倒填期权日期的公司不仅篡改了协议，而且做了假账。

再次，行使价低于授予日市场价的期权并不以绩效为基础，因此它会受到IRS第162款（m）中对百万薪酬扣除度的限制。因此，假如受影响的管理人员的薪酬不足100万美元，倒填期权日期的公司就可以从中扣除薪酬，但这本身是不可被扣除的。

最后，大多数经股东批准的股票期权协议包括各类条款，明确规定期权行使价格不得低于授予日市场价的100%。因此，拥有此类条款的公司如果倒填期权日期，那他们则违背了自己的内部政策。

《华尔街日报》对倒填日期行为的讨伐导致美国证券交易委员会对140余家企业进行了调查。确实，美国证券交易委员会十分热衷于起诉倒填日期的案例，而这种热情是他们通常用来面对强硬罪犯时的态度。与倒填日期阴谋有关的管理人员被控有大量罪名，包括归档假文件、证券欺诈和共谋进行证券欺诈。一些管理人员被判刑（一些通过上诉推翻了判定），至少1名CEO逃到国外，作为FBI的"头号通缉犯"之一被引渡回国。[①] 除了美国证券交易委员会的民事起诉和刑事起诉外，许多公司根据对倒填日期的内部调查重新编制了他们的财务报表，并且有许多公司解决了集体诉讼或股东提起的衍生诉讼。

回顾过往，虽然发布行使价低于授予日市场价的期权可以是有效薪酬结构的一部分，但不能就这样认为倒填日期的做法和对授予日进行事后操控和篡改的行为是正确的。但是，也很难说美国证券交易委员会在起诉和批判这些看似

---

① Bray, "Former Comverse Official Receives Prison Term in Options Case," *Wall Street Journal*, May 11, 2007, p. A. 6; "Fugitive Mogul's Rent Coup," *New York Post*, August 26, 2009, p. 16.

相当次要的账目和记录违反方面的激进性是完全正当的。需要考虑的几点如下。一是只要公司适当地披露该做法并记录下等于行使价和"真实的"授予日市场价之间价差的会计费用，将行使价设定为一个月或一季度内观察到的最低价（或其他价）是不违法的。但是实际上，由于此类期权会产生会计费用，很少有公司发放的期权行使价会低于市场价。

二是被控告倒填日期的公司重新编制了他们的财务报表，反映了行使价和市场价之间的实际价差。但是，该补救措施没抓到重点。倒填日期的相关替代方法并不是发放折扣期权，收取折扣费用，而是发放更多的平值期权，避免产生会计费用。因此，在这种"相关替代法"之下，申报的会计费用或收入不会产生变化，但授予的期权数量会有所增长。

虽然美国证券交易委员会无权直接管理 CEO 薪酬的水平和结构，但该机构可以决定公开薪酬中的哪些方面及公开的方式。美国证券交易委员会通常会逐年扩大薪酬公开的要求，其中在 1978 年、1993 年、2006 年和 2011 年对薪酬进行了大型的彻底检查。美国证券交易委员会成立后发布的第一份典型的代理声明有 3~5 页之长，其中关于管理层薪酬的不到一页。2007 年，一家美国公司的普通代理声明则长达 70 页，几乎所有内容都是关于管理人员薪酬和企业管理。

需要指出的一点，尽管对于私有企业公布薪酬的做法存在不同声音，有人认为，其所带来的代价远超过他们的利益；也有重现的平民主义者提到，CEO 薪酬的发放必须要在对外公布的情况下进行。但基本一致的意见是，国有企业高管薪酬的信息披露是必须的，对外公布能有效地确保国有企业的管理层合同并不是公司和员工之间的私人问题，而是受到媒体、工会和公司内外的政治力量关注和影响的。

第三节　财务和税收制度

20 世纪 20 年代，美国股票期权制度兴起时，由于当时的所得税政策还不成熟，没人知道如何向期权征税。做法可能有：①行使期权时，按薪酬征税（由此按"普通收入"向个人征税，并且表示公司可减免的商业费用）；②按行使价格购买的股票最终卖出时，按资本收益征税（由此按较低的资本收益税向个人征税，公司则放弃减免的权利）。这个问题用了 20 余年才被解决。

当时研究涉及的主要案例是，1928年5月一电影院连锁业的CEO接受了一份期权奖励。股价在6个月里大有上涨，该名CEO在1928年10月行使他的期权，并随之在1929年和1930年出售了股份，他为自己的收益支付了资本收益税（12.5%）。美国国税局认为他行使股权时欠缴了价差的普通所得税（1928年为25%）。该纳税人对此决定进行上诉，差不多在9年后，联邦上诉法院（美国第二高等法院）同意纳税人意见，认为只有当股票出售时才会实现需缴税的收入，而不是在行使期权时。但是美国国税局对该决议进行上诉，又在9年之后，最高法院同意美国国税局，认定在1946年时，行使期权的收入也算是薪酬，因此它应该被当成普通收入接受征税。

到1950年，关于股票期权的"税收"是一项大问题。普通收入的最高边际税率已提高到91%（1928年时为25%），资本收益税率为25%。此外，最高法院要求缴税时间为行使期权时。1934年的《证券管理条例》要求管理人员在出售其股份前，必须通过行使期权的方式将股份持有至少6个月的时间。比如，假设一位管理人员获得了一只股票，行使价值为10欧元，而市场价格为25欧元。为了给行使期权提供经费及支付税费，该管理人员需要支付23.65欧元（即行使价格加上行使日价差的91%），但不能通过出售股份来提高其数量。

在20世纪50年代和1964年的《税收法案》中产生的限制性和法定股票期权并未被正式认定为"薪酬"，因此很多公司并没有对这类期权的税金和会计目的做记录。在20世纪70年代，此类期权转变为非法定期权，这类期权被当作用于缴税的薪酬。这引发了一个新的问题：在公司收益表中此类期权应如何表述？1972年10月，会计原则委员会（APB）——现代财务会计准则委员会（FASB）的前身——发布了第25号意见，"员工股票会计"。该意见规定，与股票期权相关的薪酬费用是指从股票授予的期权量和行使价已知或固定之时起，股票价格和行使价之间的（正）价差。该价格和行使价之间的价差费用——被称为"固有价值"——按期间分摊，雇员在该期间内不能行使期权。在该法规下——该法规早于布莱克（Black）和斯科尔斯（Scholes）（1973）倡导的现代期权估值理论——由于价差在授予日为0，因此对授予的行使价等于（或超过）授予日市场价的期权不予征收费用。

授予期权时不会产生会计成本，各家公司都很喜欢该方式，但授予期权还是存在税收时间问题。行使期权的管理人员要在行使期权时立刻缴税（及行使价格），但他们却要在6个月后才能出售该股份。相比之下，期权的另一种持有选择（股票增值权）则没有财务方面的优势（公司将从股票升值权利中的累积增值征收会计费用），但也不会有持股要求。1991年5月，美国证券交易委员会宣布从期权授予开始计算持股时间，而不按管理人员行使期权的时间计算，从而"解决"了该问题。因此，只要管理人员持有期权至少达6个月，他就可以在行使期权时立即出售其股票。这条新法规令股票升值权利不再具有优于非法定期权的主要优势，因此股票升值权利在很大程度上消失不见。

最初，1991年后期参议院建立法律，要求企业在公司收益表中对股票期权进行解释，股票期权的优势（无会计成本和持股时间要求）是暂时的。虽然这条特定的法案最终被束之高阁，但它对新建的现代财务会计准则委员会产生了压力，要将重点放到向期权收费上。

1992年4月，现代财务会计准则委员会以7∶0的选票支持向期权征收财务费用，并在1993年发布了一项正式提案。该提案在商业管理人员、高科技企业、会计人员、企业顾问、财政部部长和股东群体之间引起了一阵批评。[①] 作为高层管理人员薪酬批评家的总统克林顿也在1992年12月对这场争论进行了猛烈的抨击，认为"如果现代财务会计准则委员会的提案无意中削弱了部分美国最有前景的高科技公司的竞争力，这将是非常不幸的"。[②] 1994年3月，现代财务会计准则委员会针对该问题举办了公众听证会。在面临铺天盖地的负面回应之后，现代财务会计准则委员会宣布把提议的会计变更推迟至少1年；在同年12月，现代财务会计准则委员会放弃了该提案。

1995年，现代财务会计准则委员会发布了一条折中的法规FASB123，建议但并不要求公司向授予期权的"公允市场价值"收费（使用毕苏期权定价模式或类似的评估法）。但是，虽然现代财务会计准则委员会允许企业在会计原则委员会第25号意见的规定下继续进行申报，但它还推行了另一条要求，

---

① Berton, "Business Chiefs Try to Derail Proposal on Stock Options," *Wall Street Journal*, February 5, 1992; Harlan and Berton, "Accounting Firms, Investors Criticize Proposal on Executives' Stock Options," *Wall Street Journal*, February 19, 1992; "Bentsen Opposes FASB On Reporting Stock Options," *Wall Street Journal*, April 7, 1993; Berton, "Accounting Rule-making Board's Proposal Draws Fire," *Wall Street Journal*, January 5, 1994; Harlan, "High Anxiety: Accounting Proposal Stirs Unusual Uproar In Executive Suites," *Wall Street Journal*, March 7, 1994.

② "Clinton Enters Debate Over How Companies Reckon Stock Options," *Wall Street Journal*, December 23, 1993.

企业要在财务报表的备注中公布期权奖励的价值。直到2002年后期，只有一小部分公司采用了现代财务会计准则委员会建议的方法。可以预见的是，只有一小部分公司会采用现代财务会计准则委员会建议的方法，直到2000年早期出现会计丑闻，众多公司才开始主动向他们的期权奖励收费。

对期权的会计处理导致了一个错误的认识，人们认为公司可以不为授予期权发生费用。当然该观点是错误的，因为授予期权的"机会"成本或经济成本是公司在公开市场出售该期权时能获得的收入。但是，许多公司的董事会都错误地认为期权是"免费的"（或至少是便宜的）。期权对于现金缺乏的新兴公司尤其具有吸引力（如20世纪90年代早期新兴的"新经济"企业），因为这些公司可以在不花费任何现金的情况下，通过期权向员工发放薪酬。的确，通过期权发放薪酬可以让公司获得现金，从期权被行使开始，公司会收到行使价，也可以从其企业税中扣除市场价和行使价之间的价差。会计和税收处理之间的价差使授予期权的公司处于两全其美的境地：公司账目中无会计费用，却可以扣除大量的税金。再加上1991年5月的法规取消了行使期权后的持股要求，这使得股票期权比其他形式的薪酬更具有优势。

美国企业通常可以从收益中扣除所有的"合理"薪酬支出。在1992年的美国总统竞选中，候选人比尔·克林顿承诺："结束允许企业无限制地扣除过多管理层薪酬的税金的做法"，认定超过100万美元的薪酬为不合理薪酬并不得予以扣除。大选之后，对于取消扣除的担忧导致众多企业在1992年日历年底前赶紧行使期权，虽然公司还可以从行使价中扣除收益作为薪酬支出，但他们早早就催促其雇员行使他们的期权了。①

到1993年2月，时任总统克林顿改变了之前将100万元以上薪酬认定为不合理薪酬并不得予以扣除的想法，建议只有"与企业生产无关的薪酬"为不合理薪酬。② 4月，这个相当温和的方案的细节开始出现。③ 正如财政部提议的并最终被国会批准的方案一样，第162款（m）的免税法案不适用于私有企业而仅仅适用于国有公司，并只针对CEO的薪酬和收入最高的4位管理人

---

① Chronicle Staff and Wire Reports, "Big Earners Cashing in Now: Fearful of Clinton's Tax Plans, They Rush Toexercise Their Options," *San Francisco Chronicle*, December 29, 1992.
② Freudenheim, "Experts See Tax Curbs on Executives' Pay as More Political than Fiscal," *New York Times*, February 12, 1993.
③ Greenhouse, "Deduction Proposal is Softened," *New York Times*, April 9, 1993.

员的薪酬，并且 CEO 和这 4 位管理人员的薪酬要与年度代理公告公布的薪酬一致（公司其他人员的薪酬就算超过了百万美元的限制也不可被全额扣除）。更重要的是，第 162 款（m）并不适用于被认为 CEO 和公司薪酬最高的 4 位管理人员"基于绩效的"薪酬。

如第 162 款（m）中的定义，以行使价等于或高于授予日市场价授予的股票期权通常被当作绩效薪酬，因此从行使此类期权中获得的收益可以当作薪酬费用被全额扣除。但是，限制性股票和按低于授予日市场价的行使价发行的期权不具有以绩效为基础的资格。

总体上来说，上述的政策和经济条件引起了一场"完美风暴"，事实上促进了期权奖励的爆发：股东们不断要求将薪酬与股价表现联系起来；美国证券交易委员会决定，行使期权获得的股份可以在行使时立即出售；推动费用化后，美国现代财务会计准则委员会做出让步，允许企业授予期权时不必发生财务费用；第 162 款（m）将期权从扣除限度中免除，为企业提供了"避风港"。

因此，期权奖励确实爆发了。例如，如图 12-2 所示，20 世纪 90 年代早期的 CEO 激励薪酬被平均分为期权和以会计为基础的奖金。1996 年，期权已成为标准普尔 500 强企业的 CEO 薪酬中占比最大的单个组成部分，小企业中对期权的使用更多（尤其是高科技的新兴企业）。2000 年，就一名典型的标准普尔 500 强企业 CEO 而言，期权占了其总薪酬的一半多。

随着高管期权奖励的增加，各家公司面临不断增大的压力，需要将津贴推动到企业中更低级别的管理人员和员工当中。[①] 员工要求无限制的津贴，但前提是公司承诺他们的薪酬其他构成部分不会被降低。董事会对此很轻易地妥协了，尤其是在期权奖励主要集中在高管范围内的计划需要得到股东批准通过之后；而覆盖大多数员工的无限制计划无须经董事会批准。此外，国会还引入了一些鼓励无限制股票期权计划的法案。随着这些压力而来的是，授予股权的数量（表现为流通股的一小部分）大量增加。1992~2005 年，美国标准普尔 500 强企业平均向其管理人员和员工奖励了价值超过 10 亿欧元的期权（500 家公司合计约 5000 亿欧元）。此外，标准普尔 500 强企业平均向其管理人员和员工转让了其总预付股本 25.6% 的期权（墨菲，延森和乌拉克，2011）。

---

① Flanigan, "It's Time for All Employees to Get Stock Options," *Los Angeles Times*, April 21, 1996.

2000年早期，美国公司中爆发了会计丑闻，曾高傲一时的企业如安然、世界通讯公司、奎斯特通讯、环球电讯、南方保健公司、圣达特、来爱德、朗讯科技、施乐公司、泰科国际、艾德尔斐、范妮美、房地美和安达信名誉扫地。在爆发这些丑闻期间，国会很快在2002年7月通过了《萨班斯法案》，设定或强调了会计事务所、审计员和上市企业的董事会的准则。该法案重点在于会计违规，而不在于薪酬。但是国会还是忍不住用新的法律来进一步调控管理层薪酬。

首先，泰科国际的一些管理人员的部分企业贷款获得了减免，作为对此的直接回应，《萨班斯法案》第402款规定，禁止向管理人员和董事会进行个人贷款，无论这些贷款是不是作为有用及合法的商业目的。因为在《萨班斯法案》出现之前，公司通常会向购买公司股票的管理人员提供贷款，并且通常以无追索权为基础，因此管理人员可以通过归还购买的股份偿还贷款。其次，为了吸引管理人员，公司通常还以可减免贷款的形式向其提供住房补贴；在新法规下，该行为则是违法的。最后，《萨班斯法案》被认为是对公司维持的股票期权"无现金行使计划"的一种禁止，在该计划中，行使期权的管理人员可以用获得的一些股份来支付行使价和由此产生的税费。

《萨班斯法案》第304款规定，CEO和CFO要将所有收到的奖金、股权性薪酬以及出售股份所获的利润还给公司，从财务报表归档开始的12个月内，如果公司有不当行为，财务报表将会进行重新编制。《萨班斯法案》的"追回利益"条款——其内容之后在TARP法律和《多德-弗兰克金融改革法案》中有所延伸——主要因其无效性而引人注意。的确，虽然重编财务报表的浪潮促使《萨班斯法案》在开始时获得通过，但第304款下的个人追回利益条款直到5年后联合健康集团的前任CEO被迫归还6亿美元薪酬时才开始出现。①美国证券交易委员会在2009年变得更加激进，发起了两次追回利益的案例；在这些案例中，目标管理人员并未被控告个人行为不当。②

《萨班斯法案》第403款规定，管理人员需在被授予新的股票期权后的两个工作日内对其进行公布；在此法案之前，通常是在公司财政结账45天后才

---

① Plitch, "Paydirt: Sarbanes-oxley A. Pussycat On 'Clawbacks'," *Dow Jones Newswires* (June 9, 2006); Bowe and White, "Record Payback over Options," *Financial Times*, December 7, 2007, p.15.

② Berman, "The Game: New Frontier For the SEC: The Clawback," *Wall Street Journal*, June 22, 2010, p.1; Korn, "Diebold to Pay MYM25 Million Penalty," *Wall Street Journal*, June 3, 2010.

公布期权。该条款无意中对控制高管将期权日期倒填到该法案发布前两年时间的行为起了有利的影响。

第四节　股票期权制度

20世纪20年代，纽约就有小规模的股票期权交易进行。作为1950年《税收法案》的一部分，国会创造了一种新型的股票期权，称为"限制性股票期权"，该期权在行使时不用缴税，而是在股份最终被出售时缴税（之后被作为资本收益进行征税）。限制性股票期权解决了缴税的时间问题，因为这样一来只在股票被出售时才需缴税（行使日期后的至少6个月）。考虑到当时的税率，限制性股票期权还成为一种向管理层人员发放税后薪酬的相对有效的方式。比如，按照91%的普通所得税率和50.75%的企业税率，管理层人员每100欧元的税后收入就会花费股东547欧元的税后利润。相比之下，当薪酬按照资本收益而非普通收入缴税时，管理人员的每100欧元的税后收入只会花费股东133欧元（但股东会失去减免税的权利）。

如卢埃林（Lewellen）（1968）研究所示，限制性股票期权迅速成了CEO薪酬的一种主要形式（尤其是测定税后薪酬）。但是在20世纪60年代早期，当有消息披露公司通常会在行使价格下降后重新提高价格时，这类期权也饱受争议。此外，1960年，股东起诉要阻止克莱斯勒的期权计划，并且当克莱斯勒的管理人员出售了400余万通过其期权计划获得的股份时，国会也为此震怒了。为了回应这些争议，1964年的《税收法案》大量降低了管理人员从限制性期权中获得的利润，并要求限制性期权的持有期为3年，将最高期限降至5年，禁止重新定价（实际上，如果管理人员持有一只在早些时候被授予的尚未行使期权，则被禁止行使）。为了将符合这些新要求的期权和1950年《税收法案》下授予的限制性期权区别开，1964年法案中指的新津贴是"法定股票期权"而不是限制性股票期权。

由于1964年的《税收法案》，法定股票期权的普及度有所下降[1]，并且在1969年的税法改革法案后分崩离析；[2] 到1972年，所赚收入的最高边际税率

---

[1] "Cash Comeback: Stock Options Begin to Lose Favor in Wake of Tax Law Revision," *Wall Street Journal*, August 10, 1964.

[2] "Opting for Options: Stock Plans Continue in Widespread Favor Despite Tax Changes," *Wall Street Journal*, July 15, 1967.

逐渐从77%下降到50%，企业税率下降到48%，将最高资本收益税率提高到36.5%。一旦新税率全面实行，通过现金薪酬向CEO发放每增加的100欧元的税后收入，就要花费股东约104欧元的税后利润；发放100欧元的法定股票期权，则要花费157欧元。因此，对于身处最高税收范围内的管理人员和公司而言，法定股票期权比现金薪酬处于税金劣势，并且在2000年早期一直是这样。海特（Hite）和龙（Long）(1982)有证据显示，1969年的法案解释了在20世纪70年代早期法定股票期权急剧向现金薪酬转化的原因。限制性或法定股票期权——在20年来一直是长期奖励的主要形式——实际上已不存在了。

20世纪70年代出现的非法定期权再次遭遇了税收时间问题。高管们被要求在行使期权时缴税，却被禁止在6个月内出售股份。1976年12月，美国证券交易委员会规定公司可以授予"股票升值权利"（Stock Appreciation Rights, SAR），该权利提供的现金薪酬相当于从持有的股票期权中获得的收益，从而回避持股期。该规定引起的结果是，许多公司用股票升值权利替代了股票期权，或发布"串联的"股票升值权利和期权，准许高管们自行决定要行使哪一种权利。在接下来的15年里，股票升值权利成了大多数美国高管们的长期薪酬的普遍组成部分。

CEO薪酬中使用股票期权的情况爆发于20世纪90年代早期。股票期权很快成了管理层薪酬的主要组成部分——同时也是最具争议的一部分。股票期权奖励的增长并不是单一因素导致的。相反，初步分析引发股票期权大规模爆发的主要原因至少有3点：①股东权利意识提高，以及薪酬要更好地与股东收益相联系的需求；②会计规则和持股要求的改变；③对管理层薪酬可抵扣度的限制，其中管理层薪酬被明确指出不包含股票期权。

股东利益的焦点在20世纪90年代走向高潮。20世纪80年代的接管大潮重点在股东收益，将股东收益作为企业业绩的主要指标。这带动了很多股东积极分子的出现（如机构股东服务公司和股东协会），他们的焦点在于提高管理和薪酬水平。学者们（如延森和墨菲，1990）认为，传统的管理层激励的焦点在于企业规模、稳定性以及会计效益的毁灭价值而非创造价值。他们建议，应通过提高股票期权和其他形式的长期激励的方式使管理层薪酬与公司价值产生更紧密的联系。这些压力开始产生影响，众多公司抛弃以会计为基础的长期激励计划，转而采用股票期权作为长期激励的主要形式（霍尔和利伯曼，1998）。股票市场同时也在推波助澜。18年收益停滞后带来的是：从1981年1

月至 1992 年 12 月领头羊道·琼斯平均指数几乎翻了两番，仅在 1987 年 10 月出现过一次短期性的股市崩盘。

20 世纪 80 年代接管市场的出现很大部分是由 20 世纪 70 年代的企业浪费及价值破坏性的兼并活动引起的，这些活动表明企业通过出让业务、集中运营和降低过剩生产力可以获得巨大的价值。所谓的"企业蓄意收购者"特别关注那些以折扣价进行交易的运营状况不佳、经营多样化的公司。20 世纪 80 年代后期，政府推行了一系列规定限制恶性接管和对垃圾债券投资的行为（许多接管者的主要融资工具），接管市场因此基本消失，但创造价值的这一方法却经久不衰。特别是，20 世纪 80 年代后期和 20 世纪 90 年代早期稳健的股市表现与两股相关的潮流有关。在裁员增加和企业缩小规模时，管理人员通过行使股票期权获得了空前的收益。当股东们为这些进步拍手称快时，管理人员一边裁员一边获取丰厚的期权收益的行为却引起了公众对商业街和华盛顿 CEO 薪酬的强烈愤慨。

为了应对公众不断加深的愤怒，美国众议院引入了一条法律，禁止对超过最低工人工资 25 倍的管理人员薪酬进行扣除；参议院引入了《公司薪酬支付责任法》，给了股东更多提出与薪酬相关建议的权利。1992 年 2 月，美国证券交易委员会抢先颁布一项参议院法案，要求公司将美国证券交易委员会薪酬方面的非约束性股东解决方案纳入企业代理权公告中，而该法案尚未正式通过，[①] 并且在 1992 年 10 月美国证券交易委员会宣布废除会影响高管薪酬在年度代理权公告中的披露要求。大部分新的信息披露要求的重点在股票期权，第一次要求公开每份期权奖励的详细信息（行使价格、过期日、授予日价值或潜在价值）和每年年终所持期权的投资组合详情。这些新的信息披露要求颁布之后，企业对期权的使用开始爆发，这也从一个侧面证明了信息披露制度在减少薪酬中过剩余额方面是无效的。

20 世纪 90 年代初期关于 CEO 薪酬的争议揭示了最关心 CEO 薪酬的两个群体之间的重要差异。一个群体——由一定的政客、工会和媒体构成——非常关注薪酬水平以及管理层和工人薪酬之间日渐拉大的不平等性。另一个群体——由股东活跃分子、法人股东和许多学者构成——重视激励并致力于加强

[①] "Shareholder Groups Cheer SEC's Moves on Disclosure of Executive Compensation," *Wall Street Journal*, February 14, 1992.

CEO 薪酬和企业业绩之间的关系。自那时候起就可以从各类薪酬争议中看出这两个群体之间的紧张关系。

标准普尔500强企业CEO的平均薪酬经历了10余年单调增长后，终于在2001年达到最高值；平均薪酬和互联网"泡沫"一起达到了峰值。自那时候起，总薪酬的中位数和平均水平都有所波动，但并未呈现一种明显的趋势。但美国CEO薪酬的"衡量水平"却掩饰了一个巨大的变化。股票期权下降，限制性股票作为薪酬的最大单一构成成分开始增加。图12-3展示了其在标普500强企业高管薪酬中的百分比，这些500强企业在1992~2009年向其CEO发放了股票期权或限制性股票津贴，在每年进行期权授予的企业的百分比从1992年的63%提高到了2009年的67%。同一时期内，发放限制性股票津贴的企业的百分比的增长更大，从24%提高到75%。该趋势表明，虽然自2006年以来一半以上的标普500强企业的CEO每年都会同时接受期权和限制性股票，但限制性股票已经开始替代期权。

从2000年早期开始，股票期权下降而限制性股票有所增加，一个明显的原因是与2000年爆发的互联网泡沫有关的股市崩盘，这次股市崩盘又因为2001年世贸中心遭遇恐怖袭击而加重。2000年早期，市场范围内的股价急剧下跌，使得很多未行使的期权缩水，并降低了管理人员对其公司股价未来增值的期望。但是在2006年，限制性股票的重要性在一年内迅速提升（2005~2006年，它从总薪酬的17%增长到25%），并伴有稳健的股市表现（2006年道·琼斯指数增长了16%），这表明股票期权的下降有利于限制性股票的增加，而不仅仅反映了市场趋势。我们相信，这个答案反映了期权会计处理中的变化。

2000年早期在美国公司中爆发的那些丑闻的焦点在于会计数据公开的质量，这反过来向各家公司施加了压力，需要它们申报与财务报表中的股票期权相关的费用。2002年之前，仅有一小部分公司按照FAS123选择了"向期权收费"；剩下的公司都按照旧法规选择对期权进行解释（这样通常不会发生费用）。2002年夏天，一些公司宣布他们将主动向期权收费；2003年早期，150余家公司开始向期权收费（阿布迪、巴斯和卡兹尼克，2004）。此外，股东小组（大多数代表工会养老基金）开始要求股东对是否向期权收费进行投票。2003~2004年的代理季中提交了150余份有关期权收费的股东提案（费里和桑迪诺，2009）。2004年晚期，约750家公司已主动采用或宣布将要向期权收费。2004年12月，现代财务会计准则委员会发布了FAS123R，它是对FAS123的修订，要求所有的美国公司在授予股票期权时确认会计费用，该规定从2006年财政年起对大部分公司生效。

第五节 黄金降落伞制度

黄金降落伞（Golden Parachute，又译作金色降落伞）制度，是指作为企业的高级管理层，在失去他们原来的工作后，公司从经济上给予其丰厚保障的制度。最早出现在美国，1908年，在公司管理层变动之后，通常是辞退CEO，但很多情况是CEO仍在职时，向现任的管理人员给予退职补偿，这些补偿包括股票期权、奖金、解雇费等。虽然这些协议常常作为一项接管防御措施被引进（因为这些协议可以使收购企业变得更昂贵），但它们可以通过降低现任管理层对接管的抵抗性从而促进接管交易的完成，尽管这一制度充满了争议。

1982年，本迪克斯向马丁·玛丽埃塔空压机公司进行了一次恶性接管的招标，这次招标反过来却促成了其他企业向本迪克斯进行恶性接管招标。最终，本迪克斯找到了一个救星，被联合公司收购，但这都发生在向CEO艾杰发放了"黄金降落伞"薪酬之后。这次的薪酬发放引起了华盛顿的愤怒，但国会无法完全禁止"黄金降落伞"薪酬，因为这样的禁令将首先影响国家企业法。但是国会可以控制税法，税法规定在"黄金降落伞"薪酬代表提供服务的"合理性薪酬"的情况下，企业才可以从收益中扣除薪酬。通过将薪酬的特定类型或薪酬的美元金额定义为"不合理"，国会可以直接决定是否可将该薪酬从企业税中扣除。

国会规定如果企业的"黄金降落伞"薪酬超过管理人员最近平均薪酬的3倍，那么该企业将被征收严厉的个人税和企业税罚款，国会尝试以此来抑制"黄金降落伞"薪酬。这条新法律在多方面对管理层薪酬产生影响。首先，虽然该限制旨在降低降落伞薪酬，但政府的行为却提高了这些薪酬。新法规发布之后，上百家之前并无管理层变动协议的公司引进了"黄金降落伞"薪酬（调整结构后以满足限制）。其次，该法律导致了"包税"，公司在控制层的变动中通过"把管理人员当作一个整体"提供"消费税包税"。公司向管理人员另外支付相当于20%消费税和所得税的薪酬，以及为补偿费支付另外的消费税。最后，由于"最近的平均薪酬"中包括行使期权所获得的收益，这也促使管理人员提前行使他们的股票期权。

更最重要的是，自20世纪80年代中期以来，法律似乎使大多数大型企业的CEO和其他高层管理人员的"员工协议"激增。第280款（G）仅适用于与管理层变动在合同上有关联的遣散费。单个CEO解约协议主要指对所有形式的无原因解约提供遣散费，并且包括（但不限于）管理层变动之后的解约。因此，公司通过将此类薪酬方式应用于所有被解约的管理人员，而不仅仅是管理层变动之后被解约的管理人员，避免了第280款（G）中的3倍基本工资的限制（该费用对股东来说很高）。

第六节　金融危机后针对金融企业高管薪酬的管控

金融危机发生后，美国政府积极应对，采取了一系列措施。早期的改革是与联邦紧急资金援助计划紧密联系在一起的，以防止金融机构的倒闭，并恢复美国金融市场的信心。在2008年10月至2009年2月，一系列立法和指南被美国财政部和国会提出，目的在于通过一系列政府救助程序，来控制那些接受联邦金融救助的金融机构的高管薪酬。其中包含基于2008年的紧急经济稳定法案（EESA）而建立的规则，这些规则在2008年10月3日被写入法律，并授权财政部门多达7000亿美元的资金来保护和恢复美国金融市场的信心。紧急经济稳定法案中的第一个程序是引入新的资本购买计划，并且为相关机构高管薪酬设立了新规则。资本购买计划中的初始参与者是美国最大的9家银行，基于这项计划它们获得了1250亿美元。

在2009年2月4日，财政部根据EESA发布了新指南（财政指南），以约束接受未来联邦经济救助的公司的高管薪酬。指南建立了一个双重救助制度，区别于那些基于"普遍可用"资本程序并接受联邦经济救助的机构和那些需要"特殊救助"的机构，这些特殊救助的应用限制更加严格。这两类资金援助的高管年度报酬总额（不包括受限制股票）上限为500000美元，同时，根据一般可用资本准入方案，这个上限可能会在某些情况下得到豁免。

除了财政部指南外，被普遍用作"经济刺激法案"的2009年美国复苏与再投资法案（ARRA），在2009年2月17日被写入法律。其中包括要求国会通过对参与问题资产救助计划（TARP）的企业高管薪酬的额外限制，并且把福利支付局限在年度总收入值的1/3。

自 2009 年 5 月起，美国改革提议已变得更加广泛和复杂。这些后续的改革提议不仅与高管薪酬相关，而且与股东权利问题相关。早期的参与问题资产救助计划已被证明仅仅是监管冰山的一角，揭开了整个改革宏伟蓝图的序幕。由美国民主党参议员——查尔斯·舒默和玛莉亚在 2009 年 5 月 19 日引进的股东权利法案提到，需要更多的股东权利，来防止高管的过度冒险并抵消因高管过度冒险而产生的高管薪酬。尽管股东权利法案的一些条款与上市公司的高管薪酬直接相关，但是许多其他的条款是更加普遍的公司治理规定。董事提名过程中参与股东人数的增加也在美国改革议程之中。在 2009 年 7 月底，另一项专门处理高管薪酬的法案——企业和金融机构薪酬公正法案，被美国众议院通过。许多这样的改革法案如雨后春笋般涌现，引起了社会各界人士的评论与批判。

2010 年 7 月 21 日，奥巴马总统签署了多德弗兰克（Dodd – Frank）的《华尔街改革和消费者保护法案》（以下称为《多德—弗兰克法案》）。该法案虽然表面上重点在于调控金融服务业的企业，但该法案抓住这次机会，通过了一项针对管理层薪酬和企业管理的彻底改革，该改革将在美国所有行业的大型上市企业中进行。《多德—弗兰克法案》对上市企业推行了一系列重大的新规定。

"薪酬话语权"［第 951 款］。在至少每 3 年一次的无约束投票中，股东需要对公司的管理层薪酬实行办法进行批准（首年有一次额外的投票，此后每 6 年一次；投票会上要确定"薪酬话语权"投票时间是每年一次、每两年一次或每 3 年一次）。此外，与兼并、股权收购或融资收购有关的"黄金降落伞"费用，都需要公司对其进行公布并得到股东的批准。

追回利益［第 954 款］。公司必须实施和通报基于随后重新编制的财务报表向管理人员追回薪酬的政策。该规定适用于任何现任或前任管理人员的薪酬（这是对《萨班斯法案》的一种延展，在《萨班斯法案》中仅有 CEO 和 CFO 会遭到追回利益），并且适用于财务报表重编前 3 年内支付的任何薪酬（《萨班斯法案》仅适用于归档不准确的报表后 12 个月内的薪酬）。

附加公开原则［第 953 款、第 955 款、第 972 款］。公司必须向其他员工通报 CEO 薪酬与薪酬中位数的比例。公司必须对变现的薪酬与公司的财政状况，包括股价表现之间的关系进行分析并做出通报。此外，公司必须公布与员工对冲操作防止公司股价下跌有关的政策。《多德－弗兰克法案》要求公司公布相关政策和做法，说明公司选择分别设立董事长和 CEO 或将两职位混合的原因。

薪酬委员会独立性［第 952 款］。《萨班斯法案》（2002）对审计委员会设定了要求，在此之后上市企业被要求设立薪酬委员会，该委员会仅由外部的独立董事组成（此处，"独立性"考虑到了外部董事们也许会与该企业发生的财务关系）。

此外，公司必须评估薪酬顾问、律师、会计人员和其他指导人员与薪酬委员会的独立性。

按照《多德－弗兰克法案》，准许部分股东在公司的年度代理权公告中任命他们自己的董事候选人。

美国证券交易委员会被授权（大部分）确定执行薪酬和管理改革所需的细节。美国证券交易委员会在 2010 年 8 月发布关于代理委托权限的规定，并在 2011 年 1 月发布了薪酬话语权规定；这两条规定对市值超过 7500 万美元的企业立即生效，3 年后这两条规定对较小型企业生效。有关其他条款的最终规定尚未被发布，而且还需要几年的时间才能对《多德－弗兰克法案》的影响做出全面的分析。但是，基于类似规定的过往经验，可以推测出最终效果。

在实施"薪酬话语权"的过程中，《多德－弗兰克法案》遵循了英国在 2002 年颁布的关于无约束股东投票的类似规定，该规定后来在澳大利亚、丹麦、法国、葡萄牙、西班牙和瑞典颁布；荷兰和挪威在此方面更进一步，允许约束性股东投票。"薪酬话语权"一直以来都是国会中民主党青睐的目标，2007 年 4 月"薪酬话语权"以 2∶1 的差异在白宫获得通过。虽然被当时的议员奥巴马引入议会的该薪酬法案在投票前被束之高阁，但很多人都希望该规定能在 2008 年大选之后成为法律。

虽然支持声不断，但仅有很少的证据证明"薪酬话语权"对薪酬措施引起了重大的改变。在英国有证据显示，"薪酬话语权"的反对票导致遣散协议中的工资持续期缩短，并导致股权计划中以绩效为基础的既得条件发生了一些变化，但重要的是，并无证据表明这些投票对薪酬水平产生了影响。此外，股东们是否有和媒体一样的愤怒也尚不清楚。薪酬计划很少会获得大部分的反对票。在美国，2009 年早期股东们就对问题资产救助计划管理人员的薪酬进行了第一次投票，所有企业都通过了这些计划，并且管理层获得的支持票平均为 88.6%。获得最多支持的问题资产救助计划受益人是华尔街的企业，据称正是它们的薪酬制度促成了这一次的金融危机，这些企业包括高盛集团（98%）、美国国籍集团（98%）、摩根大通（97%），摩根士丹利投资公司（94%）、花旗集团（84%）和美国银行（71%）。①

《多德-弗兰克法案》中关于薪酬委员会独立性的条款并未对大型公司产生实际效果，因为纽约证券交易所和美国纳斯达克的上市要求中自2003年就已对独立薪酬委员会做出了规定。2009年12月，美国引入了与薪酬顾问独立性有关的条款和美国证券交易委员会的信息披露规定，该条款将鼓励更多委员会在管理层雇用的顾问之外还能保留自己独立的顾问。

《多德-弗兰克法案》中被延展的追回利益条款则显得更有趣。《萨班斯法案》的经验表明，公司几乎不会尝试从其CEO和CFO身上追回之前错误发放的薪酬，他们常常会提到潜在的诉讼费用和追回已经支付并缴税的钱的可行性。《多德-弗兰克法案》令董事们难以承担追回错误发放的薪酬的责任，并且如果他们甚至都不尝试一下，该方案很可能令董事们遭到股东起诉。

要求公布CEO薪酬与所有员工薪酬中位数比例的新规定可能是更"有害的"。在大型的跨国企业或多结构的企业中，其薪酬单是分散的，因此光是计算成本就会产生巨大的费用。为计算中位数，公司需要一个不存在的单一薪酬数据库，包含全球所有员工在内。更重要的是，股东针对这些新信息需要做什么？或者他们该如何确定一个比例是"过高"的或"过低"的？最终，该条款反映出国会的一种想法，他们相信CEO的薪酬过高，而公布比例将令董事蒙羞，从而降低CEO的薪酬。

代理委托权限允许股东将他们的董事提名人和董事会提名人纳入代理公告中，这条规定可能才是最重要的。2010年8月发布这最后一条规定时，美国证券交易委员会限制了持至少3%的公司股票、持股时间至少3年的股东的权限。一种看法是，代理委托权限将给股东们提供一个重要方法，用更好的董事去替换之前的董事。另一种比较讽刺的看法是——《华尔街日报》和其他媒体的看法，3%被当作"工会和其他政治性组织"的"最有效点"，这些组织将利用他们对代理公告的影响力，强迫公司支持政治性事业而不提高股东价值。看看未来谁会运用代理委托权限及其运用的原因，这将会很有趣。

---

① Tse, "Shareholders Say Yes To Executive Pay Plans; Review Tracks Advisory Votes at TARP Firms," *Washington Post*, September 26, 2009, p. 12.

第十三章

欧洲企业高管薪酬总体情况

与实行自由市场的美国相比，大多实行社会市场经济的欧洲，对企业高管薪酬的管控模式有其相同、不同之处。例如，欧洲直到1995年才开始推行美国式的管理层薪酬信息披露要求，股票期权制度在20世纪80年代还只在英国和法国两个国家里实行……分析欧洲国家企业高管薪酬管控模式，有利于更好地了解借鉴多方面的管理经验。

第一节 欧洲企业高管薪酬结构和水平

欧洲私营企业高管的薪酬水平绝对值、增长率虽然也比较高，但与美国相比，则"温柔"了许多。英国高薪委员会报告显示，一些企业高管的薪酬在过去30年增加了40倍，而普通职工的工资仅仅上升了3倍。英国一项研究报告显示，2010～2011年，英国富时100指数公司中，有87家公司CEO的基本收入、奖金、分红、养老保险平均为510万英镑。

2012年，在经济萧条的背景下，整个欧洲对基本工资增加都非常谨慎，与上年的2.6%相比，高管的基本工资上涨了2%。相比之下，整个欧洲的普通员工，在2012年工资上涨了2.1%。基本工资增幅最高的国家是瑞士（中位数为4.8%）。德国继前一年4.2%的增加之后，在2012年增长停滞，部分原因是新规则监控支付高薪酬，以限制奖金支付。意大利2011年基本工资也是零增长，2012年状况持续。而由于市场持续低迷、加强了对高管薪酬的规范管理和股东们的积极行动,使得固定薪酬增加更加困难。尽管如此,与欧洲中位数相比,德国和意大利的高管仍然相对获得高薪,与欧洲作为一个整体相比,瑞士高管继续享受较高的固定薪酬。

短期激励:根据目标制定的短期激励薪酬,各国情况都有所不同,反映了不同的经济情况和目标设定方法。虽然目标奖金机会在2012年继续增长,但与2011年同期10.5%的增长相比,薪酬支出仍与欧洲中位数基本持平。进一步而言,约56%的高管薪酬与上年相同或比上年减少;而在2011年,该数字是40%。

递延奖金:最近几年欧洲越来越多地使用递延奖金计划,主要由金融服务业带动。2011年初,欧盟新规则对信贷机构和投资公司(CRD III)的资本要求迫使银行采取在较长时期内支付薪酬的做法;自那时起,欧洲越来越流行采用递延奖金。在其他部门,递延奖金也呈上升趋势,但增长速度较慢。总体而言,目前43%的公司都有强制性递延奖金计划(见表13-1),该比例为2009年的两倍多。

表13-1 采用强制性递延奖金计划公司的比例

单位:%

2012年	2011年	2010年	2009年
43	33	25	19

现金薪酬总额:在整个欧洲,如果与2.7%通胀率相比的话,2012年的现金薪酬总额水平变化仅为0.8%,基本保持不变。这反映了工资水平增长很小以及整个区域的奖金支出很少的状况。相比之下,在2011年,欧洲所有国家现金薪酬总额都有所增加,其中大部分用于奖金支出。研究表明,没有任何主要国家的现金薪酬总额的增长超过1%。

长期激励:股票期权计划仍然是最广泛使用的长期激励方法,并有更多公司继续采用该方法,自2011年以来增长了7个百分点。现在有52%的高管享受此类型的激励计划。

有趣的是,股票期权计划的下降趋势已经停止,但没有长期激励计划的高管所占比例有所下降,从2011年的26%降至2012年的22%(见表13-2)。

直接薪酬总额的明细显示同比变化不大。长期激励占目标直接薪酬总额的比例稳定,约为1/3。

表 13-2 2012 年欧洲长期激励计划情况

单位：%

股票期权计划	虚拟股票期权计划	绩效股份	限售股份	长期现金计划	无长期激励计划
28	2	52	9	16	22

正如预期的那样，在瑞士、德国和英国这些国家长期激励计划是最普遍的，目标直接薪酬总额远远高于欧洲的中位数。

从行业来看，根据上年资料，汽车行业加薪幅度远远超过了其他大多数行业。尽管 2011 年面临下半年消费者信心指数下降的担忧，汽车行业仍然有所复苏，年底时营业收入比 2010 年增长了 6.3%。薪酬的增长已经反映了营业的增长。现金支付总额中位数上升了 9%。与上年的 9% 相比，基本工资上涨了 6.3%。然而，行业的未来仍然不太确定，大部分欧洲市场正面临着来自亚洲的激烈竞争，这种竞争将继续主宰该行业的整体情况。与欧洲的 2.1% 和全球的 2.5% 相比，亚洲汽车行业的复合增长率在 2007~2011 年为 3.8%。全球汽车行业表现有望加速直到 2016 年，其中欧洲汽车行业的增长还有待观察。

对采矿业而言，这是充满挑战的一年。尽管前一年有可观的增长，但在过去的 12 个月内，股东总回报急剧下降。中国和印度经济增长放缓、欧元区危机以及持续的合并，共同导致了行业陷入困境。这也反应在薪酬趋势上，与其他行业相比，采矿业高管薪酬历来增长幅度相对较高，矿业公司的强劲表现导致短期和长期激励支付的热潮。然而，面对下降的市场需求，在 2011 年和 2012 年，汇丰矿业股票价格指数下跌了近 20%。其结果是，短期激励的支出比往年都低。工资增长中位数为 4.3%，仍然较高，反映了该行业人才稀缺的状况。然而，这只是部分抵消了奖金支出的减少。现金总额中位数下跌约 3%。

2012 年，整个欧洲医药行业营业收入已下降 1%，许多公司还在继续削减成本——包括削减高管薪酬——以准备应对艰难的未来，尤其是著名医药品牌的产品，在降低价格的压力下，大幅度减价。该行业实际上已进入转型阶段。在转型过程中，这些公司可能把自己重新定位为医疗服务提供者，帮助政府控制医疗成本上涨。其结果是，2011 年基本工资增加了 6%，而 2012 年回落到 2.5%。现金总额的情况也差不多。然而，与许多其他行业相比，这仍然是合理表现，尽管对于历来收入丰厚的医药行业而言，这是一个需要谨慎对待的迹象。

银行与金融业始终承受着持续的监管压力。在资本要求指令修正案及当地监管行动的监控下，该行业会有进一步的改革。然而，更基本的是，银行业务模式了发生了巨大的改变，薪酬计划尚待融入这个新状况。一些银行已宣布了重大的结构性变革和裁员，这种状况预期在来年仍会继续。由于许多高收入业务单位不再赢利，无法再补贴盈利低下的部门，期待股东要求重新衡量利润分享，以促使采取新的薪酬计划。在这种环境下，银行及金融业高管的基本薪酬及现金薪酬总额与中位数持平。

CEO基本工资及现金薪酬总额低于所有高管整体中位数，这种迹象可能表明，薪酬委员会急切想要表现出在经济困境中对于高管薪酬的约束。CEO及薪酬委员会成员也毫无疑问会意识到媒体往往关注CEO的薪酬，而不是任何其他职位的薪酬。首席运营官的基本工资增幅最大，中位数增幅为4.2%，现金薪酬总额增幅也最大。

尽管欧洲高管薪酬不及美国的绝对数高，然而，在兰伯特、拉克尔和韦雷基亚（1991）以及霍尔和墨菲（2002）、费尔南德斯等人（2010）对美国和非美国的管理人员薪酬水平进行"风险调整"后，欧洲与美国CEO薪酬差距并不明显。同样的，坎勇、科尔和瓜伊（2011）运用了一种略有不同的方法证明，在合理的参数范围内，美国CEO的风险调整薪酬并不特别高于英国CEO的风险调整薪酬。他们还研究了非英国的欧洲样本企业的CEO和相匹配的美国样本企业的CEO之间的薪酬差异及股权激励差异，并发现，美国CEO薪酬明显较高的原因有一半是由风险调整的CEO薪酬引起的。我们发现，观察到的美国薪酬溢价有部分是因为美国CEO的薪酬结构不同。

第二节　信息披露制度

欧洲花了60余年的时间才开始推行美国式的管理层薪酬信息披露要求，最初是1995年后成立格林伯瑞委员会的英国，此后是2000年的爱尔兰。2003年5月，欧盟正式要求欧盟报告中的所有企业公布个人薪酬的详细信息，直到2005年或2006年，大多数的欧盟国家和企业才遵照该要求执行。到目前为止，许多企业已经习惯了这一理念——股东和公众有"权利"知道其CEO和其他高层的收入，并且公布得越多越好。虽然股东们并无类似的权利去了解公司向生产的其他方面支付了什么,但高层薪酬的决定性因素看似会有所不同,因为股东感觉到CEO会通过推动默认的企业董事会批准丰厚的薪酬政策,从而设定他们自己的薪酬水平。

奥地利已经颁布一个新的企业管理法规,要求企业披露更详细的薪酬计划细节。瑞士在这方面也可能发生显著变化,之前瑞士当局历来采取不干预高管薪酬的做法。政府于2013年对长期争论的"门德尔提案"进行投票表决。

在法国,为了规范薪酬,多项法案已经相继出台。正值商业公司内部管理改革,内部管理道德准则也明确提及了薪酬制度。为了明确规范企业高层的薪酬,2001~2007年议会至少通过了五项法案。几项特别有价值的法令都要求建立薪酬透明制度。2001年5月15日通过的第420号法令《新经济规制法》,是高管薪酬透明制度的基础,它让股东更了解高管薪酬。同时这项法令也延伸了此前为避免利益纠纷而出台的协议适用范围。2005年7月26日出台的第842号法令有利于经济现代化和经济信任制。完善了之前高层向股东公开薪酬的范围,包括实物福利、递延补偿。在2007年8月21日出台年度第1223号法令后,高管们向董事会公开了自己的薪酬,这对促进就业、提高购买力大有益处。新当选的社会党政府要求限制国有企业高管薪酬和加大对使用股票期权作为长期激励措施进行监控的力度。

在意大利,政府干预导致上市公司披露更多高管薪酬相关信息以及对其首席执行官及国有企业董事长薪酬更加严格的管制。

整个欧洲各国政府、监管机构和股东仍然表现出加强高管薪酬管制的欲望。几乎在所有欧洲国家,高管薪酬都已成为一个热门话题。由于受到各种媒体节目触及该主题时偏激做法的影响,公众对企业高管薪酬仍怀有敌意。公众接收的一般消息是,高层管理人员薪酬过高,尤其是与一般雇员群体的薪酬相比。高管薪酬被视为脱离现实大多数人的生活,已经成为公众有争议的话题。金融危机的后果是,接受政府救助的银行及其他机构的业务不再被视为私营业务。同样,高管薪酬不再仅是商业问题,而是已成为政治问题。

第三节 财务及税收制度

在欧洲,高层管理人员,作为高收入者,也看到自己承担更多的纳税义务,这种趋势在严重受到欧洲债务危机影响的国家特别明显。

一些国家政府（如葡萄牙、西班牙、希腊和法国）相继出台了对高收入者征税的措施。葡萄牙对年收入超过153300欧元的人群提高了税率。西班牙对那些年收入超过120000欧元的人群也大幅提高了税率，并对长期激励及遣散费的税收减免实施了新的管制措施。

希腊也针对高收入者提高了所得税率，并根据车辆价值针对汽车公司实施新的税收制度。股票期权的税收制度也被修改，从而更好地对股票期权产生的收益征税。最引人注意的也许是法国推出的75%的最高所得税率。

第四节 股票期权制度

根据韬睿的全球总薪酬报告（WWTR），1984年、1988年、1992年、1996年、1999年、2001年、2003年的数据显示了期权薪酬的重要性在美国和9个欧洲国家中的变化情况（见表13-3）。1992~1996年的数据基础是全球总薪酬报告调查的阿波德（Abow）和卡普兰（Kaplan）（1999）分析。表13-3所示，在20世纪80年代只有法国和英国广泛使用了股票或期权，而股权薪酬直到20世纪90年代末才在欧洲普及起来。2003年，韬睿公司发布报告，股权薪酬占了欧洲CEO的竞争性薪酬的10%~20%，占了美国CEO薪酬的约一半。

表13-3 1984~2003年部分欧洲国家和美国的股票薪酬占总薪酬的百分比
（数据基础为韬睿咨询公司的顾问调查）

单位：%

年份	1984	1988	1992	1996	1999	2001	2003
比利时	0.0	0.0	0.0	0.0	3.2	11.6	11.2
法　国	12.3	13.3	15.6	14.6	14.3	15.1	16.0
德　国	0.0	0.0	0.0	0.0	9.7	13.5	18.0
意大利	0.0	0.0	0.5	4.0	9.1	17.2	15.1
荷　兰	0.0	0.0	0.0	0.0	14.6	16.7	15.8
西班牙	0.0	0.0	0.0	0.0	16.0	17.9	19.2
瑞　典	0.0	0.0	0.0	0.0	6.8	11.0	10.7
瑞　士	1.9	1.9	3.4	3.6	1.8	0.0	19.2
英　国	14.5	14.6	15.7	15.0	16.6	19.1	20.8
美　国	16.9	28.3	32.3	28.7	25.5	44.8	48.3

注：数据来自韬睿的全球总薪酬报告（多期），包括阿波德（Abow）和卡普兰（Kaplan）（1999）发布的1984~1992年的数据。数据反映了韬睿公司对年收入约3亿美元的工业公司里的竞争性CEO薪酬的预估。股票薪酬包括期权奖励的授予日预期价值和业绩股份计划中的年化目标。

如表 13-4 所示，在 2003~2008 年间，股票薪酬的使用在欧洲大陆普遍下降，在英国相对稳定，占总薪酬的 1/3 以下。相比之下，在美国股票薪酬在总薪酬中的占比从 2003 年 39.6% 提高到了 2008 年的 45.9%。

表 13-4　2003~2008 年的部分欧洲国家和美国的股票薪酬占总薪酬的百分比
（以授予日价值为基础）

单位：%

年份	2003	2004	2005	2006	2007	2008
比利时	—	20.0	5.9	10.1	6.7	6.2
法　国	18.5	17.1	14.2	15.3	15.7	14.6
德　国	12.7	8.5	10.6	10.1	8.3	8.9
爱尔兰	10.5	10.2	11.4	22.3	26.7	22.8
意大利	9.3	11.3	15.5	11.5	4.9	13.2
荷　兰	19.6	15.7	20.3	22.1	18.4	16.6
瑞　典	3.0	1.2	1.5	2.1	1.9	1.1
瑞　士	31.9	24.1	20.0	24.8	16.5	11.9
英　国	26.5	26.2	28.4	30.1	31.9	27.6
全欧洲	21.3	20.0	20.7	21.5	21.1	19.3
美　国	39.6	40.7	40.4	39.1	41.9	45.9

注：数据来自 Board Ex 和 Execu Comp。

根据传统的代理理论，有限数的数据可以解释为什么美国管理人员的薪酬和激励会更高。首先，比起欧洲的 CEO，美国 CEO 更愿意接受风险或其工作的边际成本更高，但目前尚无理论性或实证性资料能证明风险规避系数中存在此类国际性差异。其次，欧洲企业的绩效可以用比美国更多的专业交易来衡量，这降低了薪酬对绩效的敏感度以及 CEO 对薪酬的期望水平。但是，没有证据证明欧洲的现金流或股东收益比美国更具系统性的变化。对传统模型进行延展，将 CEO 工作的能力及其边际生产力的差异整合到传统模型中，这有助于调节数据，但这只考虑到了美国的管理人员更有能力且更具生产力这一假设。从总体上来说，美国对股权薪酬相对依赖的原因并无重大的代理理论性的解释。

一　英国

图 13-1 显示了 1979~1997 年英、美股票期权计划的状况。

该图所示，从 20 世纪 80 年代中期到 20 世纪 90 年代早期，英国的期权奖励普及性迅速提高，尤其是，在 1979 年仅有 10% 的英国企业向其高管发放期权，而到 1983 年，发放期权的企业已超过 30%。

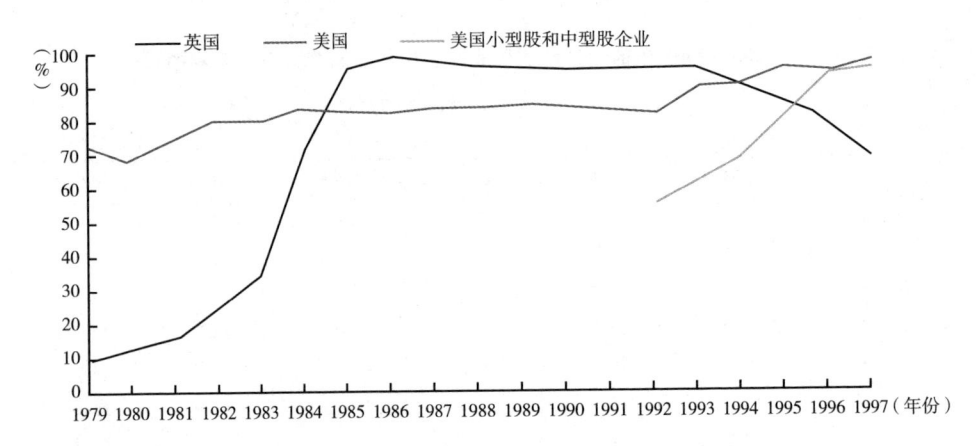

图 13-1 1979~1997 年英、美股票期权计划状况

注：英国数据来自梅因（Main）（1999）。* 美国 1979~1996 年的数据来自世界大企业联合会（Conference Board）的高管薪酬报告（多期）。美国 1997 年的数据包括其管理人员持有期权的标普 500 强企业的百分比（这些数据与世界大企业联合会 1992~1996 年的数据有密切联系）。美国小型股和中型股数据包括其管理人员持有期权的标普中型股 400 强和小型股 600 强企业的百分比。

* Main, B. G., "The Rise and Fall of Executive Share Options in Britain"; J. Carpenter, and D. Yermack, "Executive Compensation and Shareholder Value: Theory and Evidence" (Kluwer Academic Press, Dordrecht, Netherlands, 1999).

英国期权奖励的提高始于 20 世纪 80 年代初，这可以追溯到英国出台的鼓励向大量的英国员工授予股票期权的税收政策，尤其是在 20 世纪 80 年代，《财政法案》创建了一种新的期权计划，用自己的储蓄投资公司的股票期权的员工可以免除所有的行使税，只要他们持有的期权已足期，[①] 这种新期权的有效期为 5 年或 7 年，其被授予时的固定行使价不得低于授予日市场价的 90%。1983 年，政府创建了另一种低税的期权计划，被称为《所得保险法（SAYE）股票期权问题 B 系列》[②] 1984 年，政府按该计划对储蓄的每月限制额翻了一倍（从 50 英镑到 100 英镑）。1984 年 4 月的一场运动令人想起了 1950 年的美

[①] Anthony, "Changes to Encourage Share-holding," *Guardian*, May 17, 1980, p. 20; Moullin, "Betterschemes Now for Profit-sharing," *Guardian*, August 16, 1980, p. 18; Davis, "Cheap Shares," *Observer*, October 24, 1982, p. 23.

[②] Dibben, "Opening Up the Options," *Guardian*, November 19, 1983, p. 23.

国政策。英国政府扩大了接受期权的高管的福利，将行使期权所获的收益定义为"资本收益"，只需在股份被最终出售时缴税，而不是在行使期权时当作普通收入缴税。①。

在1979年，只有3家英国企业向所有员工发放期权。1982年，发放期权的企业超过了200家；1984年，差不多有700家企业提供了无限的、政府批准的（并鼓励的）期权计划。② 到1986年——针对授予高管的期权的新税务处理之后——几乎所有的英国企业都在向其管理人员（且通常是所有员工）提供期权计划。1985~1993年，英国的期权普及度超过了美国。

1990年英国自来水、天然气和电力公共事业私有化，其管理人员开始申报期权收益，股票期权在20世纪90年代初的英国变得颇具争议性。行使价被按照政府对市场价的假设进行设定，而该价格结果还比股份在公开市场出售的实际价格更低。因此，管理人员将大量的期权套现，就算他们的公司股票运作比其所在行业的平均水平差。人们对于这些期权计划的不满引致格林伯瑞（Greenbury）（1995）委员会发布了一份具有影响力的报告，该报告提倡对当前私有企业中的所有期权计划进行一次全面审查（可能会有一些追溯性变化），并建议暂停新兴的私有公共事业的授予期权行为，要在其股份公开交易后6个月才能进行期权授予。更宽泛地讲，格林伯瑞委员会针对可应用于所有上市英国企业的期权计划提出几项建议。

管理层人员的期权在被行使时应当作普通收入征税，而不是在股票被最终出售时当作资本收益征税。

所有期权都应遵循"挑战性业绩标准"，这样一来期权只有在符合标准的情况下才能被行使。如果股价上涨或反映物价上涨、股市一般趋势或市场特定行业趋势的其他因素有所提高，管理人员不得因此获得报酬。

作为股票期权的一种优先替代选择，公司应该考虑业绩股份计划；如果公司符合"挑战性业绩标准"，只要管理人员持股足期，公司就可以向管理人员奖励股份。

面对"格林伯瑞报告"和持续不断的争议，政府加紧了对获准的期权奖

---

① "Share Options: Employees Shares Fillip," *Guardian*, March 14, 1984, p. 3.
② Davis, "Cheap Shares," *Observer* October 24, 1982, p. 23; "Share Options: Employees Shares Fillip," *Guardian*, March 14, 1984, p. 3.

励（即被当作资本收益而不是普通收入的期权奖励）的限制，原本为10万欧元或现金报酬的4倍，改为只有3万欧元。此外，极具影响力的英国保险协会（ABI）发布了一些指导方针，有效地将期权发行——获批或未获批的期权——限制到了仅为现金薪酬的4倍。[①] 虽然"格林伯瑞报告"并无法律约束力，但在其发布之后的几年内，大多数英国公司都按照其建议执行。结果，"格林伯瑞报告"发布后，英国授予股票期权主要按管理人员达到某些绩效标准的结果进行，通常基于每股收益增长率。此外，许多公司用绩效股份计划取代了期权计划（或增加绩效股份计划，优于期权计划）。图13-2中是2000~2008年向其CEO授予绩效期权或绩效股份奖励的英国企业的百分比。2000年，23%的英国企业向其管理人员发放绩效股票期权（占CEO平均薪酬的3%），有60%的企业发放绩效股份（平均占薪酬的23%）。2008年，只有18%的企业还在发放期权（仅占薪酬的1.3%），而有约80%的企业发放绩效股份（平均占薪酬的30%）。

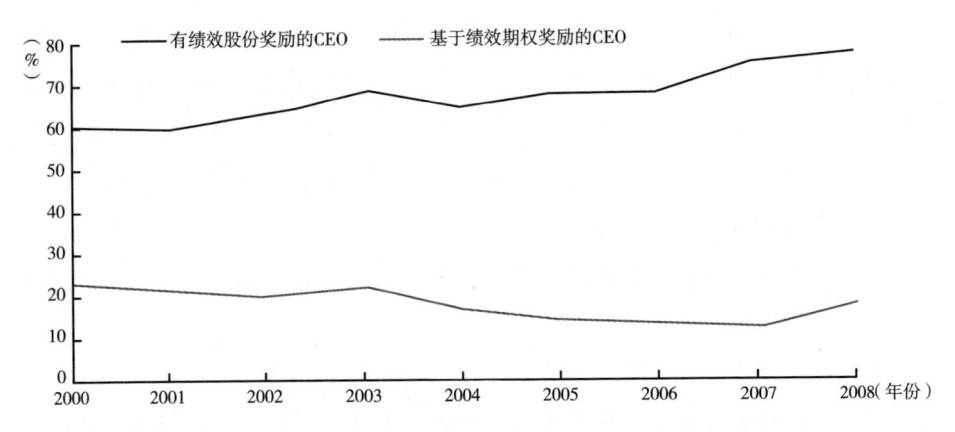

图13-2　2000~2008年英国企业中授予CEO绩效股份和绩效期权的企业

注：样本基于Board Ex数据，含收入超过1亿欧元的英国企业。

对比美国和英国的情况可以得到一个路径依赖性的有趣的结论，展示了事件之间的微小差异如何能导致有巨大差异的结果。在差不多的时间（即20世纪90年代初），CEO薪酬在美国和英国都变得争议重重。在这两个国家中出现的争议都主要集中在当大经济环境较差且企业裁员情况普遍时套现股票期权

---

① Association of British Insurers, 1994; Association of British Insurers, 1995.

获得的利润。英国的争议还有一点（且是很重要的一点），不满的人群中主要是新兴的私有公共事业中的管理人员。这两类争议引致人们呼吁加强薪酬披露，尤其是股票期权计划方面的薪酬。

在美国，IRS 第 162 款（m）把管理层薪酬的扣除数量限制为 100 万美元，除非该薪酬是绩效薪酬。该条款的通过使该争议进入了白热化。虽然第 162 款（m）的本意是降低薪酬水平，但它产生了相反的作用，加剧了美国企业的股票期权奖励的爆发。相比之下，英国的争议达到高潮则是"格林伯瑞报告"中的建议被广泛采用，该建议要求期权应有绩效授予的相关条款，并鼓励多使用绩效股份而不是期权。

从某种意义上来说，在美国，限制性股票的重要性越来越超过传统股票期权，令美国在这点上离英国越来越近。但是，比起英国的股份和期权绩效的兑现，差不多所有的美国股票和期权的兑现、行使都仅因为时间而自然实现，而不是达到绩效标准而实现。

二　法国

早在 1967 年法国就引进了股票期权的概念，虽然总统戴高乐怀疑这个概念发源于美国而产生迟疑。[①] 1970 年，法国正式将管理层股票期权合法化，但是，由于 20 世纪 70 年代股市停滞且期权行使的边际税率较高，直到 1984 年才出现了第一份管理层期权计划。[②] 那一年，社会主义的法国政府通过了一项规定，将期权当作资本收益征税（最高税率为 19.4%）而不是普通收入（最高税率为 60%），这一点令该规定十分诱人。[③] 这些新型激励使得法国对股票期权的使用很快接近了英国（见表 13-3）。此外，1987 年后，一项新法案颁布，允许未上市和上市企业授予股票期权，极大地拓宽了期权计划的应用范围，使得股票期权更炙手可热。

[①] Graham, "The Soft Option—The Compromise Reached Over the Taxing of Executive Share," *Financial Times*, April 28, 2000, p. 18.

[②] Delaney and Wessel, "Lumpy Gravy: Suppose Stock Options Involved More Pain Than Financial Gain-That's the Case in Europe, Which Helps to Explain High-tech Lag There – 'A Bit Perverted' in France," *Wall Street Journal*, December 21, 1999, p. A. 1.

[③] Ricklefs, "Changing Course: French Voters Prod Socialist Leadership To Veer Right Sharply-Government Reduces Taxes, Advocates Stock Options; Impetus: Unemployment — Virtues of Private Enterprise," *Wall Street Journal*, September 26, 1984.

20世纪90年代初，随着管理人员开始行使按1984年通过的税收规定授予的期权，法国CEO的股票期权遭到了攻击。1995年5月，一位参议员提出几条彻底的新股票期权披露规定，要求企业通报期权奖励的详细信息（这是第一次），并且禁止在披露有利信息之前授予期权。过度折扣的期权在行使时会被作为工资进行征税，并且行使期权所获的收益也会被作为资本收益进行征税。此外，自20世纪90年代起，法国的税收立法也越来越不利于股票期权。与美国相似，纳税义务取决于股权计划是否有资格。

三 德国

1998年之前，德国法律禁止向管理人员发放股票期权（欧盟委员会，2002），除非股票期权是基于可转换债券的。20世纪90年代中期，2家德国最大的公司——戴姆勒-奔驰公司和德意志银行——宣布计划向其管理人员发放基于可转换债券的期权。该计划在媒体和法庭上遭到了来自各方人员的抨击：股东、工人委员会、政客和其他公司的管理人员（桑德斯和塔什科，2007）。

1998年4月，《企业行业监管和透明法案》使"裸"股（即与可转换债券无关的股票）在德国合法化。与法国和英国（或20世纪50～60年代的美国）的期权不同，在德国，期权被当作普通收入征税而不是资本收益。但是，一些企业建议发放期权计划。1998年以前，不到10%的达克斯100强企业在使用期权，而到2000年已有50%的达克斯100强企业使用了股票期权。这些计划在法庭上遭到了抨击。在抨击这些计划的批评家中，埃克哈德·威戈（Ekkehard Wenger）是主要的一位，他是一位教授，也是一位自我标榜的股东倡导者，成功地推迟了（但未能阻止）大众、戴勒姆-奔驰和德意志银行采用期权计划。德国企业想在贫穷的国家发放美国式激励，威戈对此大为愤慨，认为"美国式的期权计划非常愚蠢。运作不佳的企业的管理人员应该被解雇，而不是给予奖励"。① 最终，威戈成功地推动几家公司在期权计划中加入绩效考核，这样一来，除非股价表现超过行业基准，否则管理人员便不能行使期权。

---

① Benoit, "SAP Vote May Spell German Rethink," *Financial Times*, January 17, 2000. For Background on Wenger's Earlier Clashes with Daimler-benz, See Studemann, "Professor Takes A Run at Daimler," *Guardian* (37), 1995.

威戈在1999年的主要目标之一是戴勒姆－奔驰，1998年被美国三大汽车制造商收购后更名为戴勒姆－克莱斯勒。1998年9月，当戴勒姆－奔驰的股东被要求批准克莱斯勒接管时，管理层薪酬成了一个主要的问题：股东们很关心戴勒姆－奔驰的薪酬将超过美国的平均水平。① 在戴勒姆－克莱斯勒2000年3月的股东大会上，股东以压倒性的比例批准了一项决定，令股票期权向"更美国式的结构"发展，这种股票期权会排除绩效障碍。威戈和股东小组挑战了股东们的投票，但德国上诉法院最终还是在2001年6月通过了该决定。② 两年后，随着不断增加的股东压力而来的是（且股价有很大降低），戴姆勒－克莱斯勒放弃了自己的期权计划。

四 意大利

意大利的股票期权计划在20世纪90年代前就已存在，但其主要限于跨国企业的子公司（马彻提尼，2001）。1998年之前，管理人员行使期权需缴纳员工所得税，并且管理人员和员工都需缴纳社会保险税。1998年7月新的税法政策生效，使用新发放股份的股票期权计划不再被当作应税收入（并按更低的12.5%的资本所得税征税）。差不多在同时，意大利政府批准的企业管理规则使企业为股票期权计划进行增资变得更加简单。③ 由于这两个变化，期权使用有所提高，1998年末，米兰证券交易所中有一半的公司已在使用股票期权计划或正准备引进（布鲁内洛、格拉齐亚诺和帕里吉，2001）。

2000年1月，意大利政府颁布新政策，限制当前制度（在该制度下一些管理人员接受了高度打折的期权）下的滥用行为，并进一步鼓励股票期权奖励，尤其是向低层员工发放股票期权。④ 首先，新规定免除了行使价差的所得税和社会保险，每年可免除的最高值为每位员工2065欧元，前提条件是期权要向所有员工发放，并且股份在被行使后3年内没有出售。其次，新规定对所

---

① Bulkeley, "Daimler Chrysler to Equalize Pay of German, U. S. Execs," *Bloomberg News*, January 9, 1999.
② "Court Approves Stock Options at Daimler Chrysler," *Associated Press Newswires*, June 13, 2001.
③ O. 'Brian, "Italian Companies Begin to Provide Stock Options, Details of Financial Data," *Wall Street Journal*, May 29, 1998; "Italy's Compart To Offer Execs Stock Options; Joins Trend," *Dow Jones International News*, March 16, 1998.
④ Salvatore, "Taxation Of Stock Options – A Summary Of Latest Developments – Graham & James," *Mondaq Business Briefing*, March 1, 2000.

有期权（不仅仅是新股份发行的期权）提供了资本收益待遇，只要受益人所持流通股不超过10%，并且期权行使价为授予日最低的公允市场价。

在被巴黎春天收购时，古琦高管通过行使期权获益4.4亿多欧元，该消息的披露使2001年意大利的股票期权面临的争议有所缓解；竞争竞标者（轩尼诗、路易斯威登）认为该费用"十分不成比例"。[1]但是，在大多数情况下，有限地对管理层薪酬发放方法和期权行使进行披露，可以缓解公众争议。但是在2006年末，政府对优惠税收待遇加以限制，要求期权在被授予后至少3年内不得行使，并要求行使期权的管理人员在行使之后要持有部分所获的股份，持股时间至少5年。[2]在这些新规定颁布后，意大利对股权薪酬的使用立刻急剧下滑。

2008年8月，意大利政府正式取消了股票期权的税收优惠，要求对所有期权在行使时按普通收入征税。但是，在最后关头政府对该法令又颁布了一项修正案，允许免除期权行使的社会保险税，只要管理人员达到5年持股期的要求。

五　西班牙

股权计划在西班牙并没有这么普遍。股票期权计划大约在20世纪90年代初才被引进西班牙。西班牙的个人所得税法（法律18/1991）对从公司向员工发放的股份中所获得的收益免税。但是该免税条款不久就被撤销了。2002年，约有40家西班牙企业建立了股票期权计划。其中21家企业为IBEX35强企业。相对更普遍的是，在西班牙有子公司的国外企业会向其员工发放股票期权。

六　比利时

股票期权在1984年被引进比利时。最初，在比利时1984年的所得税法中，股票期权主要指符合条件的股票期权。税法规定，股票期权收益在一定条件下免缴所得税。由于这些条件很严格，该法律的实际应用很少；在该法律下，只有14份计划得以执行。1999年，1984年的法规被一条新法规替代，新法规对1999年1月后授予的员工股票期权进行税收调节。

---

[1] Johnson, "Gucci Chiefs May Net MYM390m," *Financial Times* November 21, 2001.
[2] "Loss Of Tax Exemption For Italian Stock Options Has A Silver Lining," *Mondaq Business Briefing*, September 19, 2008.

七 荷兰

在荷兰，股票期权很早就已经实现了。20世纪50年代，荷兰财政部开始建立对员工股票期权的税收方针。由于期权主要被授予了美国侨民（外派人员），这些人基于其公民身份会在美国为他们的期权缴税，因此荷兰将期权的应税价值设为0。在之后的20世纪七八十年代，期权的征税价值则需要按具体情况与荷兰的税务员进行讨论。

第五节　金融危机后对于企业高管薪酬的管控

金融危机以后，欧洲加强了对企业高管薪酬的管控。

2009年4月，欧洲银行业监管委员会（CEBS）公布了薪酬政策原则，并且欧盟委员会发布了一个新的2009年薪酬建议，这是继2003年公司法律行动计划制订以来，对2004年董事薪酬建议和2005年非执行董事建议的进一步补充和扩展。2013年，欧盟就一揽子财政立法提案原则上达成共识，打算限制银行业高级管理人员年度奖金总额。

金融危机以前，伦敦股票交易所作为国际融资中心曾经获得过相当大的威望。这一发展挑战了纽约股市的主导地位，并引起了美国的恐慌，结果引起了许多认为美国在金融市场中竞争力下降的评论。然而到2008年时，局面又再次改变，苏格兰皇家银行和北岩银行等银行破产，随后又向纳税人寻求紧急救助，这引起了大众对银行奖金的广泛担忧。最初，美国和欧洲国家税务限制的重点并不在于定义十分广泛的"银行人员奖金"（因为关于这些薪酬的有效信息很少），而在于破产企业高管的遣散费和其他费用。在很多情况下，企业采取了"优先购买"的行动，这反映出公众情绪及其对政府行为的期望。2008年10月（在大西洋两岸，政府第一轮紧急救助之后），[①] 法国的商业领袖们采用"行为准则"，禁止向破产的管理人员发放遣散费。

对于在国家救助计划下接受资本注入或出售问题资产的银行，德国内阁对其高管推行年薪50万欧元的限制及其他限制。除了工资限制，救助计划中的银行管理人员不得行使股票期权或接受奖金、期权奖励和遣散费，直至银行还

---

① "Executive Pay Curbs Go Global," *Wall Street Journal*, October 21, 2008, p. A. 1.

清政府的款项。德国最大的银行——德意志银行宣布,其前 10 位高管将放弃 2008 年的奖金,尽管该银行并未打算加入政府救助计划中。

荷兰国际集团的高管同意放弃 2008 年奖金,并限制遣散费的发放,从而获得政府的资本注入。

作为接受救助金的一个条件,瑞典银行不得不与政府达成协议,同意对"关键管理人员"的薪酬进行限制。

作为资本结构调整的一部分,瑞士银行的管理人员同意对管理层薪酬使用"国际最佳实践",并允许政府监督其薪酬实践。

德国财政部部长要求德意志银行的 9 位高管退还"可耻的"奖金中的 5800 万欧元,该银行在上年度亏损了 63 亿欧元。虽然德意志银行的前任 CEO 放弃了 360 万欧元的遣散费,但公众因德意志银行投资银行业务部部长获得 750 万欧元的奖励而愤怒万分。①

预想到公众的批评,意大利的联合信贷银行和德国的联邦德国商业银行宣布,除非有法律要求,否则将取消投资银行员工 2008 年的奖金。②

在法国,总统萨科齐对兴业银行的管理层股票期权奖励进行公开的谴责,这导致该银行取消了奖励;法国巴黎银行随后也宣布将取消期权奖励。法国外贸银行公布计划向 3000 名交易员和其他员工发放 2008 年的奖金 7000 万欧元,在此之后,政府限制奖金的压力明显增大;法国外贸银行在上年度亏损 28 亿欧元,并且从国家救济计划中获得 20 亿欧元。这些压力导致政府在 3 月 30 日宣布,至少到 2010 年底,接受国家救助的银行和汽车制造商不得发放任何期权奖励,政府还禁止了与上年度设定目标明确相关的奖金。③

4 月 2 日,G20 主导经济国家建立了金融稳定委员会(FSB),旨在缓解全球金融制度中的潜在问题。新建的金融稳定委员会立刻颁布相关方针,建议银

---

① "Call for Dresdner Execs to Return Bonuses Get Mixed Response," *Banking Newslink*, March 31, 2009.
② Wilson, "Financial News: Unicredit Pulls Bonuses at its Investment Bank," *Wall Street Journal Europe*, March 9, 2009, p. 22.
③ Moffett, "France Faces Pressure Over Bonuses As Natixis Sets MYM94.6 Million Payout," *The Wall Street Journal*, March 28, 2009, p. B. 5; Gauthier-villars, "Leading the News: Sarkozy, Banks Set New Limits Onbonuses — Pay Czar to Monitor Best-paid Traders at France's Banks," *Wall Street Journal Europe*, August 26, 2009, p. 3.

行根据员工承担的风险调整奖金，并且建议银行奖金与绩效挂钩，考虑到风险的时长进行递延，并以现金和股权的混合形式发放。①

整个夏天有关银行奖金的争论趋于激化，最终在8月底爆发，而9月24日G20峰会才会在匹兹堡举办。

2009年8月14日，德国的银行业监管局宣布新规定，准许对个人薪酬进行"追回利益"②。

8月26日，法国总统萨科齐表示，他在G20峰会上推动对银行奖金的限制。英国和德国很快表示了他们的支持。③ 同一天，萨科齐总统宣布了针对法国银行奖金的新规定。按照这些新规定，交易员接受的现金不能超过当年其奖金的1/3。剩下的2/3的奖金必须在之后两年错开，部分按限制性股份发放，并且如果贸易员所在部门在该时期内有亏损，这笔奖金就会被没收。

有新闻说法国巴黎银行（在上年度已取消了计划的期权奖励）留出了10亿美元当作2009年的奖金，萨科齐总统会做出这样的决定有部分也是对该新闻的反应。在新规定下，法国巴黎银行将其计划奖金削减了一半，并且法国巴黎银行、兴业银行和法国农业信贷银行对关于银行薪酬和披露奖金费用的新规定都表示同意。④

9月2日，27个欧盟国家的财政部部长聚在一起讨论银行业的奖金。到会议结束时，比利时、卢森堡、荷兰、德国和瑞典表示他们都支持法国。⑤ 同一天，英国首相戈登·布朗、法国总统萨科齐和德国总理默克尔联合签署了致欧盟主席的一封信，对奖金递延且如果未来业绩下降则没收奖金的有关法规表示支持。⑥

---

① Larsen, "Rules Unlikely to End Bonus Furore," *Financial Times*, April 2, 2009.
② Smith, "Germany's Ba Fin Clamps Down On Bank Risk Mgmt, Bonuses," Dow Jones International News, August 14, 2009.
③ "UK Joins Issue With France on Bonus Issue," Global Banking News, August 26, 2009; "Germany Backscalls to Limit Banker Bonuses," *Agence France Presse*, August 28, 2009; "France, Germany Want Bonus Curbs," *The Times*, September 1, 2009, p. 36.
④ Davies, "France Announces Bank Bonus Crackdown and Urges G. 20 Nations to Follow Suit," The Guardian, August 26, 2009, p. 23; Inman, "Finance Ministers Disagree on Bonuses," *Australian Financial Review*, September 3, 2009, p. 16.
⑤ Annan, "EU Finance Ministers Back Curbing of Bank Bonuses," *IHS Global Insight Daily Analysis*, September 4, 2009.
⑥ Monaghan, "Brown Sets Out Plan For Bonus Clampdown," *Daily Telegraph*, September 4, 2009, p. 1.

9月3日，瑞典中央银行行长呼吁在G20峰会上对银行奖金进行讨论，声称："我们拥有的奖金足以让人们大量兑现，然后摧毁整个系统，这样是不合适的。"①

9月4日，法国、德国、意大利、卢森堡、荷兰、西班牙和瑞典的财政部部长联合呼吁，要求叫停所有有担保的奖金并对其他奖金在之后几年内进行递延。②

9月5日，G20国家的财政部部长相聚伦敦，集体发表总结，认为银行奖金是引发金融危机的主要原因。G20国家同意他们将颁布税法和其他政策，鼓励银行奖励长期成果而非短期成果。但是，该集体没有就奖金规定的具体细节达成一致。德国和法国的财政部部长认为应基于短期收益进行奖金限制，而美国财政部部长则认为重点应在于要求银行持有更多的资本而不是对其薪酬进行全球性的限制。③ 意大利首相贝卢斯科尼也表示，意大利将不会支持奖金限制，认为限制投机比限制银行奖金更重要。④

最终，英国和美国表示法国提议的限制太具约束性，萨科齐总统希望G20国家就银行奖金的全球性限制达成一致的愿望落空。⑤ 但是，在匹兹堡的G20峰会上，各位领导人同意了金融稳定委员会提议的薪酬条例。在金融稳定委员会提案下（这些提案仅适用于金融业），每位管理人员的奖金中，至少有40%要在几年内递延，最高管理人的递延奖金比例则提高到60%；递延期至少为3年，并且至少一半的奖金要以限制性股份的形式发放；现金薪酬会受到"追回利益"条款的约束。

金融稳定委员会的建议并未结束有关银行奖金的争议。2009年11月，英国采用新规定，要求银行对外公布收入超过100万英镑（105万欧元）的员工数量。⑥ 12月9日，英国政府宣布计划向所有高于25000英镑（26250欧元）

---

① "Sweden Central Bank Chief: Banking Bonuses Need to Change," *Reuters News*, September 3. 2009.
② "G20: Buzek Backs Calls to Limit Bankers' Pay," *Europolitics*, September 10, 2009.
③ Lekakis, "Bank Executives Face MYM50m loss Under Bonus Bans," *The Advertiser*, September 7, 2009, p. 55; "G20 Punts on Bank Bonuses," *UPI Energy Resources*, September 5, 2009.
④ "Fighting Commodities Speculation Priority, Not Bank Pay: Italy PM." *Dow Jones International News*, September 8, 2009.
⑤ Jagger and Frean, "Sarkozy Back-pedals Over His Demands for Worldwide Cap on Banking Bonuses," *The Times*, September 25, 2009, p. 2.
⑥ Parker and Goff, "UK Delays Bankers' Bonus Scrutiny," *Financial Times*, September 15, 2010, p. 15.

的银行奖金一次性征收50%的企业税；英国财政部预计，该税费将影响2万~3万名银行员工，并且该税费将达到5.5亿英镑（5.78亿欧元）。两天之后，法国也宣布向超过27500欧元的银行奖金一次性征收50%的企业税，但法国对"银行人员"的定义更窄（将其定义为"进行金融交易且会影响银行风险承担的市场操控者"），该税法预计对2000~3000名这样的银行人员产生影响。① 同一天，芬兰的财政监督当局宣布将推行新规定，确保银行奖金主要由固定工资（而不是奖金）构成。②

金融稳定委员会的提案被设定为国际框架，具体法律则由各个国家制定再执行。最后，虽然奥巴马总统同意了金融稳定委员会框架，但美联储（美国关键的银行监管机构）最终还是拒绝了金融稳定委员会提案，认为单一的公式性方法将会加剧要承担的风险。但是，大多数的欧盟国家接受了这些提案并承诺在2010年初推行这些立法。2009年末，德国银行同意主动在正式法律出台前采用金融稳定委员会提案，意大利中央银行则开始对其最大的6家银行施压，要求他们立即执行新提案。③ 2010年3月，8个G20国家——包括英国、法国和德国——采用了与金融稳定委员会提案一致的新薪酬条例。2010年7月，欧洲议会批准对27个欧盟成员国的所有银行实行薪酬限制。

欧洲银行监管机构委员会（CEBS）在2010年12月10日颁布最终的银行薪酬条例。这些条例从2011年1月起生效，并涵盖2010年发放的奖金。这些条例的基础是假设"银行业中过度和轻率的风险导致了单个金融机构破产，并在成员国内和全球引发系统性问题"。欧洲银行监管机构委员会认为"一些金融机构的不当的薪酬结构"导致了过度的风险并引发金融危机。关于薪酬

---

① Castle, Bennhold and Erlanger, "France joins U. K. To Curb Big Bonuses By the Banks; Combined Assaultaimed at Pressuring Others to Limit Financial Institutions," *International Herald Tribune*, December 11, 2009, p. 4; Castle, Bennhold and Story, "France Joins Britain in A Levy on Bonuses; United Call for Bank Tax is Meant Toraise Pressure on U. S. And Other Nations," *International Herald Tribune*, December 12, 2009, p. 11; Hall, "French Government Backs Bonus Windfall Tax,", December 16, 2009.

② Esmerk, "Finland: Banking and Insurance Sector Bonuses to Be Restricted," *Esmerk Finnish News*, December 11, 2009.

③ Wilson, "German banks set to speed up pay reform," *Financial Times*, December 10, 2009; "C-bankcalls upon Italian banks to stick to managers' pay rules", October 29, 2009. Italy's Uni Credit indicated that itwas already in full compliance " Unicredit: New Salary Regulations Already Implemented," *ANSA - English Corporate News Service* 2009;

政策和实践的方针超过了80页,经过一段时间的讨论后最终发布。[①]

欧洲银行监管机构委员会条例规定,至少40%~60%的可变薪酬必须递延3~5年,并且基于未来业绩决定是否予以没收。准确的递延百分比和递延期取决于每个人的风险分摊状况。此外,至少50%的可变薪酬(递延的或不递延的)必须以股票或其他股份的形式发放,并且有一定的"保留期"。从总体上来说,这些方针将预付的奖金比例限制到仅有20%(即薪酬中不递延部分的一半),大部分需对授予的但不可转让的股票奖励缴纳所得税。

欧洲银行监管机构委员会方针适用于高管、管理人员、大多数交易员和信贷官员,以及(个人的或集体的)行为会影响机构的风险状况的所有员工。对于欧盟内的银行,这些方针适用于其世界范围内的员工,而不仅仅是那些在欧洲工作的员工。对于欧盟外的银行,这些方针适用于所有欧盟内的员工以及主要管理责任在欧洲的管理人员(虽然他们不在欧洲)。有迹象表明欧盟将继续加强其对银行的干涉主义策略。欧盟金融机构主任米歇尔·巴尼尔(Michel Barnier)在2011年2月说道:"我们在未来几个月内将进行一次评估,看我们是否还能将该行动推动得更远。"[②]

此外,英国政府继续完善对英国银行的政策。2011年初,英国财政部部长宣布了政府与英国最大的4家银行——汇丰银行、巴克莱银行、苏格兰皇家银行和劳埃德银行之间的协议细节。该计划被称为"美林项目"。[③] 该协议包括银行放贷政策(尤其是向小型企业放贷)、奖金协议和薪酬透明度要求。在"美林项目"下,银行人员的可变薪酬将明确与绩效相关,很大一部分奖金递延为股票,并有较长一段时间的授予期。已发放的奖金也将收到追回利益条款的约束,在某些情况下,该奖金会被追回。此外,"美林项目"承诺从2010年起提高薪酬透明度。执行董事和薪酬最高的5名"高管"(匿名)的薪酬细节将会被公布。与国际最佳实践的薪酬披露要求相比,将董事层以下薪酬最高的5名管理人员纳入进来的这种做法走得更远。更普遍的是,英国政府正在仔

---

① http://www.Eba.Europa.Eu/cebs/media/Publications/Standards% 20and% 20Guidelines/2010/Remuneration/Guidelines.Pdf.
② Wall Street Journal Online, 10 February 2011, http://online.wsj.com/article/sb10001424052748704858404576134471128330408.html.
③ http://www.hm-treasury.Gov.Uk/d/bank_agreement_090211.pdf (Retrieved 10 February 2011).

细思考英国银行业的未来结构。2010年6月，英国财政大臣宣布将建立银行独立委员会，由经济学家约翰·维克斯（John Vickers）出任主席。该委员会的工作是对英国银行业的结构性改革及相关的非结构性改革进行调查研究，促进金融稳定性和竞争性。2011年9月底，该委员会将发布报告。

2012年，法国社会党新政府采取措施约束商界高管的过高薪酬，承诺会在政府拥有控股股份的企业（包括核电集团、法国电力公司）削减首席执行官的工资，将其限制在最低薪职工的20倍左右。此前，法国总统奥朗德的工资是最低薪职工的65倍，5月17日第一次部长会议上，奥朗德提出首先将包括自己在内的内阁成员减薪30%。2012年7月26日法国财政部颁布关于"国家限制国有企业高管薪酬"（2012年第915号法令），将国企高管薪酬限制在45万欧元以内，这相当于最低工资的27.5倍。

2013年3月3日瑞士举行的全民公投以压倒性多数支持为企业高管薪酬设定一些全世界最严格的管控措施。全国26个行政区和超过68%的选民都支持赋予股东否决企业高管薪酬的权利，以及禁止支付高薪酬给新任或离任的高管的计划（主要针对金色降落伞薪酬）。

在主要的金融机构中还有一个全球薪酬监管强有力的推动力。英国金融服务管理局说过"值得注意的是关于这个主题的有效行动有必要在国际上进行"，以及监管成功取决于"获得所有主要金融市场中的实施相似原则的国际协议"的能力。已经有许多全球倡议，例如，FSF健康报酬实践原则得到了G20的强烈支持。金融稳定委员会（前FSF的新化身）已经建议实行薪酬原则，应当通过巴塞尔银行监管协会（BCBS）和国际证监会组织（IOSCO）来提高。英国金融服务管理局对国际监管协调非常乐观。

2013年，欧盟委员会与欧洲议会就"银行资本管理规则"达成共识，旨在为成员国实施更严格的国家政策创造灵活性，以应对在金融稳定方面不断增加的宏观监管风险；其中包括国家层面提出对银行报告的要求和赋予欧洲银行管理局额外的主动干预权。

2013年3月，通过三方会谈，欧盟委员会[①]与欧洲议会达成共识，修订了欧盟关于银行和投资公司资本要求的相关规则，旨在将G20国家于2010年11月批准实施的国际协议贯彻到欧盟法律中。奖金将被限制为与浮动薪酬固定的

---

① 于经济和财政事务理事会会议。

1∶1的比例，即奖金与固定工资数额相当。例如，达到法定人数、占股50%的股东参与投票，并且其中66%的多数支持，这个比例最高可以提高到2∶1。如果不能达到法定人数，但占股75%的股东支持该措施，这项措施也可以得到批准。实施这个固定比例的目的，是由于可变薪酬可能包括可以适当折现的长期的延期支付工具。欧盟银行业管理局将针对折现因素制定相应的指导方针，同时考虑到所有相关方面，包括通胀率、风险和相应的激励结构。此外，这些长期工具必须完全"可追回"。

法国政府2012年6月13日正式公布"薪酬框架管理"政策的具体细节，自7月开始，52家法国国企高管实施工资封顶，上限不能超出企业最低工人工资的26.7倍。这个计划主要针对以国家为主要股东的企业，包括法国电力、阿海珐、法国邮政、法国国营铁路公司等，国有企业高管的报酬将由各公司内部管理机构讨论，因公司而异，从2012年或2013起逐步封顶。7月26日，"国家限制国有企业高管薪酬"法令中规定，国有企业和某些经济性、社会性目的机构高管年薪总额不得超过45万欧元。这一数额可以通过简单法令进行修订。

参考文献

1. Abowd, John, and Michael Bognanno, "*International Differences in Executive and Managerial Compensation: Differences and Changes in Wage Structures*" (The University of Chicago Press, 1995).
2. Abowd, John M., and David S. Kaplan, "Executive Compensation: Six Questions That Need Answering", *Journal of Economic Perspectives* (13), 1999.
3. Adams, Renee B., "Governance and the Financial Crisis", ECGI – Finance Working Paper No. 248, 2009.
4. Angelides, Phil, Brooksley Born, Byron Georgiou, Bob Graham, Heather H. Murren, and John W. Thompson, The Financial Crisis Inquiry Report, 2011.
5. Annan, Grace, "EU Finance Ministers Back Curbing of Bank Bonuses," *IHS Global Insight Daily Analysis*, September 4, 2009.
6. Barboza, David, "Enron's Many Strands: Executive Compensation. Enron Paid Some, Not All, deferred compensation", *New York Times*, February 13, 2002.
7. Barrie, Chris, Stephen Bates, and Roger Cowe, "Fury as National Grid Chiefs Use Loophole to Avoid Tax on Share Option Profits," *Guardian*, May 26, 1995.
8. Bowe, Christopher, and Ben White, "Record Payback over Options," *Financial Times*, December 7, 2007.

9. Calvert, Jonathan, and Dean Nelson, "Exposed: The Utility Chief Millionaires," *Observer* (May 14), 1995.
10. Conyon, Martin J., and Kevin J. Murphy, "The Prince and the Pauper? CEO Pay in the United States and United Kingdom", *Economic Journal* (110), 2000.
11. Conyon, Martin J., and Kevin J. Murphy, Stock-based Executive Compensation, in J. Mc Cahery, P. Moerland, T. Raaijmakers, and L. Renneboog, eds.: Corporate Governance Regimes: Convergence and Diversity (Oxford University Press), 2002.
12. Conyon, Martin J., and Joachim Schwalbach, "Executive Compensation: Evidence from the UK and Germany", *Long Range Planning* (33), 2000.
13. Davis Polk, "Summary of the Dodd-frank Wall Street Reform and Consumer Protection Act", Enacted into Law on July 21, 2010.
14. Dechow, Patricia M., and Richard G. Sloan, "Executive Incentives and the Horizon Problem: An Empirical Investigation", *Journal of Accounting and Economics* (14), 1991.
15. De Fusco, R, R. Johnson, and T. Zorn, "The Effect of Executive Stock Option Plans on Stockholders and Bondholders", *Journal of Finance* (45), 1990.
16. "Executive Remuneration-Europe Corporate Governance Developments", *Towers Watson*, June 2013.
17. Farrell, Gregg, and Frances co Guerra, "Top Executives at Morgan Stanley and Merrill Forgo Their Bonuses" *Financial Times*, December 9, 2008.
18. Fernandes, Nuno, Miguel A. Ferreira, Pedro Matos, and Kevin J. Murphy, "The Pay Divide: (Why) Are U.S. Top Executives Paid More?", *University of Southern California*, 2010.
19. "Getting It Has Never Been Right More Important: Top Executive Compensation in Europe2012", www. Haygroup. Com.
20. Fitzpatrick, Dan, and Kara Scannell, "Bof A Hit by Fine Over Merrill- Bank Pays SEC MYM33 Million in Bonus Dispute; Sallie Krawcheck Hired in Shake-up" *Wall Street Journal*, August 4, 2009.
21. Frydman, Carola, and Dirk Jenter, 2010, CEO Compensation, MIT Working

Paper.

22. Frydman, Carola, and Raven Saks, "Historical Trends in Executive Compensation, 1936–2003", Harvard University Working Paper, 2005.

23. Greenbury, Richard, *Directors' Remuneration: Report of a Study Group Chaired by Sir Richard Greenbury* (Gee Publishing, London), 1995.

24. Heron, Randall A., and Erik Lie, "What Fraction of Stock Option Grants To Top Executives Have Been Backdated or Manipulated", Unpublished Working Paper, 2006.

25. Jensen, Michael C., and William H. Meckling, "Theory of the Firm: Managerial Behavior, Agency Costs, and Ownership Structure", *Journal of Financial Economics* (3), 1976.

26. Jensen, Michael C., Kevin J. Murphy, and Eric Wruck, *CEO Pay and What To Do About It: Restoring Integrity to Both Executive Compensation and Capital-market Relations* (Harvard Business School Press, Cambridge, MA, 2011).

27. Lambert, Richard A., David F. Larcker, and Robert E. Verrecchia, "Portfolio Considerations in Valuing Executive Compensation", *Journal of Accounting Research* (29), 1991.

28. Lucian Bebchukand, Jesse Fried: *Paywithout Performance: The Unfulilled Promiseof Executive Compensation* (Harvard University Press), 2004.

29. Marchettini, Piero, "Share Options in Italy: Recent Executive Compensation Trends", *Benefits and Compensation International* (30), 2001.

30. Murphy, Kevin J., "Executive Compensation: Pay, Performance, and Politics, in George Constantinides, Milton Harris, and René Stulz", Handbook of the Economics of Finance, 2011.

31. Muslu, Volkan, *Inside Board Membership, Pay Disclosures and Incentive Compensation in Europe* (University of Texas at Dallas), 2008.

32. Rose, Nancy, and Shepard, Andrea, "Firm Diversification and CEO Compensation: Managerial Ability or Executive Entrenchment", NBER Working Paper No. 4723, 1994.

33. Yermack, David, "Do Corporations Award CEO Stock Options Effectively?", *Journal of Financial Economics* (39), 1995.

34. 卫祥云：《国企改革新思路》，电子工业出版社，2012。
35. 金碚、刘戒骄、刘吉超、卢文波：《中国国有企业发展道路》，经济管理出版社，2012。
36. 李俊江、侯蕾：《外国国有企业改革研究》，经济科学出版社，2010。
37. 刘燕斌、李明甫：《不同国家和地区企业高管薪酬水平及管理机》，《中国劳动》2009年第4期。
38. 贾梦灵：《国有企业高管激励机制的法律问题研究》，中国政法大学硕士学位论文，2010。
39. 霍焰、邱彦彪、郭静静：《国有企业高管薪酬存在的问题及对策》，《辽宁工业大学学报》（社会科学版）2010年第12（4）期。
40. 姜爱林、Jiang Ailin：《国有企业高管薪酬管理若干问题研究》，《当代经济管理》2008年第30（5）期。
41. 叶青林、冷崇总：《国企高管薪酬失控及其治理》，《价格月刊》2009年第5期。
42. 丁敏：《垄断行业国有企业高管薪酬决定问题的研究》，合肥工业大学出版社，2013。
43. 石恒贵：《抵制与认同：国企高管薪酬政策的市场反应》，《商业研究》，2012年第4期。

后　记

《国外国有企业高管薪酬》一书即将付梓，我心里的石头总算落地，然而关于国企高管薪酬问题的争论却远远没有结束。

国有企业高管薪酬问题纷繁复杂，在此问题上，我国经过了长期的探索实践，有成功的经验，也有失败的教训，实际上，这一问题在很多国家已经有了比较好的解决方式。回归国有企业本身的性质，国有企业既有公共管理的职能，又有市场化的任务目标，因此，国有企业高管就兼有政府委任官员和企业管理者的双重身份，他们的薪酬也必然承载了这两方面的性质。要么统一高于政府官员、低于私有企业；要么区分不同身份，政府官员和职业经理人分别取酬。

国有企业高管薪酬的改革，归根结底，还是国有企业改革朝着哪个方向改、怎么改的问题。国企高管薪酬是国企改革的一部分，本属于国有企业改革的末端，却因为备受关注而承载了太多的意义，不仅成为一个经济问题，而且成了一个政治问题、社会问题。个人认为，国有企业的管理首先还是要理清楚，做好分类，哪些要交给市场，哪些要保持国有，逐步推进。国有企业高管的薪酬也要随着企业不同的功能定位、本身的市场化程度、经济效益状况，高管的身份、从业经历、在市场中的稀缺程度等因素来综合确定。这是一个细致和系统的工作，也是一个必须要做的工作。

对于国有企业高管薪酬的管控模式，综观全球，有以美国、英国为代表的以法律为基础、以公司治理为主导的管控模式，也有以韩国、日本为代表的政府主导的管控模式，无论哪种模式，政府的管理、大众的监督都是必不可少的，这不是计划经济的倒退，而是对于国有资产监管的必然。

通过多年对公共部门薪酬的研究，发现一个有意思的现象，不同于市场经济国家，其国有部门的薪酬参照私有部门相当人员确定，而我国公共部门职工的薪酬往往是整个社会的风向标，影响和带动着整个社会的薪酬发展水平。尽管我们正在努力改变这种现状，但由于我国的国有经济占比巨大，拥有的国有企业众多，因此国企改革及国有企业职工的薪酬改革还需要慎之又慎。本书在写作过程中查阅了能够搜集到的政府文件、研究论文和相关国家几乎所有的公司年报和财报，尽量忠于事实，希望能够为有关部门决策和学者研究提供比较翔实和真实的基础材料。但由于时间和经验问题，仍不免存在各种纰漏，欢迎领导、专家和学者批评指正。

本人从事劳动工资研究工作10年来，得到了包括人力资源和社会保障部劳动工资研究所原所长苏海南、原室主任马小丽、原副主任刘秉泉等领导和同事的大力支持和帮助，每年在从事课题研究的同时，还作为主要参与者或负责人参加3~4家企业咨询项目方案的设计工作。一方面深入职工一线、积累研究素材，另一方面利用我的知识经验为企业贡献力量。欢迎对相关问题感兴趣的同人与我联系，共同研究探讨，我的联系方式是 xtt6666@sina.com。

本书的出版得到了人力资源和社会保障部劳动工资研究所所长刘学民、副所长杨黎明的悉心指导，人力资源和社会保障部劳动关系司茹英杰副司长、李俊处长给予了关心和指导，同时，也得到了劳动工资研究所刘军胜主任、王学力主任、常风林副主任等领导和同事的帮助，在此一并表示感谢。

在本人的工作和本书的写作过程中，得到了父母、爱人和儿子的深刻理解和大力支持，也在此表示感谢。

肖婷婷
2015年4月20日

图书在版编目(CIP)数据

国外国有企业高管薪酬/肖婷婷著.—北京：社会科学文献出版社，2015.8
（工资收入分配热点问题丛书）
ISBN 978 - 7 - 5097 - 7723 - 7

Ⅰ.①国… Ⅱ.①肖… Ⅲ.①国有企业 - 领导人员 - 工资管理 - 研究 - 世界 Ⅳ.①F279.1

中国版本图书馆 CIP 数据核字（2015）第 147214 号

·工资收入分配热点问题丛书·
国外国有企业高管薪酬

著　　者／肖婷婷

出 版 人／谢寿光
项目统筹／恽　薇　陈凤玲
责任编辑／陈凤玲　陈　欣

出　　版／社会科学文献出版社·经济与管理出版分社（010）59367226
　　　　　地址：北京市北三环中路甲29号院华龙大厦　邮编：100029
　　　　　网址：www.ssap.com.cn

发　　行／市场营销中心（010）59367081　59367090
　　　　　读者服务中心（010）59367028

印　　装／三河市尚艺印装有限公司

规　　格／开　本：787mm×1092mm　1/16
　　　　　印　张：20.5　字　数：352 千字

版　　次／2015 年 8 月第 1 版　2015 年 8 月第 1 次印刷

书　　号／ISBN 978 - 7 - 5097 - 7723 - 7

定　　价／85.00 元

本书如有破损、缺页、装订错误，请与本社读者服务中心联系更换

▲ 版权所有 翻印必究